GERRIT-RICHARD RANFT

Im Geopark
Schwäbische Alb

GERRIT-RICHARD RANFT

Im Geopark
Schwäbische Alb

Die schönsten
Ausflugsziele für Familien

Mit UNESCO-Weltkultur-
erbe Eiszeithöhlen

SILBERBURG

Gerrit-Richard Ranft lebt und arbeitet als freier Journalist in Ulm. Der gebürtige Niedersachse fühlt sich seit mehr als 40 Jahren im deutschen Südwesten heimisch. Als Vater zweier mittlerweile erwachsener Kinder wie auch als weiterhin wanderfreudiger Opa weiß er, wohin es Familien in der Freizeit zieht. »Im Geopark Schwäbische Alb« ist sein sechzehnter Ausflugsführer im Silberburg-Verlag.

1. Auflage 2018

© 2018 by Silberburg-Verlag GmbH,
Schweickhardtstraße 5a, D-72072 Tübingen.
Alle Rechte vorbehalten.
Umschlaggestaltung: Christoph Wöhler, Tübingen.
Lektorat: Kerstin Jaworski, Radolfzell.
Printed in Slovenia by Florjancic.

ISBN 978-3-8425-2079-0

Besuchen Sie uns im Internet
und entdecken Sie die Vielfalt
unseres Verlagsprogramms:
www.silberburg.de

INHALT

Ein Wort zuvor

Eduard Mörike sah in der Schwäbischen Alb, von Stuttgart her betrachtet, schlichtweg »Die blaue Mauer«. Doch wirkte sie nicht trennend, eher verlockend. Eine Wand, hinter die zu schauen das Ziel der Sehnsucht sein mochte. So liegt sie – trotz Autobahn und demnächst auch Schnellbahn – noch immer da. Das Lockende hat sie nicht verloren. Heerscharen an Wanderern und Ausflüglern bezeugen es. Dieser kleine Führer zu den »schönsten Ausflugszielen für Familien« mag helfen, die Auswahl zu erleichtern. Er stellt alle zwölf Besucherhöhlen vor und die meist romantisch dahinschlängelnden Wasserläufe. Er führt zu Schlössern, Burgen und Ruinen, zu den Wohnsitzen der Menschen einst und jetzt, auch in Museen und erzählt von Sagen und fast vergessenen Berufen auf der Alb. Auch beschäftigt er sich mit der »Kulturwiege der Menschheit«, den Höhlen auf der Südostalb rund um Ulm und ihren vor 40 Jahrtausenden von Menschen geschnitzten ältesten Kunstwerken der Weltgeschichte, die im Jahr 2017 der Welterbeliste der UNESCO hinzufügt wurden.

Gerrit-R. Ranft

Die Schwäbische Alb zeichnet sich durch eine geologische Vielfalt aus, die ihresgleichen sucht. Insbesondere die erdgeschichtlichen Erscheinungen der Jurazeit, wie etwa die Höhlen und Felsen, drücken der Alb ihren Stempel auf und machen sie zu einem wahren »Jurassic Park«.

Die weltweit bedeutenden geologischen Besonderheiten waren der Grund, warum die Schwäbische Alb 2015 als UNESCO Geopark ausgezeichnet worden ist. In den zahlreichen Infostellen des Geoparks können Familien mit Kindern die Erdgeschichte hautnah erleben und auf einigen Klopfplätzen selbst auf Fossiljagd gehen. In den Infostellen erhalten die Besucher Tipps, wo in der Region geologische Besonderheiten zu finden sind.

Unser Dank gilt dem Silberburg-Verlag für die Herausgabe dieses Buches. Dem Autor ist es gelungen, aus der Vielzahl sehenswerter erdgeschichtlicher Highlights die für Familien geeignetsten herauszufiltern. Die Leser des Buches sind herzlich eingeladen, den Geopark Schwäbische Alb zu besuchen und dessen geologischen Besonderheiten nachzuspüren.

Markus Möller
Vorsitzender Geopark Schwäbische Alb

Entstehen und Vergehen

Die Herkunft der Bezeichnung »Alb« für den langgestreckten Höhenrücken zwischen dem Nördlinger Ries und der Baar wird unterschiedlich gedeutet. Die Römer hätten den Namen mitgebracht vor 2000 Jahren, vermuten manche. Von den »Montes albi«, den »Weißen Bergen« ihrer Heimat. Dafür könnten die hellen Felsabbrüche des Weißen Jura sprechen. Er bildet die oberste Schicht der Schwäbischen Alb. Andere halten es eher mit den Kelten. Sie waren vor den Römern da. Mit Alb könnten sie die »Weide auf dem Berg« gemeint haben oder einfach auch nur »Berg«.

Ziemliche Einigkeit besteht beim Alter der Schwäbischen Alb. Auch zu ihrem Entstehen und dem allmählichen Vergehen.

Angefangen hat alles vor 195 Millionen Jahren zur Jurazeit. Das gesamte heutige Südwestdeutschland war überflutet. Die Wassertemperatur lag bei mindestens 21 Grad. Im Verlauf von 60 Millionen Jahren lagerte sich am Boden dieses Meeres schichtweise feines Material ab. Millimeter um Millimeter bauten diese Sedimente unter Wasser die Schwäbische Alb auf.

Vor 135 Millionen Jahren zog sich das Jurameer zurück. Die Alb wurde als ein riesiges steinernes Paket aus Kalkablagerungen freigelegt. Sogleich setzte ihre allmähliche Verwitterung durch Regen, Eis und Schnee, durch Wind und Wetter ein. Vor 60 Millionen Jahren begann die Auffaltung der Alpen. Wenig später bildete sich der Oberrheingraben. Diese gewaltigen geo-

Blick von der Burgruine Reußenstein ins Neidlinger Täle.

Burgruine Hohenhundersingen im Großen Lautertal.

logischen Verwerfungen an ihren Flanken brachten die Alb aus dem Gleichgewicht. Sie rutschte in eine Schieflage, die sich bis heute erhalten hat. Der nordwestliche Rand wurde angehoben. Er reichte ursprünglich mindestens bis vor die Tore der heutigen Landeshauptstadt Stuttgart. Im Gegenzug senkte sich der Südwestsaum. Der Übergang von der Alb ins Oberschwäbische ist daher nicht überall gleich zu erkennen. Die gesamte Alb hatte sich in Jahrmillionen gewissermaßen um ihre Längsachse gedreht.

Unterschiedlich zusammengesetzte Gesteinsformationen bauen die Alb und das ihr nordwestlich vorgelagerte Unterland in Schichtstufen auf. Die unterste und somit älteste Ablagerung bildet der Schwarze Jura, auch Lias genannt. Aus ihm bestehen die weiten Ackerflächen zwischen Stuttgart und dem Albtrauf. Dort sind die jüngeren

Schichten aus Braunem Jura (Dogger) und Weißem Jura (Malm) von der Verwitterung vollständig abgetragen worden. Die Albhochfläche wird noch heute mit jedem Tag kleiner.

Die Ausdehnung der Alb wird – bei einer Länge von 220 Kilometern und einer größten Breite von 40 Kilometern – auf 6600 Quadratkilometer veranschlagt. Der höchste Punkt liegt auf dem 1015 Meter hohen Lemberg auf der Südwestalb. Der tiefste mit 304 Metern bei Frickenhausen nördlich des Hohenneuffen. Die Grenze der Alb ist am auffälligen Albtrauf im Nordwesten gut auszumachen. Schwieriger ist dies auf der Südwestseite. Ihre Ausläufer werden dort teilweise von Ablagerungen der Eiszeiten verwischt. Eine gute Richtschnur bildet hier das Flussbett der Donau als südliche Begrenzung der Alb.

FOSSILIEN
Versteinertes Leben

Ist von der Schwäbischen Alb die Rede, denkt alle Welt erstaunlicherweise zunächst mal an Fossilien. Darüber wundern sich vor allem die Touristiker in dem großräumigen Geopark. Erst nach den zu Stein gewordenen Tieren und Pflanzen kommen die Höhlen und Grotten, die Burgen und Ruinen, die wenigen Flusstäler, schließlich auch Dörfer und Städte.

»Fossilien«, erklärt das Lexikon, »sind durch Fossilisation erhalten gebliebene Reste von Tieren oder Pflanzen«. Der Begriff ist vom lateinischen »fossilis« abgeleitet. In der deutschen Übersetzung bedeutet er »aus der Erde gegraben«. Nun ist nicht alles gleich ein Fossil, was irgendwo aus dem Boden geholt wird. Eine altrömische Münze bleibt eine Münze. Auch eine keltische Keramikscherbe wird durch Ausgrabung nicht zum Fossil. Und eine Trüffel schon gleich gar nicht.

Kennzeichnend für Fossilien ist, dass einst Leben in ihnen war. Zum Zeitpunkt ihrer Auffindung ist es seit Jahrmillionen entwichen. Damit ein Tier oder auch eine Pflanze zum Fossil werden kann, muss der abgestorbene Körper schnell in Sand, Schlamm oder auch Baumharz eingebettet werden. Nur so wird verhindert, dass er verwest, gefressen oder auf andere Weise zerstört wird.

In diesem eingeschlossenen Zustand setzt Fossilisation ein. Über einen unendlich langen Zeitraum hinweg wird der Organismus allmählich umgewandelt. Mineralien aus der Umgebung ersetzen die organischen Stoffe. Die einstigen Tiere und Pflanzen werden zu Stein. Diese Fossilien sind nicht mehr die einstigen Lebewesen. Nur ihre frühere Gestalt ist im Stein nachgebildet – allerdings mit all ihren haarfeinen Strukturen. Auch von Lebewesen hinterlassene Spuren können zu Fossilien werden – ein Fußabdruck vielleicht oder auch Kot.

Ammonit im Urweltmuseum Aalen.

Fossiler Fisch im Fossilienmuseum Holcim.

Fossilien kommen in unterschiedlichen Formen vor. In der reinen Versteinerung wird die gesamte Substanz des einstigen Lebewesens durch Mineralien wie Quarz oder Calcit ersetzt. Der Betrachter gewinnt den Eindruck, der Fisch, die Pflanze seien als solche erhalten geblieben. Anders der Abdruck. Er entsteht, wenn Hohlräume im toten Lebewesen mit einer Substanz gefüllt werden. Der umgebende Organismus wie Haut oder Gefäßwände löst sich mit der Zeit auf. Zurück bleibt ein Stein. Auf seiner Außenfläche bildet er die Innenseite der früheren Körperhülle ab. Abdrücke entstehen auch aus Spuren von Lauf- oder Kriechtieren.

Anders verhält es sich mit den Körperfossilien. Sie sind noch immer die kompletten, wenn auch toten Lebewesen oder Teile von ihnen wie Beine, Kopf, Flügel. Körperfossilien sind nicht versteinert, sondern in ständig gefrorenem Untergrund konserviert, sozusagen tiefgefroren. Im sibiri-schen Dauerfrostboden wurden vollständig erhaltene Körper längst ausgestorbener Mammuts gefunden. Letztlich ist auch der fünftausend Jahre alte »Ötzi« aus den Südtiroler Alpen solch ein Körperfossil.

Gelegentlich ist von »lebenden Fossilien« die Rede. Sie kann es natürlich in Wirklichkeit nicht geben. Gemeint sind damit Tier- oder Pflanzenarten, die seit Jahrmillionen in nahezu unveränderter Form existieren. Die Evolution hatten sie wohl nicht nötig. Sie waren von Anfang an so geschaffen, dass sie den Kampf ums Überleben stets bestanden. Die bis zu sechzig Zentimeter langen Pfeilschwanzkrebse zählen zu ihnen. Ihre Vorfahren belebten schon vor 500 Millionen Jahren die Meere. Oder der bizarr aussehende gut 180 Zentimeter lang werdende Quastenflosser. Seine Verwandtschaft durchpflügt seit 390 Millionen Jahren die Ozeane. Auch Ginkgo- und Mammutbäume zählen zu dieser Art Fossil.

Im Urweltmuseum

Geburtstag feiern zwischen Sauriern

Das im Alten Rathaus eingerichtete »Urweltmuseum Aalen« vermittelt einen Überblick über die Jurazeit. In diesem eher kurzen Zeitabschnitt der Erdgeschichte baute sich die Schwäbische Alb auf. In den auf mehrere Stockwerke verteilten Ausstellungsräumen wird zwischen Sauriern und Fossilien auch Kindergeburtstag gefeiert. Und aus dem Dachreiterfensterchen schaut vergnügt Pfeife schmauchend der »Spion von Aalen« auf seine Stadt und die Welt.

Altes Rathaus mit Urweltmuseum.

V or 195 Millionen Jahren setzte der Aufbau der Alb ein, zog sich dann über rund 60 Millionen Jahre hin. Ein kaum vorstellbarer Zeitraum. Verglichen mit dem Gesamtalter der Erde von rund fünf Milliarden Jahren aber doch wieder nur ein Wimpernschlag. In einer der während dieser Aufbauzeit entstandenen Gesteinsschichten lagerte sich rund um Aalen besonders feiner, dunkler Ton ab. Dieses Gestein wird überall auf der Welt nach seinem Fundort »Aalenium« genannt.

Die Aalener Urweltsammlung gilt unter Fachleuten als größtes städtisches Fossilienmuseum Süddeutschlands. Seine Schätze aus der Urzeit sind auf drei Stockwerken und dem zugehörigen Treppenhaus ausgebreitet. Der Weg führt rauf und runter zu Korallen und Ammoniten, zu Nautiliden und Belemniten, zu Muscheln, Brachiopoden und Stachelhäutern. Mitten unter den Urzeitzeugnissen ragen riesige skelettierte Saurierköpfe hervor. Vor all der verwirrenden Namenvielfalt muss sich niemand fürchten. In der Ausstellung wird alles sorgfältig und gut verständlich erklärt. Nicht jedes Ausstellungsstück stammt unmittelbar aus der Aalener Umgebung.

Und dann ist da noch die Sache mit dem »Spion von Aalen« droben auf dem Dach des ehemaligen Rathauses. Vor gut 500 Jahren belagerte das kaiserliche Heer die Stadt. Der Stadtrat entsandte einen Kundschafter ins feindliche Feldlager. Er sollte heimlich Stärken und Schwächen der Belagerer erkunden. »Grüß Gott«, rief der Kundschafter fröhlich, als er ins Lager trat, »ich bin der Spion von Aalen«. Die Belagerer verblüffte dieser wundersame Auftritt dermaßen, dass sie augenblicklich Mann und Ross und Wagen zusammenpackten und abrückten. Gegen eine Stadt, klagte der Heerführer, in der solch kluge Köpfe zu Haus seien, lasse sich mit Gewalt wohl nichts ausrichten.

Lage: GPS-Koordinaten Breite 48.837869 Länge 10.092692, Fußgängerviertel in der Altstadt

Adresse: Urweltmuseum, Reichsstädter Straße 1, 73430 Aalen, Geopark-Infostelle.

Anfahrt: A 7, Ausfahrt 114 (Aalen/Westhausen) oder B 29.

Parken: Im Stadtgebiet außerhalb des Fußgängerviertels.

Kinderwagen / Rollstuhl: Nein.

Geöffnet: Montags und donnerstags bis samstags 10 bis 17 Uhr, dienstags 13.30 bis 17 Uhr, mittwochs 10 bis 13.30 Uhr, sonntags 12 bis 17 Uhr, Telefon (0 73 61) 5 28 28 70, www.urweltmuseum-aalen.de

Für Kinder: Kleine Besucher erhalten einen Rätselfragebogen, mit dem sie durch die Ausstellung gehen. Nach wie vor der Renner im Museum sind Geburtstagsfei-

Krokodilähnlicher Pliosaurier im Urweltmuseum.

ern für Kinder zwischen sieben und dreizehn Jahren. Das zweistündige Programm enthält eine Kurzführung durch die Ausstellung, Basteln von Sauriern, Gießen von Ammoniten, Aussieben von Edelsteinen, Besteigung des Spionenturms und eine Filmvorführung.

Besuchen: Außer dem Urweltmuseum hält Aalen ein zweites Tor in die Vergangenheit offen, das Limesmuseum. Es bietet auch Kinderprogramme an und unterhält ein Museumskino. St.-Johann-Straße 5, 73430 Aalen, Telefon (0 73 61) 5 28 28 70. *(siehe Tipp 53)*

Hinweis: Jeweils Ende September in Jahren mit gerader Endzahl werden im Limes-Museum und seinem Freigelände »Internationale Römertage« gefeiert.

Einkehr: Gasthäuser, Restaurants in Aalen.

Kontakt: Urweltmuseum Aalen, Reichsstädter Straße 1, 73430 Aalen, Telefon (0 73 61) 5 28 28 70, www.museen-aalen.de

Im Kurhaus

Kein Salz für den Herzog

Eine kleine, jedoch sehr feine Fossilien-sammlung ist im Kurhaus Bad Boll aus-gestellt. Nicht ohne Grund. Die Millionen Jahre alten Ausstellungsstücke sind am Ort selbst ans Tageslicht geholt worden. Erste Funde wurden schon im späten 16. Jahrhundert gemacht. Weltweit tragen viele Fossilien den Artnamen »bollen-sis«, weil sie in Boll erstmals beschrieben wurden.

Dass aus dem Dörfchen Boll im Lauf der Jahrhunderte ein Kurort wurde, dankt es vor allem Herzog Fried-rich I. von Württemberg. Im Jahr 1596 hatte er beim heutigen Kurhaus ein tiefes Loch in die Erde graben lassen. Er hatte aber keineswegs ein Bad einrichten wollen. Ihm ging's ums Geld. Er hoffte, im Untergrund der Schwäbischen Alb nahe Boll auf Salz zu stoßen. Das »Weiße Gold« hätte der her-zoglichen Kasse auf Dauer gute Einnahmen gesichert. Doch der Herzog fand kein Salz. Wohl aber stießen seine Ausgräber in gut 20 Metern Tiefe auf Schwefel. Das Loch, das sie vor mehr als 400 Jahren aushoben, ist noch heute im Boller Kurpark erhalten.

Der Herzog fand sich mit den geolo-gischen Gegebenheiten ab. Die Pläne für ein Salzbergwerk ließ er fallen. Stattdessen gründete er das »Wunderbad Boll«. Dazu schickte er zunächst seinen Leibarzt Jo-hann Bauhin an das Loch in der Alb. Der untersuchte die Schwefelquelle und fand zugleich erste Versteinerungen. Für seine 1598 erschienene Darstellung »von der wunderbaren Krafft und würckung des Wunder Brunnen und Heilsamen Bads zu Boll« hat er sie gezeichnet und erläutert. Es ist die früheste Beschreibung fossiler Fund-stücke in Deutschland.

An zwei Stellen werden die Boller Fos-silien gezeigt. An der historischen Schwe-felquelle sind zwei aus dem Albschiefer herauspräparierte Fischechsen oder Ich-thyosaurier zu sehen. Dabei auch Tafeln mit Seelilien und Ammoniten. Im Aufent-haltsraum des Kurhauses nebenan sind in mehreren Vitrinen und an den Wänden Ammoniten, Belemniten und Muscheln im Original zu sehen. Auch die Fundge-schichte der Boller Fossilien ist im Kurhaus aufgeblättert.

Der Tübinger Geologe Friedrich Au-gust Quenstedt hat die im Boller Ölschie-fer entdeckten Fossilien im 19. Jahrhundert wissenschaftlich beschrieben. Er teilt auch mit, wo er selbst die schönsten Stücke fand. »Das Lager von *Ammonites bollensis* mit der Kleinen Posidonia in einem schwarzen milden Schiefer ist einzigartig in seiner Art. Es findet sich unmittelbar beim Bad Boll in dem Bache, der aus dem berühmten Teu-felsloch hinter Eckwälden hervorfließt.« Als der Bach vor einigen Jahren renaturiert wurde, kamen weitere Funde ans Licht. Sie ergänzen seither die Schau im Kurhaus.

Ichthyosaurier an der Wunderquelle.

Lage: Im Kurpark Bad Boll, GPS-Koordinaten Breite 48.639359 Länge 9.598886

Adresse: Kurhaus Bad Boll, Am Kurpark 1, 73087 Bad Boll, Telefon (0 71 64) 8 10, www.kurhaus-bad-boll.de

Anfahrt: A 8, Ausfahrt 58 (Aichelberg).

Parken: Straßenstellplätze am Kurhaus.

Kinderwagen / Rollstuhl: Ja.

Geöffnet: Die Ausstellung im Kurhaus ist durchgehend täglich von 9 bis 18 Uhr frei zugänglich, zur Schwefelquelle und ihren Fossilien rechts am Kurhaus vorbei durch den Torbogen und dort noch mal rechts.

Für Kinder: Spaziergang im Kurpark oder hinauf zum Belvedere von 1825 oberhalb des Bads mit schönem Blick über das Vorland der Schwäbischen Alb. Die 150 Millionen Jahre alten Fossilien betrachten. Die mit einer Glasplatte abgedeckte Schwefelquelle aufsuchen (wäre die Glasplatte nicht, würde es wie nach faulen Eiern stinken).

Besuchen: Die romanische Stiftskirche im Ort, die bis in die Zeit der Stauferkaiser zurückreicht. Auf einer Tafel an der linken Seitenwand der Jammer des Leutnants Johannes Bernhard, der 1727 in Boll gesund werden wollte, dort aber leider starb.

Hinweis: Der Kurpark umfasst eine kleine Grünanlage mit Spazierwegen, eine Wandelhalle, ein Belvedere, alles im nachklassizistischen Stil des 19. Jahrhunderts. Das Fangowerk Bad Boll unterhält einen Klopfplatz, auf dem nach Fossilien gesucht werden kann. Gegen Eintrittsgebühr geöffnet von April bis September jeden ersten Freitag im Monat von 14 bis 17 Uhr, Reutestraße 6, 73087 Bad Boll, Telefon (0 17 07) 06 08 50, Geopark-Infostelle.

Wandern: Das Tourismusbüro Bad Boll hält einen Prospekt mit Wandervorschlägen bereit.

Einkehr: Im Bistro des Kurhauses: 14.30 bis 16.30 Uhr zu Kaffee und Kuchen, für Mittag- oder Abendessen soll man sich eine Stunde vorher an der Rezeption anmelden. Gasthäuser in Bad Boll.

Kontakt: Bad Boll Tourismusbüro, Hauptstraße 94, 73087 Bad Boll, Telefon (0 71 64) 8 08-28, www.bad-boll.de

Im Fossilienmuseum

Mit dem Hämmerchen Versteinerungen klopfen

Erdöl stinkt, weil Kerogen drin ist, auch Erdpech genannt. Ölschiefer kann auch stinken. Mancher so sehr, dass er Stinkschiefer heißt. Ölschiefer von der Schwäbischen Alb ist harmlos, enthält kaum Kerogen. Er stinkt erst, wenn er frisch angeschlagen wird. Das ölhaltige Pech verstärkt die dunkle Färbung des Schwarzjuragesteins. Ölschiefer kann brennen, falls ausreichend Kerogen drinsteckt.

M itte des 17. Jahrhunderts ist nah dem Heilbad Boll südlich von Göppingen eine ganze Schiefergrube in Brand geraten. Ratlos mussten die Leute zuschauen. Mit den Hilfsmitteln der Zeit blieben alle Löschversuche erfolglos. Sechs Jahre lang soll die Grube geglüht haben, ehe das Feuer von selbst ausging. Württembergs Herzog Eberhard III. sorgte sich um sein benachbartes »Wunderbad«. Er kam auf einen Sprung selbst vorbei, um den Brand in Augenschein zu nehmen. Eberhards Großvater Friedrich hatte 1596 in Boll nach Salz graben lassen, war auf Schwefel gestoßen und hatte daraufhin das Heilbad eingerichtet *(siehe Tipp 2)*.

Im Ölschiefer, ob er stinkt oder nicht, finden sich die schönsten Fossilien überhaupt. Über einen Zeitraum von 60 Millionen Jahren haben sie sich in den Ablagerungen des Jurameeres unter Luftabschluss gebildet. Weltweit berühmt ist die Sammlung des Museums Hauff in Holzmaden bei Kirchheim unter Teck *(siehe Tipp 5)*. Kaum weniger bedeutend, nur etwas kleiner präsentiert sich das Fossilienmuseum im Werkforum der Holcim (Süddeutschland) GmbH in Dotternhausen auf der Zollernalb zwischen Balingen und Rottweil.

Am Boden und an den Wänden, in Vitrinen und in Schaukästen sind im Museum wunderschön präparierte Fossilien ausgestellt. Unter ihnen Fische, Ammoniten, Belemniten. Aber auch Krokodile sind zu sehen und vor allem Ichthyosaurier. Diese Fischechsen waren bei ihrer Geburt schon einen halben bis einen Meter lang. Ausgewachsen erreichten sie meist vier bis sechs Meter. Wie vereinzelt gefundene Knochen belegen, haben in den Urzeitmeeren gar bis zu zwanzig Meter lange Exemplare gelebt. Ihr delphinähnlicher Körper machte sie zu schnellen und gewandten Schwimmern. Als Beutetiere dienten ihnen Fische und Tintenfische. Sehr anschaulich ist im Museum eine ganze Steinbruchwand nachgebaut.

Lage: Westlicher Ortsrand Dotternhausen, GPS-Koordinaten Breite 48.22803 Länge 8.77931.

Adresse: Werkforum Holcim, 72359 Dotternhausen, Telefon (0 74 27) 7 92 11, www.holcim-sued.de, Geopark-Infostelle.

Links: Ammoniten im Fossilienmuseum. Rechts: Fossiliensuche am Klopfplatz Holcim.

Anfahrt: B 27, Dotternhausen.

Parken: Besucherparkplätze auf dem Werksgelände.

Kinderwagen / Rollstuhl: Ja.

Geöffnet: Dienstags, mittwochs, donnerstags 13 bis 17 Uhr, sonn- und feiertags 11 bis 17 Uhr, Eintritt kostenlos, Kindersonderprogramm, Winterpause 1. Dezember bis 6. Januar.

Für Kinder: Die versteinerten Geschöpfe im Museum bestaunen; am Klopfplatz kann jeder hämmern, nach Ammoniten und Co. suchen; vor allem ist die Klopferei hier ungefährlich; da kann, anders als in Steinbrüchen, keine Felswand herunterfallen – es gibt sie nicht.

Besuchen: Narrenmuseum in der Alten Schule in Schömberg, Telefon (0 74 27) 9 40 20. Geöffnet nach Anmeldung, Eintritt kostenlos.

Die höchsten Gipfel der schwäbischen Alb liegen in der Nähe: Lemberg 1015 Meter, Oberhohenberg 1010 Meter, Plettenberg 1005 Meter.

Hinweis: Am Parkplatz hat Holcim einen kleinen Klopfplatz angelegt. Dort lädt das Unternehmen regelmäßig frischen, schwarzgrauen Ölschiefer ab, an dem sich jeder als Fossiliensammler versuchen kann. Hammer und Meißel zum Klopfen sowie Schutzbrillen werden am Empfang im Werkforum kostenlos verliehen. Den rechten Blick zum Erkennen versteinerter Tierchen und Pflänzchen muss der Besucher selbst mitbringen. Übrigens stinkt's am Dotternhauser Klopfplatz nicht. Der Ölschiefer enthält nur zehn Prozent Kerogen und macht sich in der Nase erst bemerkbar, wenn an frischen Bruchstellen geschnuppert wird.

Wandern: Auf den Sagenwanderwegen im Oberen Schlichemtal.

Einkehr: Gasthäuser in Dotternhausen, Restaurant am Schiefersee, Schiefererlebnis Dormettingen.

Kontakt: Touristikgemeinschaft Oberes Schlichemtal, Schillerstraße 29, 72355 Schömberg, Telefon (0 74 27) 9 49 80, www.oberes-schlichemtal.de

Im Riffmuseum

Ein Korallenmeer auf der Alb

Vor 200 Millionen Jahren überdeckte das gut 20 Grad warme tropische Jurameer die Landschaft, die heute die Schwäbische Alb bildet. In seinem Wasser gediehen Korallen wie heute in der Südsee. Die wirbellosen Hohltiere bilden ein Kalkgerüst. In Jahrtausenden bauen sich daraus große Riffe auf. Ihr jährliches Wachstum liegt allerdings bei nur 6 bis 100 Millimetern. Auf einem solchen Korallenriff sitzt das Dorf Gerstetten mitten auf der Heidenheimer Alb.

Im Grundsatz gleicht das Gerstetter Riff dem »Großen Barriereriff« vor der Nordostküste Australiens, das zum UNESCO-Weltnaturerbe zählt. Der Un-

Versteinerte Korallen im Riff-Museum.

terschied besteht darin, dass die Korallen unter dem Dorf Gerstetten tot sind und nicht mehr wachsen. Ihr Ende setzte ein, als sich das Klima wandelte. Das Meerwasser kühlte ab und die Korallen starben. Sie wurden mit Sedimenten zugedeckt und versteinerten. Das Jurameer zog sich vor 135 Millionen Jahren zurück und legte die Schwäbische Alb frei. Die Korallen saßen auf dem Trockenen.

In Gerstettens Untergrund stecken noch immer große Mengen versteinerter Korallen. In jedem Frühjahr pflügen die Bauern mit der Feldbestellung neue ans Tageslicht. Auch an Baustellen kommen sie zum Vorschein. Örtliche Sammler haben über Jahrzehnte hin die schönsten Stücke aufgelesen und zusammengetragen. Anfangs wurden sie in der Alten Molkerei lediglich gelagert. Heute werden sie im Riffmuseum ausgestellt, der ersten Sammlung dieser Art in Deutschland.

Mehr als 150 verschiedene Korallenarten wurden bisher in Gerstetten bestimmt. Die besten Stücke liegen sortiert und beschriftet in Vitrinen und Glasschränken des kleinen Museums. Dem Besucher werden versteinerte Zeugnisse einer viele Millionen Jahre zurückliegenden Entwicklungsphase der Schwäbischen Alb präsentiert. Ein Kurzfilm führt in diese ferne Zeit zurück, als Gerstetten noch ein Korallenriff im Tropenmeer war.

Lage: Riffmuseum in 89574 Gerstetten, GPS-Koordinaten Breite 48.639731 Länge 9.956852

Adresse: Riffmuseum, Am Bahnhof 1, 89574 Gerstetten.

Anfahrt: A 8, Ausfahrt 62 (Ulm-West), Beimerstetten, oder A 7, Ausfahrt 118 (Niederstotzingen), oder B 10, Geislingen an der Steige.

Parken: Parkplätze am Museum.

Kinderwagen / Rollstuhl: Nein.

Geöffnet: Sonn- und feiertags 10 bis 17 Uhr (März bis Oktober), Gruppen nach Anmeldung jederzeit.

Für Kinder: Der Schwäbische Albverein Ortsgruppe Gerstetten führt sommertags bei gutem Wetter zwischen 13.30 und 16.30 Uhr Besucher über 200 Treppenstufen (oder im Aufzug) auf den 40,57 Meter hohen Gerstetter Wasserturm mit herrlicher Aussicht über die östliche Schwäbische Alb bis hin zum Ulmer Münsterturm, bei Föhn zu den Alpenkämmen, Telefon (0 73 23) 53 08

Besuchen: Zusätzlich zum Riffmuseum ist im alten Gerstetter Bahnhof ein kleines Eisenbahnmuseum eingerichtet, das die Erinnerung an 90 Jahre Bahnbetrieb in Gerstetten wachhält.

Hinweis: Das Heldenfinger Kliff als Teil der einstigen Jurameeresküste liegt vier Kilometer östlich von Gerstetten. Dort finden sich auch ein kurzes Stück Geologiepfad und einige Mosaiken des »Urzeit Mosaik Skulpturenpfad Schwäbische Alb« (UMoSSA).

Die »Museumsbahn« der Ulmer Eisenbahnfreunde verkehrt als Lokalbahn von Ende April bis Mitte Oktober an allen Sonn- und Feiertagen planmäßig zwischen Amstetten und Gerstetten mit Zwischenhalt in Gussenstadt, Waldhausen, Schalkstetten und Stubersheim. Fahrplan, Fahrkartenvorverkauf, Sitzplatzreservierung, Sonderveranstaltungen unter www.uef-lokalbahn.de, Telefon (01 51) 28 85 50 00 oder (0 73 23) 84 45, Anschrift: UEF Lokalbahn Amstetten-Gerstetten, Postfach 11 23, 89543 Gerstetten.

Die Schmalspurbahn »Albbähnle« der Ulmer Eisenbahnfreunde rollt zwischen Mai und Dezember etwa an einem Dutzend Tagen von Amstetten nach Oppingen und zurück, Telefon (0 73 31) 79 79. Fünf Kilometer südöstlich von Gerstetten fließt der Hungerbrunnen, wenn er fließt. Dort ist in freier Landschaft jeden Palmsonntag Brezelmarkt mit Musik und einer wahren Heerschar an Marktständen *(siehe Tipp 30).*

Wandern: Der 14 Kilometer lange »UrMeerPfad« vermittelt Einblicke in die Erdgeschichte.

Der 20 Kilometer lange »Urzeit Mosaik Skulpturenpfad Schwäbische Alb« (UMoSSA) gilt als erster Kunst-Wanderweg in Deutschland, der ausschließlich Mosaikarbeiten zeigt.

Einkehr: Gaststätten und Cafés in Gerstetten.

Kontakt: Gemeinde Gerstetten, Rathaus, 89574 Gerstetten, Telefon (0 73 23) 84 45, www.gerstetten.de

---

Im Urweltmuseum Hauff

Auf 1 000 Quadratmetern 400 Fossilien
Die beiden riesigen Dinosaurier im Garten des Urweltmuseums Hauff in Holzmaden starren stoisch ruhig über die Mauer. Von den großen Füßen bis zum kleinen Kopf sind sie acht Meter hoch, vom Maul zum Schwanzende 27 Meter lang. Sie kündigen an, was den Besucher im Museum erwartet. Drinnen ist die weitläufige Verwandtschaft versammelt – Fischsaurier, die im Wasser lebten, und Flugsaurier. Dinosaurier waren Landbewohner.

Eine völlig andere Welt war das damals, vor 180 Millionen Jahren, im heutigen Südwestdeutschland. Die Schwäbische Alb war noch nicht entstanden. Flugsaurier zogen ihre Kreise über dem tropisch-warmen Jurameer. Fisch- und Krokodilsaurier lebten darin. Tintenfischähnliche Wasserbewohner wie Ammoniten und Belemniten schwebten durchs Meer, ernährten sich von Plankton. Ebenso Seelilien, die wie Pflanzen aussahen, aber Tiere waren. Verendete Lebewesen sanken auf den sauerstoffarmen Meeresboden, wo sie nicht verwesten, sondern von Sedimenten zugedeckt wurden. In Jahrmillionen wurden sie zu Stein.

Im Meer muss es damals von Lebewesen regelrecht gewimmelt haben. Wo ihre Körper verwesten, bildete sich öliges Kerogen. Es durchsetzt heute den Schwarzen Jura und verstärkt seine dunkle Färbung. Ölschiefer, der bis zu 20 Prozent Kerogen enthalten kann, ist brennbar. In der Mitte des 19. Jahrhunderts bestanden im Albvorland zahlreiche Betriebe, die Öl aus dem Schiefer destillierten. Sie mussten dem preisgünstiger zu gewinnenden Erdöl weichen. Schiefer wird heute überwiegend zu Wandverkleidungen, zu Tischplatten und Fußböden verarbeitet.

Im abgebauten Schiefer kommen die im Jurameer verendeten Lebewesen wieder ans Tageslicht – als steinerne Nachbildungen. Um ein einziges größeres Fossil, vielleicht einen Saurier, zu finden, müssen 2000 Kubikmeter Gestein abgebaut werden. Bernhard Hauff, Gründer des Urweltmuseums in Holzmaden, präparierte zahlreiche Gerippe aus dem Schiefer heraus. Ihm gelang vor gut 125 Jahren sogar, die millimeterdünne Haut eines versteinerten Sauriers freizulegen.

Das Urweltmuseum Hauff in Holzmaden gilt heute als das größte private Naturkundemuseum in Deutschland. Mehr als 400 urzeitliche Präparate sind auf gut 1000 Quadratmetern Fläche ausgestellt, darunter Ichthyo- oder Fischsaurier, Plesio- oder Flugsaurier. Krönung der Ausstellung ist ein wohl vier Meter langer weiblicher Ichthyosaurier, eine Fischechse, mit einem bereits geborenen Jungtier und fünf Embryos im Körper. Staunend betrachten Besucher auch die mehr als 100 Quadratmeter große Seelilienkolonie, das weltweit größte Exemplar seiner Art.

Links: Dinosaurierskulptur im Museumsgarten. Rechts: Fossiliensuche im Steinbruch Fischer am Urweltmuseum.

Lage: Östlicher Ortsrand Holzmaden, GPS-Koordinaten Breite 48.635269 Länge 9.528253

Adresse: Urwelt-Museum Hauff, Aichelberger Straße 90, 73271 Holzmaden, Telefon (0 70 23) 28 73.

Anfahrt: A 8, Ausfahrt 58 (Aichelberg), Wegweiser.

Parken: Am Museum.

Kinderwagen / Rollstuhl: Ja.

Geöffnet: Dienstags bis sonntags 9 bis 17 Uhr.

Für Kinder: Im Dinosauriergarten sind an einem See zwischen urzeitlichen Schachtelhalmen, Ginkgo- und Mammutbäumen acht lebensgroße Urweltgeschöpfe aufgestellt. Im Museum ist die wundersame Welt der Fossilien zu bestaunen. Im Museumsshop gibt's einen speziellen Kinderführer zur Urwelt. Auf der Internetseite des Museums kann die Raterei schon mal geübt werden. Schulklassen legen in einem Ausgrabungsfeld das

Skelett eines Sauriers frei. Dazu brauchen 20 Schüler eine halbe Stunde.

Besuchen: Neben dem Urweltmuseum liegt der Steinbruch Fischer, Aichelberger Straße 75. In ihm darf jeder nach Herzenslust Fossilien aus dem Schiefer klopfen. Für Kinderwagen / Rollstuhl nicht geeignet.

Hinweis: Gut zwei Kilometer nordöstlich des Urwelt-Museums Hauff liegt an der Straße von Ohmden nach Zell der Schieferbruch Kromer. Dort dürfen gegen Eintrittskosten Fossilien gesammelt werden. Hammer und Meißel werden gegen Gebühr verliehen. Geöffnet April bis November montags bis sonntags 10 bis 17 Uhr. Telefon (01 73) 9 62 39 07.

Einkehr: In der Cafeteria des Urwelt-Museums oder in Gasthäusern in Holzmaden und Aichelberg.

Kontakt: Urwelt-Museum Hauff, 73271 Holzmaden, Telefon (0 70 23) 28 73, www.urweltmuseum.de

Im Heimatmuseum

Das Eisenerz liegt im Wald
Über Jahrtausende hinweg wurde auf der Schwäbischen Alb Eisenerz gewonnen. Unterirdisch in Stollen wie im Braunenberg bei Wasseralfingen. An anderen Orten lag es als Bohnerz offen zutage. Oder es steckte nur ein paar Zentimeter tief im Erdboden. Zahlreiche ehemalige Bohnerzgruben sind noch heute rund um Nattheim auf der östlichen Schwäbischen Alb erhalten.

Schon zu Zeiten der Kelten und später der Römer wurde das im Erz enthaltene Metall auf der Alb verarbeitet. In »Rennöfen« wurde das Rohmaterial erhitzt und so zum Rennen oder Rinnen gebracht. Nattheimer Bohnerz wurde vor allem in Königsbronn am Ursprung der Brenz verarbeitet. Dort wird im Torbogenmuseum

Versteinerte Korallen im Heimatmuseum.

gezeigt, wie das Erz aufbereitet wurde, aber auch, wie kärglich die Erzarbeiter und ihre Familien einst von ihrem geringen Lohn leben mussten. Im Königreich Württemberg und somit auch in Nattheim wurde der Bohnerzabbau 1892 aufgegeben.

Seinen Namen hat das Bohnerz von seiner äußeren Form. Auf den ersten Blick sehen die Erzbröckchen den Bohnen aus dem Gemüsegarten ähnlich. Das erzhaltige Material bildet sich, wenn Weißer Jura, der die Schwäbische Alb in ihren oberen Schichten aufbaut, verwittert. Das in feinsten Spuren in ihm enthaltene Erz wird im Verlauf von Jahrtausenden aus dem Gestein herausgelöst. Nach und nach entstehen in diesem Prozess bohnen-, auch erbsengroße Kügelchen. In der Gegend um Nattheim bestehen sie zu einem Drittel aus Eisen.

Über die Wirtschaftsgeschichte Nattheims verschafft das Heimatmuseum in der »Alten Schule« einen guten Überblick. In vier Abteilungen wird vom Bohnerz berichtet, über Wald und Holzkohle, über Steinbrecharbeit, über Nattheims einstige Zigarrenfabrik und schließlich auch vom deutschen Wirtschaftswunder der Nachkriegsjahre.

Der fünfte Raum birgt als besondere Kostbarkeit weltweit einzigartige Fossilien, die vor Jahrmillionen im Jurameer rund ums heutige Nattheim entstanden sind. Versteinerte Korallen sind ausgestellt, auch Muscheln und Seeigel, Seelilien, Schnecken. Besondere Umstände haben die Nattheimer Fossilien perfekt konserviert. Sie sehen aus, als seien sie soeben aus dem Meer geholt worden.

Auf einem Videobildschirm werden Filme zum Tierleben in einem Korallenriff gezeigt. Sie ersetzen das große Salzwasseraquarium, das ein Dutzend Jahre lang hervorragenden Anschauungsunterricht geboten hatte. Damit ist auch der Clownfisch Nemo verschwunden. Einer seiner Verwandten war 2003 zum Star in dem Animationsfilm »Findet Nemo« geworden. Ein weiterer tritt seit 2016 im Nachfolgefilm »Findet Dorie« auf.

Lage: Heimatmuseum in Nattheim, GPS-Koordinaten Breite 48.699406 Länge 10.241942

Adresse: Heimat- und Korallenmuseum in der Alten Schule, Neresheimer Straße 9, 89564 Nattheim, Telefon (0 73 21) 9 78 40.

Anfahrt: A 7, Ausfahrt 116 (Heidenheim an der Brenz).

Parken: Am Museum.

Kinderwagen / Rollstuhl: Nein.

Geöffnet: Sonntags 14 bis 17 Uhr und auf Vereinbarung unter Telefon (0 73 21) 9 78 40. Die Nattheimer Bohnerzgruben sind jederzeit frei zugänglich.

Für Kinder: Die einstigen Erzgruben stehen heute vielfach unter Wasser und bilden kleine Tümpel. Es genügt, die Ufer abzusuchen oder etwas Sand beiseitezuräumen, um die kleinen, braunen Erzkügelchen zu finden. Auch Korallen werden noch heute auf den Äckern rund um Nattheim aufgelesen.

Alte Schule mit Korallen-, Heimatmuseum und Modellbahnfreunden.

Besuchen: Im Dachgeschoss der Alten Schule haben sich Nattheims Modelleisenbahner eine große Anlage aufgebaut mit 1300 Metern Schienen, 250 Weichen, 50 Signalen und 150 Zügen. Zu besichtigen an allen vier Adventssonntagen und an Dreikönig sowie nach Vereinbarung unter Telefon (0 73 21) 5 19 83, www.trains-world.com

Hinweis: Köhlerei auf der Kohlplatte in Rotensohl *(siehe Tipp 63)*.

Wandern: Der 21 Kilometer lange Jubiläumsweg des Schwäbischen Albvereins führt durchs einstige Nattheimer Erzabbaugelände. Er beginnt am Parkplatz Schmaleich und berührt den Sportplatz Oggenhausen, die Keltenschanze, die Ramensteinhöhle, die Quellen Sachsenbrunnen und kehrt durchs Reibertal zum Ausgangspunkt zurück.

Einkehr: Gaststätten in Nattheim.

Kontakt: Gemeinde Nattheim, Fleinheimer Straße 2, 89564 Nattheim, Telefon (0 73 21) 9 78 40, www.nattheim.de

ARCHÄOLOGIE
An der Kulturwiege der Menschheit

In Höhlen und Grotten der Schwäbischen Alb sind die ältesten bekannten Kunstwerke der Menschheitsgeschichte entstanden. Höhlenbär, Mammut, Wildpferd, Leopard, sogar Mischwesen, halb Mensch, halb Tier. Archäologen haben sie als teils winzige Plastiken in den Tälern von Lone und Ach geborgen. Vor 40 000 Jahren aus dem Elfenbein des Mammutstoßzahns geschnitzt. Die Kulturwiege der Menschheit stand auf der Schwäbischen Alb.

Erster systematischer Sammler der Kunst aus der Eiszeit war Mitte des 19. Jahrhunderts der Tübinger und Stuttgarter Gelehrte Oskar Fraas. Als Konservator des Königlich-Württembergischen Naturalienkabinetts las er im Lonetal erste Fundsachen aus eiszeitlichen Bodenschichten auf, Geweihstangen mit Ritzungen und Verzierungen von Menschenhand.

Im Hohle Fels am Hang des Achtals bei Schelklingen grub Fraas gemeinsam mit Pfarrer Josef Hartmann aus Wippingen nach der Urgeschichte. Gleiches tat Oberförster Ludwig Bürger aus Langenau im Lonetal. Beide sammelten und beschrieben außer Steinwerkzeugen wie Messer und Schaber auch schon einigen eiszeitlichen Schmuck.

Bezweifelt wurde noch im frühen 20. Jahrhundert, dass diese schlicht verzierten eiszeitlichen Funde tatsächlich als Kunstwerke gelten könnten. Dann räumte die Entdeckung der steinzeitlichen Wandmalereien in französischen und spanischen Höhlen solche Zweifel aus. Die Arbeitsergebnisse geschickter Schnitzer und Maler mehr als tausend Generationen vor heute gelten unbestritten als Kunst – Eiszeitkunst.

Vor dem Ersten Weltkrieg stellte der Tübinger Paläontologe Robert Rudolf Schmidt, der die Höhle im Sirgenstein bei Blaubeuren ausgrub, erstmals ein Zeitgerüst für Verlauf und Entwicklung der eiszeitlichen Kulturen in Deutschland zusammen. Gustav Riek, der erste Ordinarius für Urgeschichte an der Universität Tübingen, grub von 1931 an im Lonetal nach eiszeitlicher Kunst. Er fand mehr als 30 000 Jahre alte Elfenbeinschnitzereien. Im Hohle Fels bei Schelklingen, in der Großen Grotte und der Brillenhöhle nahe Blaubeuren förderte Riek ebenfalls Schmuck und sogar bemalte Steine zutage.

Nördlich von Ulm, wiederum im Lonetal, sammelte der Tübinger Anatomieprofessor Robert Wetzel 1939 mehr als 200 Einzelstücke einer gut 40 000 Jahre alten und 31 Zentimeter hohen Elfenbeinfigur ein. Joachim Hahn vom Tübinger Institut für Urgeschichte fügte sie 30 Jahre später zum Löwenmenschen zusammen, der heute in einem grottenartig hergerichteten Kabinett des Ulmer Museums steht.

Hahn konzentrierte seine Forschungen später aufs Geißenklösterle bei Blaubeu-

Wildpferd aus dem Vogelherd.

ren. Dort fand er die ältesten bekannten Kunstwerke der Menschheitsgeschichte überhaupt. Kleine Tierplastiken und eine menschenähnliche Figur aus Mammutelfenbein. Dazu zwei Flötenbruchstücke aus dem Knochen eines Schwanenflügels, allesamt um 40 000 Jahre alt.

Im Jahr 2002 kam schließlich im Hohle Fels bei Schelklingen die älteste Vogeldarstellung der Welt ans Tageslicht, eine kleine elfenbeinerne Wildgans oder Wildente, vielleicht auch ein Schwan im Sturzflug oder ein Gänsesäger. Eine kleine Sensation aber ist nach dem Urteil der Tübinger Archäologen die winzige Figur eines Tiermenschen aus Elfenbein im Hohle Fels, quasi ein Brüderchen des Ulmer Löwenmenschen aus dem Lonetal. Beide belegen nun, dass vor mehr als 40 000 Jahren schon Beziehungen bestanden haben zwischen den Menschen im Achtal bei Blaubeuren und jenen in den 40 Kilometer entfernten Höhlen des Lonetals. Zumindest wird ein ähnlicher geistig-kultureller Hintergrund für beide Gruppen angenommen.

Schließlich wurde 2016 die lange Zeit offene Frage beantwortet, wie denn Eiszeitmenschen ihre im alltäglichen Leben benötigten Seile und Taue hergestellt haben. Im Hohle Fels fanden Tübinger Archäologen einen 20 Zentimeter langen, vor gut 40 000 Jahren aus Mammutelfenbein ge-schnitzten Lochstab, mit dem Pflanzenfasern zu Seilen gedreht wurden.

Seit dem 9. Juli 2017 stehen sechs dieser während der letzten Eiszeit vom *Homo sapiens* genutzten Höhlen, die gemeinsam die Kulturwiege der Menschheit bilden, auf der Welterbeliste der UNESCO. Im Lonetal nördlich Ulm sind es Bockstein, Hohlenstein und Vogelherd, im Achtal zwischen Blaubeuren und Schelklingen Geißenklösterle, Hohler Fels und Sirgenstein.

Doch es geht nicht nur um diese Hohlräume in den Talhängen der Alb. Zu sehen ist in ihnen auch nichts Besonderes. Denn das lagert in den Museen der Region – mehr als 40 000 Jahre alte handgeschnitzte Kunstwerke aus Elfenbein.

Der UNESCO-Ehrentitel gilt denn auch nicht zuerst den Höhlen. Vielmehr verweist er zurück in eine Zeitenwende, wie sie dem heutigen Menschen schier unvorstellbar erscheinen muss. Da erfindet eine Horde ungebildeter nomadisierender Jäger und Sammler die Kunst. Der moderne Mensch (*Homo sapiens*), der vor gut 50 000 Jahren die Donau aufwärts nach Westeuropa zog und die Nachfolge des Neandertalers antrat, hatte nichts. Er besaß, was er am Körper trug. Er formte Speere, um Mammut, Wisent, Bär zu erlegen und sich so die tägliche Nahrung zu sichern. Er zog dem Wild hin-

Grabungsarbeiten im Hohle Fels bei Schelklingen.

terher, sobald die Herden sich neues Weideland suchten. Er hauste in zugigen Höhlen, die nur mäßigen Schutz gegen Wind und Wetter boten. Er kleidete sich in Tierfelle. Er lebte in und mit der Natur und ließ es geschehen – bis vor gut 40 000 Jahren am Südrand der Schwäbischen Alb, in den Flusstälern von Ach und Lone, ein neues Zeitalter anbrach – von heute aus betrachtet eine Kulturrevolution.

Irgendeiner aus der kleinen Schar der Eiszeitmenschen, deren Zahl in der Umgebung Blaubeurens heute auf höchstens 30 Köpfe veranschlagt wird, griff sich einen Feuersteinkeil und fing an, Nutzloses zu schnitzen. Alles, was er bis dahin gefertigt hatte, diente dem nackten Überleben. Nun bastelte er etwas, das weit darüber hinauswies. Der Mensch machte sich daran, etwas zu erfinden – einfache Dinge zunächst, bald aber auch Werkzeuge, später Kunst, auch mythische Figuren und Schmuck, sogar Musikinstrumente. Aus dem Nichts heraus entstand Neues. Irgendeiner hat irgendwann den Anfang gemacht – eine Kulturleistung ohne Beispiel. Was später kam, war eigentlich immer nur Wiederholung oder Nachbesserung.

Die Eiszeitleute mussten mobil sein. Sie lebten vom Sammeln und vom Jagen, zogen umher mit den Herden von Mammut und Rentier. In der Folge blieben ihre Höhlen durchaus mal ein halbes Jahrtausend unbewohnt, ehe eine andere Großfamilie vorübergehend einzog. Da herrschte zwar ein ständiges Kommen und Gehen, aber eben in großen Zeitabständen. Daraus erklären sich die unterschiedlichen Bodenschichten der Höhlen, in denen die Archäologen seit Jahrzehnten graben. Verständlich wird auch, dass Schnitzereien wie die »Venus vom Hohle Fels« oder die Flöte vom Geißenklösterle oder der Ulmer »Löwenmensch« vom Lonetal zurückgelassen wurden. Die Menschen konnten wegen fehlender Transportmittel wenig mitnehmen auf ihren weiten Wanderungen. Das Rad war noch nicht erfunden. Auch werden Schnitzarbeiten, die heute als kostbare Kunstwerke bestaunt werden, in der Eiszeit eher dem alltäglichen Gebrauch oder einem bestimmten Ritual gedient haben. Änderten sich die Bedürfnisse und Vorstellungen, verlor das zugehörige Gerät seinen Wert und blieb zurück. Heute sind sie die ältesten bekannten Kunstwerke der Menschheitsgeschichte.

Um dies zu begreifen, muss der heutige Mensch sich vorstellen, was damals im Kopf der Steinzeitleute passierte, als sie in Höhlen und Grotten die weltweit einzigartige Eiszeitkunst entwickelten. Um diesen ungeheuerlichen Vorgang zu erfassen, muss der Mensch erst mal den Kopf frei bekommen. Er muss ablegen, was er mit sich herumschleppt an Bildung, Wissen, Information, was Hunderte Generationen zuvor angehäuft haben. Nichts davon besaß der Eiszeitmensch. Das Verständnis für diese Zeitenwende zu bewahren, gab letztlich den Ausschlag, die kahlen Höhlen an Lone und Ach dem Menschheitsgedächtnis anzuvertrauen.

ARCHÄOLOGIE

Im Hohlenstein

Die Fundsache Löwenmensch

Das Felsmassiv des Hohlenstein im Lonetal bildet wenige Meter über dem Talgrund die beiden nebeneinanderliegenden Öffnungen Stadel- und Bärenhöhle aus. Während die Bärenhöhle ohne eiszeitliche Funde ist, kam im Stadel der 40 000 Jahre alte Ulmer Löwenmensch ans Tageslicht. Der ganze Komplex des Hohlenstein zählt seit dem 9. Juli 2017 zum Welterbe der UNESCO.

In der archäologischen Abteilung des Ulmer Museums ist ein grottenartiger Raum eingerichtet. Auf einem Wandgemälde des in mystisches Halbdunkel getauchten Kabinetts stürmt ein eiszeitliches Löwenrudel dahin, den Felsenbildern in südfranzösischen Eiszeithöhlen nachempfunden. Neben dem Höhlenbild steht mit aufgerissenem Rachen die Figur eines Höhlenlöwen. In den Nischen der Grottenwände liegen Eiszeitfigürchen, dabei zwei Mammutstoßzähne. Im Zentrum der künstlichen Schauhöhle steht auf einem Podest dezent beleuchtet im gläsernen Schrein der Löwenmensch.

Die Skulptur wurde 1939 unter Leitung des Tübinger Anatomieprofessors Robert Wetzel von dem 29 Jahre alten Archäologen Otto Völzing aus dem Höhlenschutt des Stadel geborgen. In zehntausenden von Jahren war die kleine Figur in Dutzende Elfenbeinscheibchen zerfallen, so dass sie als Löwenmensch nicht zu erkennen war. Völzing sammelte die Einzelteile ein

Der Hohlenstein: Fundort des Löwenmenschen.

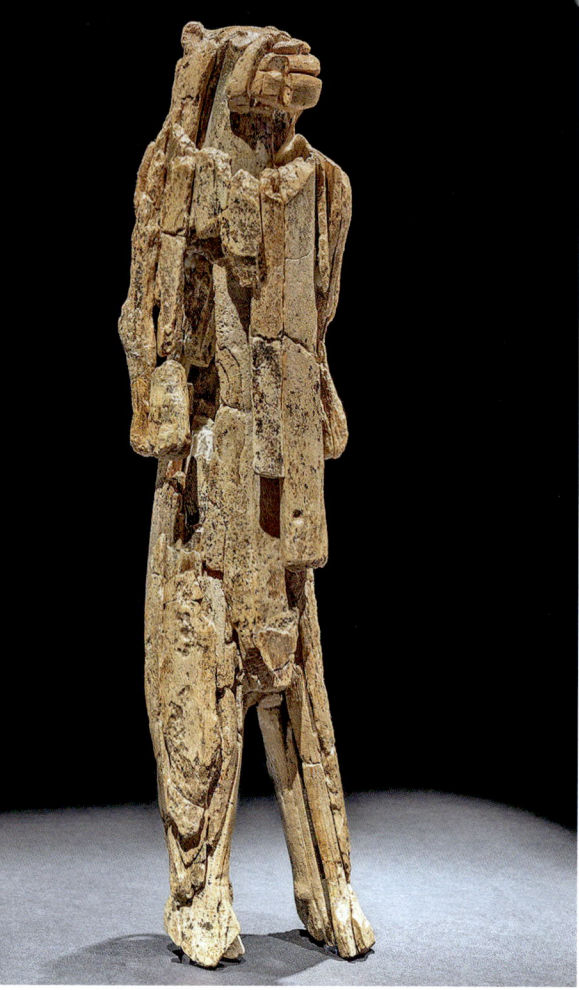

Der Löwenmensch, wie er im Ulmer Museum steht.

und verstaute sie mit weiteren Fundsachen in einem Stapel Pappkartons. Das Eiszeitpuzzle zusammenzubauen, fanden beide Forscher nicht mehr die Zeit. Völzing und weiteren Mitarbeitern wurde der Einberufungsbescheid zur Mobilmachung der Wehrmacht zugestellt. Die Grabungen im Stadel wurden am 25. August abgebrochen. Später vermachte Wetzel testamentarisch die Pappkartons samt Inhalt unausgepackt dem Ulmer Museum. Dort schlummerte der Schatz weitere Jahrzehnte im Depot.

Dann kam 1969 der Archäologiedoktorand und spätere Professor am Institut für Ur- und Frühgeschichte der Universität Tübingen Joachim Hahn nach Ulm. Er tat einen Blick in die Wetzelschen Kartons, erkannte spontan, welch kostbaren Fund er in Händen hielt. Mit Hilfe zweier Studenten fing er an, zu basteln und zu kleben. Binnen zwei Tagen entstand aus gut 200 Einzelstücken der 31 Zentimeter große Löwenmensch zum zweiten Mal. Er trägt den nachgebildeten Kopf eines mähnenlosen Höhlenlöwen. Sein Oberkörper stellt wohl ebenfalls ein Tier dar. Unzweifelhaft ist aber, dass er auf Beinen und Füßen steht, wie sie zum Menschen gehören. Ungeklärt ist das Geschlecht der Figur. Anfangs war alle Welt von einer weiblichen Gestalt ausgegangen, weil die typisch männliche Löwenmähne fehlte. Dann ermittelte die Forschung, dass eiszeitliche Höhlenlöwen keine Mähne trugen. Folglich wurde die Figur geschlechtsneutral zum Löwenmenschen.

Mancherlei Zufälle haben die Entdeckung und Wiederherstellung der Statuette begleitet. Einen Teil des Kopfs mit dem rechten Ohr und ein Stück vom rechten Arm lieferte ein ehemaliger Mitarbeiter Professor Wetzels in den siebziger Jahren dem Ulmer Museum nach. Er habe sie nach dem Tod seines Chefs im Jahr 1962 aus dessen Arbeitszimmer in der Tübinger Anatomie als Andenken mitgenommen und aufbewahrt. Eine Art Märchen ereignete sich wenig später, heißt es im Ulmer Museum. Eine bis heute nicht bekannte Frau lieferte bei einem der Aufseher in der Prähistorischen Sammlung eine kleine Schachtel mit Fundstücken ab. Ihr Sohn habe sich auf einer gemeinsamen Wanderung im Lonetal durchs weitmaschige Absperrgitter im Stadel gezwängt und ein paar kleine Plättchen in der Höhle aufgelesen. Eins der Stücke passte an den linken Fuß der Figur. Ein anderes war ein Teil der Maulpartie. Erst jetzt erwies sich endgültig, dass die Statuette einen Löwenkopf trägt.

Geschnitzt hat die Skulptur ein Eiszeitkünstler aus dem rechten Stoßzahn eines Mammuts. Wetzel hatte im Hohlenstein sogar den zugehörigen, aber noch unbearbeiteten linken Stoßzahn geborgen. In derselben Bodenschicht fand sich Schmuck, dazu ein Zahn einer etwa zwanzigjährigen Frau. Da hatte sich, vermuten Archäologen, vor 40 Jahrtausenden eine kleine Menschengruppe im Hohlenstein niedergelassen, für ein paar Tage vielleicht häuslich eingerichtet, auch ein kleines Depot mit Kunstschätzen angelegt. Dann verließen sie ihre Unterkunft. Möglicherweise zur Jagd oder um Früchte einzusammeln. Sicher wollten sie bald zurückkehren. Daraus wurde nichts. Ihr Schicksal bleibt ungeklärt. Über 40 000 Jahre hin wurde ihre kleine Schatzkammer nicht angerührt. Bis Otto Völzing in der Stadelhöhle das Unterste zuoberst kehrte. Was die kleine Skulptur den Menschen vor mehr als tausend Generationen bedeutete, lässt sich nur vermuten. Vielleicht sollten sich Kraft und Stärke des Tiers mit dem Geist des Menschen verbinden. Denkbar auch, dass sich religiöse Vorstellungen mit der Figur verknüpften.

Lage: 3,5 km nördlich von Rammingen am Nordhang des Lonetals beim Weiler Lindenau, GPS-Koordinaten Breite 48.549553 Länge 10.172646

Anfahrt: A 7, Ausfahrt Langenau, Rammingen, Wegweiser.

Parken: Weiler Lindenau, Gasthof Schlössle.

Kinderwagen / Rollstuhl: Nein

Geöffnet: Die Höhlen sind bis zum Absperrgitter jederzeit frei zugänglich.

Für Kinder: Die Höhlen aufsuchen, Grillstelle am Weg, durch die Wiesen vor dem Hohlenstein schlängelt sich die Lone.

Besuchen: Ulmer Museum, Marktplatz 9, 89073 Ulm, Telefon (07 31) 1 61 43 01, dienstags bis sonntags 11 bis 17 Uhr, donnerstags bis 20 Uhr.

Naturkundliches Bildungszentrum, Kornhausgasse 3, 89073 Ulm, dienstags bis freitags 10 bis 16 Uhr, samstags, sonn- und feiertags 11 bis 17 Uhr, Telefon (07 31) 1 61 47 42, Sammlung und Ausstellungen materieller Zeugnisse der erdgeschichtlichen Epochen und der heutigen Tier- und Pflanzenwelt, Info-Stelle Geopark.

Hinweis: Neben dem Wirtshaus im Weiler Lindenau wird in einer Holzhütte die Höhle des Löwenmenschen nachempfunden.

Einkehr: Ausflugsgaststätte »Zum Schlößle« im Weiler Lindenau, mit Biergarten, Ruhetag Montag, im Winter Montag und Dienstag, Telefon (0 73 45) 53 12, Info-Stelle Geopark, Gasthäuser in Ulm und Rammingen.

Kontakt: Gemeinde Asselfingen, Lindenstraße 6, 89176 Asselfingen, Telefon (0 73 45) 53 06, www.asselfingen.de

Tourismus Alb-Donau-Kreis, Schillerstraße 30, 89077 Ulm, Telefon (07 31) 1 85 14 51, www.tourismus.alb-donau-kreis.de, www.weltkultursprung.de

Im Urgeschichtlichen Museum (URMU)

Kulturrevolution vor 40 000 Jahren

Das URMU in Blaubeuren ist das Schwerpunktmuseum für die Eiszeitkunst in Deutschland. Auf gut 3000 Quadratmetern Ausstellungsfläche präsentiert es im historischen »Spital zum Heiligen Geist« die ältesten Kunstwerke und Musikinstrumente der Menschheitsgeschichte im Original. Im Rundgang durch mehr als zwanzig Räume und Kabinette auf zwei Stockwerken wird der Besucher in die Zeit vor 40 000 Jahren zurückversetzt.

Die Gründung des URMU im Jahr 1965 geht auf den Geologen und Urgeschichtler an der Universität Tübingen Gustav Riek zurück. Den benötigten Raum stellte die Stadt Blaubeuren im historischen Spital zum Heiligen Geist bereit. Riek hatte in den Jahren 1955 bis 1964 in den Höhlen rund um Blaubeuren Ausgrabungen vorgenommen. Untersucht hatte er vor allem die Brillenhöhle und die Große Grotte in Blaubeuren sowie den Hohle Fels bei Schelklingen. Schon vor dem Zweiten Weltkrieg hatte er die Vogelherdhöhle im Lonetal nördlich von Ulm komplett ausgegraben. Er fand vor allem aus Mammutelfenbein geschnitzte Tierplastiken. Im Lauf der Jahre wurde das Museum Schritt um Schritt erweitert. Seit 2014 nutzt es nach Umbau und erneuertem Konzept als »Urgeschichtliches Museum & Galerie 40tausend Jahre Kunst Blaubeuren« das gesamte Spital.

Auf zwei Stockwerken in mehr als 20 Räumen bietet die Dauerausstellung einen Überblick über die Bedeutung der Schwäbischen Alb für die Entwicklung des modernen Menschen in Europa. Im Erdgeschoss durchstreift der Museumsbesucher unvorstellbar weite Zeiträume. Beginnend mit dem Neandertaler vor 70 000 Jahren entdeckt er auf Landschaftsbildern Höhlen und Grotten. Videos berichten vom Alltag der Urzeitmenschen. Es gibt Mitmachstationen, Medienwände und Dinge zum Anfassen. Die wahren Schatzkammern liegen im Obergeschoss, wo die Originalfunde aus den Eiszeithöhlen versammelt sind – die 40 000 Jahre alte »Venus vom Hohle Fels«, der Wasservogel gleichen Alters und der winzige Löwenmensch aus derselben Höhle, dazu die Flöten vom Geißenklösterle und aus dem Hohle Fels. Hinzu kommen Nachbildungen aus Mammutelfenbein zu anderen Funden, auch aus anderen Grotten. Am Ende findet der Gast sich vor einem dreidimensionalen Modell der Landschaft von Ach- und Blautal. Zwischen urtümlichen Eiszeithöhlen, Rentierherden und ihren Jägern rattert eine Modelleisenbahn von Ulm über Blaubeuren Richtung Sigmaringen.

Mitten hinein in eine Zeitenwende, in den Übergang vom Neandertaler zum

modernen Menschen, führt der Besuch. Nach und nach wird verständlich, was da vor 40 000 Jahren im Kopf des Menschen passierte. Eine Horde ungebildeter nomadisierender Jäger und Sammler um Blaubeuren entwickelt die weltweit einzigartige Eiszeitkunst. Nicht von heute auf morgen, aber doch ohne Vorbild und ohne Beispiel. Diesen ungeheuerlichen Vorgang zu begreifen, lehrt den Besucher das Museum. Er wird Zeuge einer Kulturrevolution kaum vorstellbaren Ausmaßes.

Lage: Stadtmitte Blaubeuren, GPS-Koordinaten Breite 48.411762 Länge 9.7853

Adresse: Urgeschichtliches Museum, Kirchplatz 10, 89143 Blaubeuren.

Anfahrt: B 28, Blaubeuren, Wegweiser Urgeschichtliches Museum.

Parken: Wegweiser zu den Parkplätzen am Rand der Altstadt.

Kinderwagen: Nur Erdgeschoss und Innenhof.

Rollstuhl: Überall.

Geöffnet: 15. März bis 30. November, dienstags bis sonntags und feiertags 10 bis 17 Uhr, Winterzeit dienstags und samstags 14 bis 17 Uhr, sonntags 10 bis 17 Uhr, Karfreitag, Weihnachten, Silvester und Neujahr geschlossen.

Für Kinder: Für Jugendgruppen und Schulklassen veranstaltet das URMU Reisen zurück in die Steinzeit. Sie erfahren dort, wie die Menschen vor 40 000 Jahren lebten. Sonntags werden in der Steinzeitwerkstatt

Steinzeitliche Arbeiten beim Museumsfest im URMU.

Aspekte steinzeitlichen Daseins praktisch erlebbar gemacht.

Besuchen: Blautopf als Quelle der Blau, historische Hammerschmiede am Blautopf, Hochaltar von 1492 im gotischen Kloster.

Hinweis: Die »Gesellschaft für Urgeschichte Blaubeuren« veranstaltet jeweils am letzten Sonntag der Sommerferien am Fuß des Bruckfels unterhalb der Steinzeithöhle Geißenklösterle ihr »Höhlenfest«. Dort wird Arbeitsgerät der Eiszeitleute vorgeführt, mit Lanzen geschleudert, mit Pfeil und Bogen geschossen, Nachgebildetes angeboten. Im sonst verschlossenen Geißenklösterle ist Höhlenführung.

Einkehr: Marktstände beim Höhlenfest, Gasthäuser, Restaurants in Blaubeuren.

Kontakt: Tourist Information Blaubeuren und Urgeschichtliches Museum, Kirchplatz 10, 89143 Blaubeuren, Telefon (0 73 44) 9 66 99 15, www.blaubeuren.de, www.urmu.de

Höhle im Sirgenstein

Spuren auch vom Neandertaler

Die Höhle im Sirgenstein liegt im Felsenhang rechts der Bundesstraße 294 zwischen Blaubeuren und Schelklingen. Ihr Ausgräber, der Tübinger Archäologe Robert Rudolf Schmidt, fand nur wenig Eiszeitkunst in den von ihm untersuchten Bodenschichten, wohl aber Tausende Feuersteinwerkzeuge. Seit dem 9. Juli zählt die Sirgensteinhöhle zum Welterbe der UNESCO.

D ie nicht vergitterte und somit frei zugängliche Höhle liegt etwa 35 Meter über dem Achtal und öffnet sich nach Südwesten mit einem rund dreieinhalb Meter hohen und gut fünf Meter breiten Eingang. Die Halle im Innern selbst ist mit einem leicht ansteigenden Boden 42 Meter lang, fünf Meter breit und erreicht eine größte Höhe von zehn Metern. Dort weist die Höhlendecke

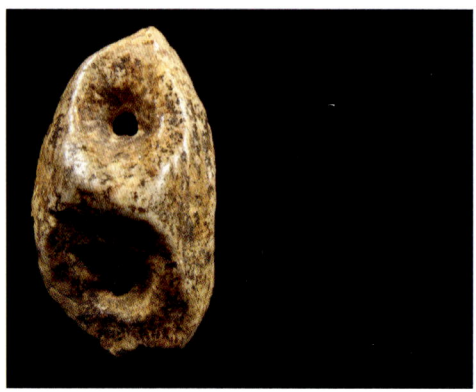

Schmuckstück aus Elfenbein.

zwei Öffnungen auf, die Licht, aber auch Regenwasser durchlassen. Der Untergrund ist sehr glitschig. Vor der Höhle liegt ein großer, fast ebener freier Platz, auf dem vor mehr als 45000 Jahren auch die Neandertaler sich schon aufgehalten haben. Heutigen Besuchern steht eine Ruhebank zur Verfügung.

Unter allen Höhlen im Ach- und Lonetal, die nun in der Welterbeliste der UNESCO aufgeführt sind, ist die Sirgensteinhöhle die an eiszeitlichen Kunstwerken ärmste. Gefunden wurde lediglich ein aus Elfenbein gefertigter knapp zwei Zentimeter langer Schmuckstein mit zwei Löchern, der auf der Kleidung befestigt werden konnte. Ihre archäologische Bedeutung hat die Höhle mit den Untersuchungen gewonnen, die Robert Rudolf Schmidt dort im Jahr 1906 ausführte. Schmidt, der als erster deutscher Wissenschaftler mit einer Arbeit über ein Thema zur älteren Urgeschichte promoviert wurde, legte die Höhle bis auf den felsigen Untergrund völlig frei. Dabei fand er mehr als 5000 Feuersteinwerkzeuge sowie ungezählte Mengen an Abfällen.

Diese Funde dienten ihm dazu, in der Höhle eine vollständige Abfolge der Bodenschichten der Altsteinzeit zu entwickeln. Dabei orientierte er sich an den schon vorliegenden französischen Forschungsergebnissen und übernahm deren Bezeichnungen. So gliederte er die von ihm im Sirgenstein vorgefundenen Werkzeuge in zehn Schichten von der jüngeren bis zur mittleren

Neandertalerhöhle im Sirgenstein.

Altsteinzeit. Damit gilt die Sirgensteinhöhle als erste Fundstelle in Deutschland, in der dieses Verfahren angewendet wurde. Heute ist es gang und gäbe und wird von der Universität Tübingen bei ihren Grabungen im Geißenklösterle und im Hohle Fels genutzt.

Die Steinzeitleute, die am Rand der Schwäbischen Alb in einer weithin baumlosen Steppe ihr Dasein fristeten, hatten vom Vorplatz des Sirgenstein aus direkte Sichtverbindung zu ihren Brüdern und Schwestern am Schelklinger Hohle Fels. Von der Felsenburg, die vermutlich im 13. Jahrhundert auf dem 20 Meter hohen Gipfel des Sirgenstein errichtet wurde, ist bis auf winzige Reste nichts erhalten. Erstmals genannt wurde der Sirgenstein 1488 in einem Werk des Ulmer Dominikaners Felix Fabri. Die Menschen seiner Zeit holten sich Ablagerungen aus der Höhle, um sie als Dünger auf ihren Feldern auszubringen. Bei diesen Grabungen stießen sie immer wieder auf Knochen. So entstand die Vorstellung, in der Höhle habe vor Zeiten ein Zyklop gelebt. Der Stuttgarter Gelehrte Oskar Fraas, der schon 1862 im Hohlenstein im Lonetal gegraben und 1870 im Schelklinger Hohle Fels geforscht hatte, beachtete den Sirgenstein nicht. Der Gipfel des Felsens ist wegen seiner Tier- und Pflanzenvielfalt geschützt. Er darf weder bestiegen noch erklettert werden.

Lage: Rechts der B 492 zwischen Blaubeuren und Schelklingen, GPS-Koordinaten Breite 48.387048 Länge 9.761071

Anfahrt: B 492, Kleiner Parkplatz, der nur aus Fahrtrichtung Blaubeuren angefahren werden darf. Der Aufgang zur Höhle ist stellenweise sehr steil, schmal und bei Feuchtigkeit sehr glitschig.

Parken: Parkplatz unterhalb des Sirgenstein.

Kinderwagen / Rollstuhl: Nein.

Geöffnet: Die Höhle im Sirgenstein ist jederzeit frei zugänglich.

Für Kinder: Vor der Höhle eine Rast einlegen. In der Höhle tropft Wasser von den Wänden. Löcher in der Höhlendecke finden.

Besuchen: Das Urgeschichtliche Museum (URMU) Blaubeuren zeigt die Eiszeitkunst aus den Höhlen des Achtals.

Hinweis: In Blaubeuren den Blautopf und die Hammerschmiede aufsuchen. Der Hochaltar im ehemaligen Kloster ist sehenswert.

Einkehr: Gasthäuser und Restaurants in Blaubeuren und Weiler.

Kontakt: Tourist Information Blaubeuren und Urgeschichtliches Museum, Kirchplatz 10, 89143 Blaubeuren, Telefon (0 73 44) 9 66 99 15, www.blaubeuren.de, www.urmu.de

Im Geißenklösterle

Flötentöne aus der Steinzeit

In einer kleinen Höhle am Geißenklösterle hoch über dem rechten Ufer des Flüsschens Ach am südwestlichen Stadtrand Blaubeurens erklang vor mehr als 40 000 Jahren schon Flötenmusik. Zeugnis dafür sind Reste kleiner Musikinstrumente, die im Höhlenschutt gefunden wurden, die ältesten der Menschheitsgeschichte. Seit dem 9. Juli zählt die mit einem mächtigen Stahlgitter verschlossene Grotte im Geißenklösterle zum Welterbe der UNESCO.

Das aus der Ferne an eine gotische Kirchenruine erinnernde Massiv des Bruckfels, in dem die Geißenklösterlehöhle verborgen ist, bildet den bescheidenen Rest einer einst riesigen Höhlenhalle. Irgendwann in vorgeschichtlicher Zeit ist die Decke eingestürzt. Zurück blieben ein halbrundes Felsgebilde und ein mächtiger Schutthang, der sich bis ins Achtal hinunterzieht. Die dabei entstandene kleine Höhle im Geißenklösterle bildet einen etwa acht Meter langen Gang. An beiden Enden führen niedrige Öffnungen tiefer ins Gebirge hinein. Allerdings kann nur die linke, in der schon mal Füchse lebten, mit einiger Mühe durchkrochen werden.

Archäologen der Universität Tübingen haben in jahrzehntelangen Ausgrabungskampagnen Bodenschicht um Bodenschicht im Geißenklösterle abgetragen.

Joachim Hahn (1942–1997), Professor der Urgeschichte an der Universität Tübingen, der als Student 1969 in nur zwei Tagen die Steinzeitfigur des Ulmer Löwenmenschen zusammenleimte, hat die Ausgrabungen von 1976 bis 1991 geleitet. Sein Nachfolger Nicholas Conard führte die Forschungsarbeiten in den Jahren 2000 und 2002 fort. In den unterschiedlichen Grabungsschichten fanden sich Besiedlungsspuren aus Mittelalter, Eisen- und Steinzeit bis hin zum Neandertaler vor 50 000 Jahren. Die Forschungsarbeiten im Geißenklösterle sind bis heute nicht abgeschlossen.

Als bedeutendste Funde wurden vier kleine Skulpturen aus dem Elfenbein des Mammutstoßzahns freigelegt – ein Wisent, ein Mammut, ein Bär und ein Plättchen mit einer menschenähnlichen Gestalt. Hinzu kommen Reste flötenähnlicher Musikinstrumente. Zu welchem Zweck die nur wenige Zentimeter großen Tierplastiken den Eiszeitleuten gedient haben, ist nicht geklärt. Auch nicht, wozu die Flöten verwendet wurden. Sicher ist aber wohl, dass sie den Steinzeitmenschen mehr bedeuteten als nur Kunsthandwerk. Vermutlich wurden die Schnitzereien zu rituellen Feiern benötigt, die mit Flötenmusik begleitet wurden. Auch farbig bemalte Steine kamen im Geißenklösterle zutage. All diesen Kunstwerken aus der fernen Eiszeit verdankt die kleine Grotte mit fünf weiteren Höhlen an Ach und Lone den einzigartigen Ruf der »Kulturwiege der

Menschheit« und damit die Aufnahme ins Welterbe der UNESCO.

Zwar gelangt der Wanderer in die Höhle selbst nicht hinein. Hat er aber erst mal den vom Tal hinaufführenden, knapp 500 Meter langen, meist sehr schmalen, stark ansteigenden Trampelpfad entlang der Hangkante des Bruckfels erklommen, kann er gut in die Höhle hineinschauen und den gesamten Innenraum überblicken. Hier oben also saßen vor 40 000 Jahren die Steinzeitleute, gut 60 Meter über dem Talgrund des Flüsschens Ach. Mit einfachsten Steinwerkzeugen schnitzten sie aus dem El-

fenbein des Mammutstoßzahns kleine Figuren, aus dem Knochen des Schwanenflügels Flöten. Ein Kultursprung ohnegleichen für die Menschheit.

Auf der großen Wiese an der Ach unterhalb des unter Naturschutz stehenden Bruckfels mit dem Geißenklösterle feiert die »Gesellschaft für Urgeschichte« Blaubeuren jeweils am letzten Sonntag der baden-württembergischen Sommerferien den »Tag der offenen Höhle als großes Steinzeitfest mit Familienprogramm, mit Steinzeit zum Anfassen und zum Ausprobieren und mit Führungen im Geißenklösterle«.

Buckfels mit der Höhle Geißenklösterle.

Führung im Geißenklösterle.

Lage: Gegenüber dem Blaubeurer Stadt-teil Weiler am Hang des Naturdenkmals Bruckfels, GPS-Koordinaten Breite 48.396873 Länge 9.769718

Anfahrt: B 492, auf Höhe Weiler östlich in die Bruckfelsstraße einbiegen. Wander-parkplatz nach der Achbrücke, über ihm der Bruckfels mit dem Geißenklösterle. Der Aufgang zur Höhle ist relativ steil, sehr schmal und bei Feuchtigkeit sehr glitschig.

Parken: Wanderparkplatz unterhalb der Höhle am Fuß des Bruckfels.

Kinderwagen / Rollstuhl: Nein.

Geöffnet: Das Geißenklösterle kann jeder-zeit aufgesucht werden, ist aber für Besu-cher unzugänglich. Durchs Stahlgitter ist alles gut zu überblicken.

Für Kinder: Das Urgeschichtliche Mu-seum Blaubeuren veranstaltet Reisen zurück in die Steinzeit. Jugendgruppen und Schulklassen erfahren, wie die Men-

schen vor 40 000 Jahren lebten. Sonn-tags ist die Steinzeitwerkstatt geöffnet, in der vor allem Familien steinzeitlich werken können.

Besuchen: Die Funde aus dem Geißen-klösterle sind neben weiteren Grabungs-ergebnissen aus den Höhlen rund um Blaubeuren im Urgeschichtlichen Museum Blaubeuren ausgestellt. Das Ulmer Mu-seum zeigt als Eiszeitkunst den Löwen-menschen aus dem Lonetal.

Hinweis: In Blaubeuren den Blautopf be-suchen und die Hammerschmiede aufsu-chen. Der Hochaltar im ehemaligen Klos-ter ist sehenswert.

Einkehr: Gasthäuser und Restaurants in Blaubeuren und Weiler.

Kontakt: Tourist Information Blaubeu-ren und Urgeschichtliches Museum, Kirchplatz 10, 89143 Blaubeuren, Telefon (0 73 44) 9 66 99 15, www.blaubeuren.de, www.urmu.de

Im Vogelherd

Eiszeitkunst im Überfluss

Der Vogelherd, eine kleine Höhle im Hang eines Seitentals der Lone auf der Schwäbischen Alb im Landkreis Heidenheim, gilt als fundreichster Ort eiszeitlicher Kunst weltweit. In zwei gut sieben Jahrzehnte auseinanderliegenden Grabungskampagnen wurden mehr als 40 Elfenbeinfiguren und nahezu 400 Schmuckgegenstände geborgen. Seit dem 9. Juli zählt die Höhle, die in den 2013 eröffneten »Archäopark Vogelherd« bei Niederstotzingen eingefügt ist, zum Welterbe der UNESCO.

Im Mai 1931 alarmierte der Heidenheimer Heimatforscher Hermann Mohn den Tübinger Geologen und Urgeschichtler Gustav Riek. Auf dem Vogelherd hatte Mohn an einem Dachsbau ein paar scharfkantige Feuersteinsplitter gefunden, die dort eigentlich nicht hingehörten. Riek kam schon im Juli nach Stetten ob Lontal und machte sich mit einer Handvoll Helfern sogleich an die Arbeit. Innerhalb von nur drei Monaten räumte Riek die gut 20 Meter über dem Talgrund liegende Höhle, die eigentlich nur ein

Einer der drei Eingänge zum Vogelherd im Lonetal.

Durchgang im Kalkgestein ist, nach den Grabungsmethoden seiner Zeit komplett aus. Den ausgehobenen und vermutlich nur grob durchgesehenen Abraum ließ er am Hang unmittelbar vor der Höhle abkippen. Zutage förderte Riek außer mancherlei Steinzeitwerkzeug fast ein Dutzend Elfenbeinfigürchen – drei Mammute, ein Wildpferd, ein Wildrind, einen Höhlenlöwen, ein Rentier, einen Panther, einen Bären und eine kleine, menschenähnliche Darstellung.

Nach jahrzehntelanger Pause hat das Institut für Urgeschichte an der Universität Tübingen in den Jahren 2005 bis 2012 am Vogelherd noch einmal nachgraben lassen. Die Archäologen vermuteten, Ausgräber Riek könne in dem Abraum vor den Höhlenausgängen Eiszeitarbeiten übersehen haben. Sie irrten sich nicht. Tatsächlich kamen neben allerlei Arbeitsgerät wie Feuersteinmesser, Geschossspitzen und Ahlen schon bald weitere Kunstwerke zum Vorschein, darunter aus Elfenbein geschnitzt ein Mammut, ein Fisch, ein Igel und Bruchstücke mehrerer Tierplastiken. Der Vogelherd ist der fundreichste Ort für Eiszeitkunst.

Die kleine Höhle am Vogelherd mit ihren drei Zugängen ist vor Jahrmillionen, als die Schwäbische Alb noch bis vor die Tore der heutigen Landeshauptstadt Stuttgart reichte, vom kohlensäurehaltigen Wasser des Ur-Neckar aus den seitlichen Felswänden des heutigen Lonetals herausgespült worden. Seit der Neckar aber seine Fließrichtung geändert hat und nicht mehr in die Donau, sondern in den Rhein mündet, kommt kaum noch Wasser ins Lonetal. Streckenweise liegt das Bachbett völlig trocken. Geologen geben der Lone höchstens noch 100 000 Jahre. Dann wird ihr Wasser völlig im porösen Kalkgestein der Alb versunken sein und nur noch unterirdisch fließen.

Dass schon vor Jahrtausenden nur noch wenig Wasser floss, hatte auch sein Gutes. Denn damit kamen in den seitlichen Felshängen die ausgewaschenen Höhlen und Grotten zum Vorschein. Nicht allein der Vogelherd, auch der Hohlenstein, der Bockstein, das Fohlenhaus und viele mehr. Dort hinein zogen vor 100 000 Jahren erst mal die Neandertaler. Ihnen folgten 50 000 Jahre später die ersten anatomisch modernen Menschen (*Homo sapiens*) – die Eis- und Steinzeitleute. Diese frühen Zuwanderer, die nach derzeitigem Stand aus Ostafrika kamen, den Vorderen Orient überwanden und schließlich die Donau aufwärts zogen, brachten erste frühe Künstler hervor. Aus dem Elfenbein des Mammutstoßzahns schnitzten sie mit scharfkantigen Feuersteinwerkzeugen Wildpferdchen, winzige Höhlenlöwen. Sogar ein 31 Zentimeter hohes Mischwesen, halb Löwe halb Mensch, war darunter. Vor 80 Jahren wurden solche Figürchen erstmals in den Lonetalhöhlen Vogelherd und Hohlenstein unter meterdickem Schutt geborgen. Sie zählen zu den ältesten Kunstwerken, die der Mensch hervorgebracht hat.

Das Lonetal, wie es sich zur Eiszeit vor 40 000 Jahren darstellte und von den Menschen genutzt wurde, bildet der »Archäopark Vogelherd« nahe Niederstotzingen nach. Der Eingang mit Informationszentrum und Café ist einer geräumigen Höhle nachempfunden. Im weitläufigen Freigelände sind einige Mitmachstationen eingerichtet, darunter das Lager der Mammutjäger, ein Platz der Jagd mit Speerschleudern, Plätze der Begegnung, des Feuers und der

Löwenfigur aus dem Vogelherd.

Kunst, schließlich die Original-Vogelherd-höhle, dazu ein Grabungsfeld und eine Grillstelle.

Lage: Nordwestlich Niederstotzingen, GPS-Koordinaten Breite 48.559038 Länge 10.194403

Anfahrt: A7 Ausfahrt 118 (Niederstotzingen), Wegweiser Archäopark.

Parken: Parkplatz Archäopark, 500 m zu Fuß.

Kinderwagen / Rollstuhl: Ja.

Geöffnet: Siehe www.archaeopark-vogelherd.de

Für Kinder: Speere schleudern, im Grabungsfeld suchen, zur Höhle wandern.

Besuchen: Archäopark Vogelherd, Am Vogelherd 1, 89168 Niederstotzingen-Stet-ten, Telefon (0 73 25) 9 52 80 00, Charlottenhöhle in Hürbel.

Hinweis: Die Höhle am Vogelherd ist nur innerhalb des Archäoparks zugänglich, im Informationszentrum des Archäoparks sind die aus dem Vogelherd geborgenen Schnitzarbeiten Mammut und Höhlenlöwe im Original ausgestellt.

Wandern: Tourenvorschläge unter www.lonetal.net, Kontakt: Stadt Langenau, Kulturamt, 89129 Langenau, Telefon (0 73 45) 9 62 21 44, www.langenau.de

Einkehren: Parkcafé am Vogelherd, Gasthäuser in Stetten ob Lontal und in Niederstotzingen.

Auskunft: Landratsamt Heidenheim, Freizeit & Tourismus, Felsenstraße 36, 89518 Heidenheim, Telefon (0 73 21) 3 21 25 93. www.heidenheimer-brenzregion.de

Im Bockstein

In der Wohnung des Neandertalers

Der Bockstein, etwa halbwegs zwischen den Ortschaften Bissingen und Öllingen am Hang des Lonetals gelegen, wird als ältester Siedlungsplatz des Neandertalers in Süddeutschland gewertet. In seinen vier eher kleinen Hohlräumen hat der Vorgänger des modernen Menschen vor 50 000 bis 70 000 Jahren erste steinerne Faustkeile, Schaber und ein messerähnliches Werkzeug entwickelt. Seit dem 9. Juli 2017 zählen die vier frei zugänglichen Höhlen im Bockstein zum Welterbe der UNESCO.

Angefangen hat alle archäologische Forschung im Lonetal schon im Jahr 1862 am Hohlenstein. Ein Förster hatte den Stuttgarter Geologen Oskar Fraas auf die Felsöffnungen aufmerksam gemacht. Fraas holte mehr als 10 000 Knochen aus der Höhle, überwiegend vom Höhlenbären. Er übersah aber zwischen all den Bärenresten die Relikte von Menschenhand wie Steinwerkzeug und bearbeitete Knochen.

Angeregt durch diese Grabungen von Oskar Fraas im Hohlenstein untersuchte 20 Jahre später Oberförster Ludwig Bürger aus dem nahegelegenen Städtchen Langenau gemeinsam mit Pfarrer Dr. Friedrich Losch aus Öllingen den Bockstein. Um einen leichten Zugang und genügend Licht in der Höhle zu haben, ließen die Forscher erst mal die vordere Felswand wegsprengen. Das große Loch in der Wand ist noch heute aus der Ferne knapp 20 Meter über dem Talgrund der Lone gut zu erkennen. In den insgesamt vier unterschiedlich geräumigen Höhlen im Bockstein fanden Bühler und Losch neben eiszeitlichem Werkzeug und Tierresten die Bestattung einer Frau mit Kind. Ein Jahrzehnte während Streit setzte ein um das Alter der Skelette. Forstmann Bürger war überzeugt, eine alte Grabstätte entdeckt zu haben, weil sie doch in einer tiefen Bodenschicht gelegen hatte. Ein württembergischer Anthropologe, der die menschlichen Überreste im Jahr 1884 untersuchte, kam zum Schluss, die von Bürger geborgenen Skelette seien höchstens 200 bis 300 Jahre alt. Fast gleichzeitig sprach ein Bonner Anthropologe den Knochenresten ein Alter von mindestens 2000 Jahren zu.

Dann aber grub 1898 ein Jahr nach Ludwig Bürgers Tod der Pfarrer der nah dem Bockstein gelegenen Gemeinde Öllingen einen Eintrag im Totenregister aus. Anna Eiselin, im dritten Monat schwanger, hatte sich am 6. Juli 1739 das Leben genommen, hieß es dort. Weil eine Selbstmörderin nach damaliger Auffassung nicht auf dem Öllinger Gemeindefriedhof bestattet werden durfte, wurde die Leiche laut Eintrag »in das Holtz in dem Lonthal in einen Felsen gelegt«. Das Problem schien gelöst. Unkritisch wurde fortan der Bürgersche Fund mit der Öllinger Selbstmörderin gleichgesetzt. Definitiv beendet wurde der Streit erst vor wenigen Jahren mithilfe einer Radiokarbondatierung. Demnach waren Frau und Kind vor gut 8000 Jahren gestorben. Sie gelten heute als eine der seltenen Ganzkörperbestattungen der Mittelsteinzeit in Süddeutschland.

Jahrzehnte nach Bürgers Grabungen, im Frühjahr 1932, machte sich der Anatomieprofessor Robert Wetzel auf den Weg ins Lonetal. Er hatte von den eiszeitlichen Funden Gustav Rieks im Vogelherd erfahren und wollte nun gleichfalls mal in der Eiszeit nachsehen. Tatsächlich sollte Wetzel, der ab 1936 das anatomische Institut für Urgeschichte und Paläontologie der Universität Tübingen leitete, wenige Jahre später im Hohlenstein den »Löwenmenschen« finden. Im Bockstein allerdings war Wetzel weniger erfolgreich. Ortskundige hatten ihn auf Felsspalten hingewiesen, in denen immer mal wieder Füchse verschwanden. Wetzel grub am Bockstein in den Jahren 1933 bis 1935 und erneut nach dem Zweiten Weltkrieg von 1953 bis 1956. In der Bocksteinhöhle selbst fand er wenig. Erfolgreicher waren die von ihm geleiteten Grabungen in den kleineren Öffnungen von Bocksteinschmiede und Bocksteinloch, in denen die steinernen Werkzeuge des Neandertalers zum Vorschein kamen.

Blick aus der Bocksteinhöhle ins Lonetal.

Die Bocksteinhöhle im Steilhang des Lonetals.

Lage: Im Lonetal östlich der Straße von Bissingen nach Öllingen, GPS-Koordinaten Breite 48.585002 Länge 10.176768

Anfahrt: A 7, Ausfahrt 118 (Niederstotzingen).

Parken: Wanderparkplatz an der Straße.

Kinderwagen / Rollstuhl: Nein.

Geöffnet: Der Bockstein ist immer frei zugänglich.

Für Kinder: Die Höhle aufsuchen, Rasten in der Schutzhütte auf dem Bockstein.

Besuchen: Archäopark Vogelherd, Charlottenhöhle in Hürben.

Hinweis: Der Aufstieg zur Höhle ist nur kurz, aber sehr steil, schmal und bei feuchter Witterung sehr glitschig.

Einkehr: Café im Archäopark, Gasthäuser in Öllingen, Rammingen.

Kontakt: Gemeindeverwaltung Öllingen, Hauptstraße 42, 89129 Öllingen, Telefon (0 73 45) 75 02.
Tourismus Alb-Donau-Kreis, Schillerstraße 30, 89077 Ulm, Telefon (07 31) 1 85 14 51, www.tourismus.alb-donau-kreis.de, www.weltkultursprung.de

Im Hohle Fels

Betagte Venus mit 40 000 Jahren
Der Hohle Fels im Achtal bei Schelklingen bildet ein riesiges Loch in der Schwäbischen Alb. Über Jahrmillionen hin ist es vom kohlensäurehaltigen Wasser der Urdonau aus dem Kalkstein herausgespült worden. Vor 40 000 Jahren fertigte der moderne Mensch (Homo sapiens) im Hohle Fels Elfenbeinfigürchen. Vor 15 000 Jahren wurden Steine farbig bemalt. Seit dem 9. Juli 2017 zählt die Höhle zum Welterbe der UNESCO.

 ber Jahrzehnte hin haben Handwerker, Unternehmer, Freizeitforscher, später archäologische Spezialisten im Höhlenboden gegraben. Noch heute ist das Institut für Ur- und Frühgeschichte und Archäologie des Mittelalters der Universität Tübingen im Hohle Fels aktiv. Die weitaus größte unter den sechs nun dem Welterbe eingefügten Höhlen im Ach- und im Lonetal hat trotz aller Eingriffe Einzigartiges bewahrt. Dabei stand es lange Zeit nicht gut um sie und die im Höhlenschutt

Die Venus vom Hohle Fels im URMU.

Studenten der Universität Tübingen bei Ausgrabungsarbeiten.

verborgenen urweltlichen Relikte. Knochen vom Höhlenbären hatte dort schon 1830 Karl Friedrich Rixinger aus Gerhausen bei Blaubeuren eingesammelt. Aus dem Hohle Fels holte er regelmäßig Lehm für seine Töpferei. Die Bärenknochen verkaufte er einem Sammler in Ulm. Ein Schelklinger Fabrikant baute 1844 im Hohle Fels Fledermausguano als Ackerdünger ab.

Pfarrer Josef Hartmann aus dem nahe gelegenen Wippingen veranstaltete 1870/71 gemeinsam mit dem Stuttgarter Gelehrten Oskar Fraas eine erste wissenschaftliche Grabung in der Höhle. Er tat dies mit solchem Erfolg, dass schon im Jahr darauf die Deutsche Gesellschaft für Anthropologie in Berlin zu einer Fachtagung im Hohle Fels einlud. Zu ihr reiste auch der Mediziner, Anthropologe und Politiker Rudolf Virchow an. Um den Tagungsgästen den Zugang zur Höhle zu erleichtern, waren eigens zu diesem die Forscherwelt bewegenden Ereignis Treppen und Stege eingebaut worden. Wie die Museumsgesell-

schaft Schelklingen inzwischen ermittelt hat, nahmen die Tagungsteilnehmer reichlich Fundstücke als private Andenken mit. Schon damals beklagten Zeitgenossen, die Höhle sei durch Grabungen geradezu verwüstet worden.

Der Schwäbische Albverein räumte 1905 die Einbauten von 1872 wieder aus und feierte erstmals ein Höhlenfest mit Beleuchtung. Der Tübinger Paläontologe Robert Rudolf Schmidt untersuchte 1906 den Hohle Fels, parallel dazu auch den in Sichtweite liegenden Sirgenstein bei Blaubeuren. 30 Jahre später wurde die Höhle als Naturdenkmal geschützt. Elektrische Beleuchtung kam 1955 hinein. In den 1950er-Jahren grub die Schelklinger Heimatforscherin Gertraud Matschak auf eigene Faust und machte den Tübinger Urgeschichtler Professor Gustav Riek auf die Fundstelle aufmerksam, die er zwischen 1958 und 1960 untersuchte.

Seit 1977 forscht dort nun allein das Tübinger Institut. Seinen archäologischen Spurensuchern ist hier nicht nur der Nachweis gelungen, dass die Eiszeitleute vor 40 000 Jahren schon in der Lage waren, den mächtigen Höhlenbären zu jagen, fachgerecht zu zerlegen und sich von ihm zu ernähren. Die Forschungen im Hohle Fels belegen zudem, dass vor Jahrtausenden durchaus auch schon Höhlenmalerei auf der Schwäbischen Alb üblich war. Von 40 000 bis 29 000 Jahren vor heute haben die Höhlenbewohner im Hohle Fels eine regelrechte Elfenbeinwerkstatt unterhalten.

Gefunden wurde im Hohle Fels ein kleiner Wasservogel aus Elfenbein, vermutlich ein Gänsesäger. Mit seinem Alter von gut 30 000 Jahren gilt er als älteste bekannte Vogeldarstellung der Welt. Ein weiteres Elfenbeinfigürchen kam ans Licht, das ein Mischwesen aus Mensch und Löwe darstellt, vergleichbar jenem 31 Zentimeter großen eiszeitlichen Löwenmenschen im Ulmer Museum – allerdings nur knapp fünf Zentimeter hoch. Für die Tübinger Archäologen allerdings der Beleg dafür, dass vor 40 000 Jahren schon Verbindungen zwischen den Menschen im Achtal und jenen im 40 Kilometer nördlich gelegenen Lonetal bestanden haben müssen. Zumindest aber könne ein ähnlicher geistig-kultureller Hintergrund vorausgesetzt werden. Im Jahr 2008 wurde die Sensation der Urgeschichte geborgen – die 40 000 Jahre alte »Venus vom Hohle Fels«, dazu eine »Geierflöte«, weltweit die ältesten Funde ihrer Art. Schließlich wurde gar im Jahr 2015 die Frage beantwortet, in welcher Weise die Urzeitleute ihre für alle möglichen Aufgaben benötigten Seile angefertigt hätten. Der Hohle Fels gab einen durchlöcherten Stab aus Elfenbein frei, mit dessen Hilfe Seile aus Pflanzenfasern gedreht werden konnten.

Lage: An der B 492 zwischen Schelklingen und Blaubeuren, GPS-Koordinaten Breite 48.383333 Länge: 9.75

Anfahrt: B 28, B 492, L 240.

Parken: Hohle Fels, Wegweiser an der B 492 östlich Schelklingen.

Kinderwagen / Rollstuhl: Ja.

Geöffnet: 1. Mai bis 31. Oktober bei gutem Wetter sonntags 14 bis 17 Uhr, werktags Führungen für Gruppen nach Voranmeldung über Stadtverwaltung Schelklingen, Telefon (0 73 94) 2 48 27.

Für Kinder: Dem Höhlenführer folgen, den Höhlengeist finden, am Rastplatz vor der Höhle ein Picknick machen, Grillstelle.

Besuchen: Die Funde aus dem Hohle Fels sind im Urgeschichtlichen Museum Blaubeuren ausgestellt.

Hinweis: Im Hohle Fels werden mehrmals jährlich Höhlenkonzerte veranstaltet.

Einkehr: Gasthäuser in Schelklingen.

Kontakt: Museumsgesellschaft Schelklingen, Merowingerstraße 8, 89601 Schelklingen, Telefon (0 73 94) 16 40, www.museum-schelklingen.de
Tourismus Alb-Donau-Kreis, Schillerstraße 30, 89077 Ulm, Telefon (07 31) 1 85 14 51, www.tourismus.alb-donau-kreis.de, www.weltkultursprung.de

HÖHLENREICHE ALB
Die großen Löcher im Kalkgebirge

Unaufhörlich, Tag und Nacht, werden die Löcher in den Tiefen der Schwäbischen Alb größer. Wasser führt aufgelöstes Kalkgestein unterirdisch davon. Je tausend Liter ein halbes Pfund. Jahr für Jahr schwimmen auf diese Weise 100 000 Kubikmeter Kalk hinaus. Mehr als 2700 große und kleine Hohlräume sind im Höhlenkataster der Schwäbischen Alb verzeichnet. Und es werden ständig mehr.

Die Alb ist überwiegend aus Kalkgestein aufgebaut. Klares Wasser allein aber löst den Kalk nicht. Da muss Kohlensäure hinzukommen. Die bildet sich, wenn Regenwasser in der Atmosphäre

Große Grotte im Felshang über Blaubeuren.

Mit dem Boot in die Friedrichshöhle nahe Hayingen.

oder im Boden Kohlendioxid (CO_2) aufnimmt. Schon kleine Mengen Kohlensäure im Wasser lassen den Kalk zergehen. Das fängt an der Oberfläche nackter Felspartien an. Rinnen und Rillen bilden sich, werden größer, tiefer. In ihnen läuft das Wasser davon. Den gelösten Kalk nimmt es mit.

In anfangs nur feinen, natürlichen Ritzen dringt das Wasser auch ins Felsgestein selbst ein. Diese winzigen Hohlräume vergrößern sich. Nach einiger Zeit nicht mehr allein durchs Wasser. Mitgeführtes kleines, auch größeres Gestein mahlt und scheuert am Fels. Klüfte, Röhren, Schächte, Hallen entstehen, werden zu großen Hohlräumen, bilden nach und nach ganze Höhlensysteme aus.

In diesem porösen Untergrund verschwindet jeder Tropfen. In extremen Lagen wird die Oberfläche zur regelrechten Steinwüste ohne Baum und Strauch. Die Landschaft verkarstet. Wasser fließt nur noch unterirdisch. Erst in den Karstquellen

kehrt es ans Tageslicht zurück. So in den Quelltöpfen von Aach, Blau, Brenz, Lauter, Lone oder den Ursprüngen von Erms, Fehla, Kocher, Lauchert. Die in ihnen geschütteten Wassermengen zeigen mit einiger zeitlicher Verzögerung an, was zuvor als Regen aus den Wolken fiel.

Ein Teil des im Wasser gelösten Kalks bleibt in der Alb zurück. Aus feinen Haarrissen in den Decken der Hohlräume tropft es unaufhörlich. Nach Regenfällen mehr, in Trockenzeiten weniger. Jeder Tropfen lässt an der Decke einen winzigen Kalkring zurück. Mit dem nächsten Tropfen einen weiteren. Tropfsteine oder Stalagtiten entstehen, werden lang und länger und dicker. Vom Boden wachsen ihnen Stalakmiten entgegen. Das auf sie getropfte Wasser enthält immer noch Kalk. Der Tropfen zersprüht. Das Wasser fließt weiter. Der Kalk haftet am Boden. Auf diese Weise wächst in hundert Jahren ein Kubikzentimeter Tropfstein heran.

In der Bärenhöhle

Der Zufallsfund des Lehrers Fauth
Die Bärenhöhle macht ihrem Namen Ehre. In keinem der vielen großen Löcher der Schwäbischen Alb wurden mehr gut erhaltene Überreste von Höhlenbären gefunden als in ihren hohen Hallen. Aus aufgelesenen Knochen dieses vor 13 000 Jahren ausgestorbenen Urweltriesen wurde ein Skelett zusammengefügt. Es steht direkt am Weg in einem der unterirdischen Räume.

D ie Bärenhöhle ist eine der bekanntesten und meist besuchten Höhlen Deutschlands. Sie wird aus zwei großen, ursprünglich getrennten Hohl-

Stalagmiten und Stalaktiten in der Bärenhöhle.

räumen gebildet. Am 30. Mai 1834 hatte der Lehrer Fauth zufällig zunächst nur den vorderen Teil der Höhle mit sieben einzelnen Hallen entdeckt. Die von ihm gefundene Öffnung, die heute oberhalb des künstlich angelegten Eingangs liegt, ist noch erhalten und mit einem niedrigen Zaun gesichert. Auf Knopfdruck an der Informationsstele wird die Entdeckungsgeschichte erzählt. Nach dem damaligen württembergischen König wurde sie Karlshöhle genannt.

Mehr als 100 Jahre nach Fauths Fund wurde am 27. Dezember 1949 auch der zweite, hintere Teil der Höhle aufgedeckt. Einer der Führer durchs unterirdische Reich hatte schon über längere Zeit Fledermäuse in der Karlshöhle beobachtet. Die mussten ja irgendwie rein- und auch wieder rausfinden. Also wurde eine Fortsetzung der Karlshöhle vermutet, die ins Freie führen musste. Sie wurde bald auch gefunden. Beide Höhlen sind heute als Bärenhöhle miteinander verbunden. Besucher wandern zwischen ihnen hin und her, ohne es eigentlich zu bemerken.

Die Bärenhöhle ist eine typische Karsthöhle. Unterirdisch fließendes Wasser hat sie aus dem Fels gespült. Ursprünglich lagen hier nicht nur zwei große Hohlräume nebeneinander, sondern sogar auch übereinander. Vor unendlich langer Zeit stürzte die Zwischendecke herab und lagert nun mit ihren riesigen Felstrümmern am Boden

Skelett eines Höhlenbären in der Bärenhöhle.

der unteren Höhle. Auf 271 Metern Länge ist die Bärenhöhle begehbar. Gerühmt wird sie wegen des Bärenskeletts und ihrer schönen Tropfsteine. Meterhoch ragen sie zur Decke und hängen von ihr herab. Die Wände sind mit feinen Sintervorhängen überzogen.

Lage: Wenig südöstlich von Sonnenbühl, GPS-Koordinaten Breite 48.370801 Länge 9.215153

Anfahrt: B 313, südwestlich von Engstingen nach Westen auf K 6767, Wegweiser.

Parken: An der Höhle, Steigstraße für Ostereimuseum.

Kinderwagen / Rollstuhl: Nein.

Geöffnet: März bis November samstags, sonn- und feiertags 9 bis 17 Uhr, April bis Oktober täglich 9 bis 17.30 Uhr, Dezember bis Februar Winterpause, Telefon (0 71 28) 6 35.

Für Kinder: Freizeitpark »Traumland« mit Riesenrad, Kettenflieger, Westerneisenbahn, Märchenpark und vielen Spielgeräten auf dem Höhlendach.

Besuchen: Ostereimuseum, Steigstraße 8, 72820 Sonnenbühl, Telefon (0 71 28) 7 74, geöffnet sonntags 13 bis 17 Uhr.

Hinweis: Sonderführungen zweimal monatlich in der Bärenhöhle, streckenweise ganz ohne Beleuchtung.

Immer an Himmelfahrt ist Bärenhöhlenfest.

Der »Stelenweg« führt an Fauths Höhleneinstieg vorüber.

5 km nördlich der Bärenhöhle liegt die Nebelhöhle.

Einkehr: Rasthaus Bärentatze, kein Ruhetag, Telefon (0 71 28) 21 58.

Kontakt: Bürgermeisteramt Sonnenbühl, 72820 Sonnenbühl, Telefon (0 71 28) 9 25 18, www.sonnenbuehl.de

In der Nebelhöhle

Mächtiger Tropfstein in der Nebelhöhle.

Kein Versteck für Herzog Ulrich

Die Nebelhöhle gilt wegen ihrer Tropfsteine als einer der schönsten Hohlräume im Untergrund der Schwäbischen Alb. Mit jedem Schritt entdeckt der Besucher neue, überraschende Formen. Der ganze Einfallsreichtum der unterirdischen Natur kommt zum Vorschein. Ein Seitenraum heißt »Ulrichshöhle« nach dem württembergischen Herzog Ulrich. Der hielt sich dort, erzählt der Märchendichter Wilhelm Hauff, vor mehr als 500 Jahren vor dem deutschen Kaiser versteckt.

Natürlich ist vorstellbar, dass Herzog Ulrich irgendwann einmal die Nebelhöhle besucht hat. Schließlich ist sie seit dem Jahr 1486 bekannt, und Ulrich von Württemberg wurde 1487 geboren. Auch musste er sich immer mal wieder vor Verfolgern in Sicherheit bringen. Erst hatte er 1514 Ärger mit dem Bauernbund »Armer Konrad«, der sich gegen drückende Steuerlasten auflehnte. Dann ermordete Ulrich im Mai 1515 eigenhändig auf der Jagd im Böblinger Wald seinen Stallmeister Hans von Hutten, weil er ein Auge auf dessen Frau geworfen hatte. Der Kaiser verhängte mehrmals die Acht über den Württemberger, zog seine Güter ein, gab sie ihm jedoch jeweils unter Auflagen zurück.

Der Herzog führte ein unruhiges Leben. Kurz vor seinem Tod 1550 drohte ihm das kaiserliche Gericht noch mal mit Absetzung. Dass er aber in der Nebelhöhle gehaust habe, ist unwahrscheinlich. Aber woher kommt dann das Gerücht? Der Märchendichter Wilhelm Hauff erzählt in seiner romantischen Sage »Lichtenstein« auch vom Herzog Ulrich und seinem chaotischen Leben. Dort steckt ihn Hauff tagsüber in die Höhle. Nachts, wenn die Häscher schlafen, eilt Ulrich hinüber zum nahe gelegenen Schloss Lichtenstein. Dort tafelt er üppig, und dort übernachtet er auch. Selbst Hauff lässt ihn nicht über längere Zeit ununterbrochen in der Höhle hausen.

Die Nebelhöhle ist sehr geräumig und – ohne ihre Seitenwege – gut 400 Meter lang. Vom Eingang aus geht's erst mal 141 Stufen sanft hinunter. Unten öffnen sich immer neue Hallen und Seitengänge, mit elektrischem Licht gut ausgeleuchtet. An jeder Wegbiegung wächst das Staunen über die Wunder der Unterwelt. Der Pfad führt rauf und runter, mal mit, mal ohne Stufen. Der Besucher kommt zum »abgesägten Tropfstein«, von dem nur ein Stumpf geblieben ist. Der größere Rest schmückt – in zwei Millimeter dicke Scheiben geschnitten – als Wandverkleidung das Stuttgarter Neue Schloss. Gelegentlich schwirren Fledermäuse unter der Decke umher, verschwinden rasch hinter Tropfsteinen und in Felsspalten.

Lage: 10 km südöstlich von Reutlingen, GPS-Koordinaten Breite 48.417431 Länge 9.220775

Anfahrt: B 312, Wegweiser am Kreisverkehr zwischen Engstingen und Honau.

Parken: An der Höhle, am Schloss Lichtenstein, nahe Ostereimuseum.

Kinderwagen / Rollstuhl: Nein.

Geöffnet: April bis Oktober täglich 9 bis 17 Uhr, März und November samstags, sonntags, feiertags 9 bis 17 Uhr, Dezember bis Februar Winterpause, Telefon (0 71 28) 6 05.

Für Kinder: Mehr als 400 Meter weit unter Tage zu wandern, kommt dem Höhlenbesucher mitunter lang vor. Aber die vielen ganz unterschiedlich geformten und gefärbten Tropfsteine sorgen für Abwechslung am Weg. Zudem müssen die flatterhaften Fledermäuse im Auge behalten werden.

Besuchen: Schloss Lichtenstein, zu Fuß 4 km auf dem Waldwanderweg, per Auto auf der Straße doppelt so weit, 5 km südlich der Nebelhöhle liegt die Bärenhöhle.

Ostereimuseum, Steigstraße 8, 72820 Sonnenbühl, Telefon (0 71 28) 7 74, geöffnet sonntags 13 bis 17 Uhr.

Hinweis: Sonderführungen zweimal monatlich, Schatzsuche zweimal monatlich für Kinder zwischen 6 und 11 Jahren, Märchenführungen am ersten Mittwoch im Monat um 15 Uhr für Kinder zwischen 4 und 8 Jahren. Immer an Pfingsten ist Nebelhöhlenfest in Erinnerung an den Besuch des Kurfürsten Friedrich I. von Württemberg am 4. August 1803.

Einkehr: Beim Maultaschenwirt auf der Nebelhöhle, kein Ruhetag, Telefon (0 71 28) 22 53.

Kontakt: Bürgermeisteramt Sonnenbühl, 72820 Sonnenbühl, Telefon (0 71 28) 9 25 18, www.sonnenbuehl.de

Die Nebelhöhle ist einen Besuch wert.

In den Gutenberger Höhlen

Auch Affen lebten auf der Alb

Auf der Schwäbischen Alb haben Affen gehaust. Liegt lange zurück. Berberaffen waren es, wie sie heute in Nordafrika vorkommen, aber auch auf Gibraltar – und am Affenberg in Oberschwaben. Den Beweis fürs Affenleben auf der Alb lieferte eine der Gutenberger Höhlen. Sie ist damit weit über Deutschland hinaus bekannt geworden.

Im Jahr 1889 hatte der Gutenberger Pfarrer Karl Gussmann mit ein paar Freunden und sechs Arbeitern in der Höhle gegraben. Sie fanden jahrtausendealte Knochenreste großer und kleiner Säugetiere, darunter Wildschwein und Wildpferd, Reh, Hirsch, Biber, Fuchs, Marder, Wildkatze, Dachs. So-

In einer halben Stunde geht es zu den Höhlen.

gar Überreste von Löwen und Elefanten, von Höhlenbären und Nashörnern kamen ans Licht. Und eben ein sehr kleines Stück vom Oberkiefer eines Berberaffen. Das Knochenteil genügte, es einem Affen zuzuschreiben.

Die Fundstücke waren in einer drei Meter dicken Schuttschicht am Höhlenboden verborgen. Zwischen 125 000 und 400 000 Jahre vor heute sind die Knochen in die Gutenberger Höhle gelangt. Über die Jahrtausende hinweg haben offenbar immer mal wieder Tiere den Eingang zur Höhle aufgesucht. Dort können sie auf natürliche Weise verendet sein. Auch Raubkatzen könnten abgenagte Knochen ihrer herangeschleppten Beutetiere hinterlassen haben. Schließlich ist denkbar, dass Teile von Tierskeletten durch Spalten und Ritzen im Kalkgestein von der Albhochfläche in die Höhle gespült wurden. Der Mensch jedenfalls hatte seine Hand nicht im Spiel. Er war noch nicht auf der Alb angekommen, entwickelte sich zu dieser frühen Zeit erst noch im fernen Afrika zum *Homo sapiens*.

Die Gutenberger Alblöcher bilden mehrere eigenständige Höhlen. Die größte ist die Gutenberger Höhle selbst, in der Pfarrer Gussmann gegraben hat. Sie ist 180 Meter lang und kann über 110 Meter in den Berg begangen werden. Die nach dem Pfarrer benannte Gussmannshöhle misst 55 Meter, enthält aber besonders schöne Tropfsteine. Zwischen beiden liegt die kleine Wolfsschluchthöhle.

Blick aus der Gutenberger Höhle auf Gutenberg im Tal.

Lage: 8 km südlich von Weilheim an der Teck, GPS-Koordinaten Breite 48.534629 Länge 9.520914

Anfahrt: A 8, Ausfahrt 58 (Aichelberg), Weilheim an der Teck, L 1200, L 1212, vor Schopfloch rechts Richtung Krebsstein oder A 8, Ausfahrt 57 (Kirchheim unter Teck-Ost), B 465 nach Gutenberg, Wegweiser am Rathaus.

Parken: Höhlenparkplatz Krebsstein, 5 Minuten zu Fuß, Ortsgebiet Gutenberg, 30 Minuten zu Fuß.

Kinderwagen / Rollstuhl: Nein.

Geöffnet: Anfang Mai bis Ende Oktober, samstags 13 bis 16 Uhr, sonn- und feiertags 10 bis 16 Uhr, bei ungeeigneter Witterung geschlossen. Die Führungen dauern eine Stunde für beide Höhlen mit Start in der Gutenberger Höhle.

Für Kinder: Auf sehr schmalen Pfaden, zum Teil mit Geländer zu den Höhleneingängen wandern. Ruhebänke vor den Höhlen.

Besuchen: Naturschutzzentrum Schopflocher Alb *(siehe Tipp 39).*

Hinweis: In der Nähe liegen die Schopflocher Torfgrube *(siehe Tipp 39)* und das Randecker Maar *(siehe Tipp 38).*

Einkehr: Gasthäuser in Schopfloch, an der Schopflocher Torfgrube das Otto-Hoffmeister-Haus, benannt nach dem Vorsitzenden des Schwäbischen Turnerbunds von 1895 bis 1913, Ruhetage Montag und Dienstag, Telefon (0 70 23) 90 01 00.

Kontakt: Gemeindeverwaltung, Hauptstraße 14, 73252 Lenningen-Gutenberg, montags 15 bis 18 Uhr, dienstags bis freitags 9 bis 12 Uhr, Telefon (0 70 26) 6 09 45, www.lenningen.de

In der Friedrichshöhle

Mit dem Boot in den Berg

Deutschlands einzige Höhle, in die der Besucher nur mit dem Boot gelangt, liegt nah dem Klosterort Zwiefalten am Südrand der Schwäbischen Alb, wo sich der Höhenzug allmählich ins Donautal hinabsenkt. Die Bootsfahrt ins unterirdische Reich dauert zwar nur eine Viertelstunde. Zeit genug aber für einen tiefen Blick in die Entstehungsgeschichte der großen Löcher im Kalkgestein der Alb.

Geschickt lenkt der Steuermann den flachen Kahn auf dem Flüsschen Ach durch den niedrigen Höhleneingang in den Berg hinein. Mit den Händen schubst er das Boot an den Felswänden voran. Die Passagiere ducken sich zur Fahrt durch den niedrigen Eingang. Bald aber weitet sich der Raum zur großen Halle. Die Ach wird zum kleinen unterirdischen See. Wortreich erklärt der Bootsführer, wie die Kohlensäure ins Wasser kommt, wie sie Kalk und Dolomitgestein zersetzt, Hohlräume schafft, in denen die Alb entwässert wird.

Das große Loch, in dem das Boot ein Weilchen umhergefahren wird, heißt volkstümlich Wimsener Höhle. Den Namen hat sie vom winzigen Weiler Wimsen, der sie umgibt. Er besteht eigentlich nur aus dem Gasthaus Friedrichshöhle, einer ehemaligen Wassermühle nebenan, und einem Scheunengebäude. Der offizielle Name des kleinen Naturwunders ist Friedrichshöhle, benannt nach Württembergs erstem König. An ihn und seinen Höhlenbesuch vom 9. August 1803 erinnert eine Bronzetafel über dem Einlass zur Höhle. Der lateinisch gehaltene Text lautet in der Übersetzung: »Dankbar begrüßt den hohen Besuch die hier waltende Nymphe, fröhlicher fließt hier nun, dir, Friedrich, die rauschende Ach.«

Das Flüsschen Ach strömt geradewegs aus dem Felsentor der Wassergrotte heraus. Vor dem nahegelegenen »Gasthaus Friedrichshöhle« tut es sich mit dem Hasenbach zusammen, der von links herankommt und nun seinen Namen verliert. Gleich darauf stürzen sich beide über ein Mühlenwehr. Dann eilt die Ach, anfangs versteckt im engen Tal zwischen hohen steilen Felswänden, später in einer weiten ebenen Talaue, auf Zwiefalten zu. Fern sind bald schon die doppelten Kirchtürme des ehemaligen Benediktinerklosters zu sehen, gegründet am 8. September 1089 von den Grafen Kuno und Lintold von Achalm bei Reutlingen.

Lage: 3 km südwestlich von Hayingen, GPS-Koordinaten Breite 48.256098 Länge 9.448258

Adresse: Gasthaus »Friedrichshöhle«, 72534 Hayingen-Wimsen, Telefon (0 73 73) 91 52 60.

In die Wimsener Höhle geht's nur mit dem Boot.

Anfahrt: B 312 Hayingen Richtung Zwiefalten, Wegweiser »Wimsener Höhle«.

Parken: Stellplätze längs der Zufahrtsstraße, bis zu 300 Meter zu Fuß.

Kinderwagen / Rollstuhl: Nein.

Geöffnet: 1. April bis 31. Oktober täglich von 10 bis 18 Uhr.

Für Kinder: Eine Bootsfahrt ist eigentlich immer lustig, diesmal führt sie gar in einen Berg. Im Wasser der Ach vor dem Gasthaus Friedrichshöhle sind Forellen zu beobachten.

Besuchen: Die restaurierte »Wimsener Mühle« aus dem 11. Jahrhundert direkt neben dem Gasthaus zeigt eine Ausstellung zur Geschichte Wimsens in der klösterlichen Zeit und nach der Säkularisation wie auch zur Erforschung der Höhle. Geöffnet März bis Oktober täglich von 10 bis 18 Uhr.

Hinweis: Naturtheater Hayingen: Seit 1949 machen rund 130 Laiendarsteller auf der Freilichtbühne Theater für

jährlich mehr als 16 000 Zuschauer. Spielzeit für die Erwachsenen- und Kinderaufführungen ist jeweils von Mitte Juni bis Anfang September. Überdachte Zuschauertribüne, gespielt wird bei jedem Wetter. Kartenreservierung: www.naturtheater-hayingen.de

Münster Zwiefalten, geöffnet von Beginn der Sommerzeit bis Ende der Herbstferien täglich 9.30 bis 18 Uhr, im Winterhalbjahr nur die Vorhalle sonn- und feiertags 9.30 bis 16 Uhr und montags bis samstags 10 bis 16 Uhr, Führungen nach Anmeldung im Münsterpfarramt, Telefon (0 73 73) 22 52.

Wandern: Längs der Ach von der Wimsener Höhle nach Zwiefalten oder den Hasenbach aufwärts übers Naturschutzgebiet Digelfeld nach Hayingen.

Einkehr: Gasthaus »Friedrichshöhle« mit Biergarten, kein Ruhetag.

Kontakt: Touristinformation, 72534 Hayingen, Kirchstraße 15, Telefon (0 73 86) 97 52 46, www.naturerlebnis-hayingen.de

Auf dem Rosenstein

Den Raubrittern auf der Spur

Aus der Ferne schon sticht der Rosenstein ins Auge. Nicht allein wegen des 162 Meter hohen Sendemasten hinter seinem breiten Rücken. Seine gewaltige Größe hat ihm den Namen gegeben. Rosenstein leitet sich vom »Großen Stein« her. Aus den leeren Fensterhöhlen der einstigen Raubritterburg auf dem Westfels geht der Blick weit hinaus über den Albuch im Süden und zum Schwäbisch-Fränkischen Wald im Westen.

D er fast vollständig bewaldete 686 Meter hohe Bergrücken am südlichen Rand des Remstals war über Jahrtausende Zufluchtsort für Mensch und Tier. Schon in der Steinzeit war der Gipfel zumindest zeitweilig bewohnt. Seine Höhlen und Grotten boten bescheidene Unterkunft. In der Bronzezeit wurden schon Schutzwälle

Der letzte Rest der Raubritterburg.

auf dem Rosenstein errichtet, um gegen feindliche Überfälle gesichert zu sein. Im Mittelalter kamen die Ritter auf den Gipfel.

Viele trieben es schlimm. »Reiten und Rauben ist keine Schande«, war ihr Wahlspruch, »das tun die besten im Lande«. An der uralten Handelsroute im Tal der Rems legten sie sich auf die Lauer. Dort überfielen sie die Kaufmannszüge, verstauten ihre Beute in den Höhlen und Klüften des Rosenstein, warfen ihre Gefangenen ins Burgverlies, erpressten Lösegeld. Schließlich setzte das kaiserliche Heer dem bösen Treiben ein Ende. Die Rosensteiner wurden gefangengesetzt, ihre Raubnester auf dem Berg ausgeräuchert.

Ein gut drei Kilometer langer Rundwanderweg führt an der äußersten Kante des Rosenstein entlang – mit meist überwältigenden Ausblicken. Am Süd- und am Nordhang liegen die Höhlen Finsterloch, Große Scheuer und Haus, am westlichen Ende unterhalb der Burgruine die Kleine Scheuer. Alle stehen Besuchern ständig offen. Festes Schuhwerk ist nötig, eine Taschenlampe immer hilfreich.

In die Sagenwelt des Rosenstein führt die Flurbezeichnung »Teufelsklinge«. Dort und nicht in der Wüste, wie es die Bibel erzählt, habe der Teufel Jesus Christus in Versuchung geführt. So jedenfalls erzählen es die Leute in Heubach am Fuß des Rosenstein gern ihren Besuchern. Ins »Himmelreich« sei Jesus selbst mit großen Schritten

Blick über Albuch und Schwäbisch-Fränkischen Wald.

eingetreten. Zwei Fußabdrücke sollen dort noch lange Zeit im Fels zu sehen gewesen sein. Einer wurde 1740 gesprengt, weil die in Mode gekommenen Wallfahrten dorthin aufhören sollten.

Lage: 10 km westlich von Aalen, GPS-Koordinaten Breite 48.794722 Länge 9.960278

Anfahrt: B 29, Mögglingen, L 1161, Heubach, Hauptstraße, Wegweiser.

Parken: Parkplatz Fernsehturm, Rosenstein, Tafel mit Wanderwegen.

Kinderwagen / Rollstuhl: Nein.

Geöffnet: Der gesamte Rosenstein mit Ruine, Höhlen, Grotten und Wanderwegen ist jederzeit frei zugänglich.

Für Kinder: Großer Spielplatz mit Geräten an der Waldschänke, dabei Grillstelle mit Schutzhütte, nebenan die Drei-Eingangs-Höhle.

Besuchen: Ruine Rosenstein mit grandiosem Ausblick, in Fels gehauener tiefer Burggraben vor der Ruine mit Stahlsteg, Höhlen in den Seitenhängen, Kletterer an den Felsen.

Hinweis: In der Gegend der Burgruine und des Burggrabens Kinder im Auge behalten.

Wandern: Wanderkarte »Wanderblume« mit acht Touren gegen Schutzgebühr, Touristikgemeinschaft Sagenhafter Albuch, Geschäftsstelle, Hauptstraße 53, 73540 Heubach, Telefon (0 71 73) 1 81 83, oder als PDF-Datei unter www.albuch.de

Einkehr: Vom Parkplatz gut 800 Meter zu Fuß und bergan zur Waldschänke, im Juli und August täglich geöffnet, Gasthäuser in Heubach.

Kontakt: Stadtverwaltung Heubach, Hauptstraße 53, 73540 Heubach, Telefon (0 71 73) 1 81 53, www.heubach.de

In der Olgahöhle

Blumenkohlversteinerungen in der Olgahöhle.

Wasser baute eine Höhle

Unter den fast 3000 bekannten Höhlen der Schwäbischen Alb bildet die Olgahöhle in Honau einen Sonderfall. Sie ist mit ihren rund 8000 Jahren nicht nur der jüngste Hohlraum im Kalkgebirge. Ihr Entstehen unterscheidet sich auch grundlegend von den übrigen Höhlen. Während sonst kohlensäurehaltiges Wasser den Kalkstein aufgelöst und so die Höhlenbildung verursacht hat, ist die Olgahöhle mit dem Anhäufen gelösten Kalksteins entstanden.

Auf dem Rundgang durchs unterirdische Reich, der je nach Wissbegier der Besucher eine Viertel- oder auch eine Dreiviertelstunde dauern kann, erklärt der Führer leicht verständlich, wie fließendes Wasser Höhlenwände aufbaut. Das Flüsschen Echaz, das noch heute durch Honau fließt, stürzte vor Jahrtausenden als breiter Wasserfall über die Kante der Schwäbischen Alb. Der mitgeführte Kalk setzte – wie heute noch am Uracher Wasserfall – eine »Nase« an die Albkante. Während der Kalkvorsprung in Bad Urach aber regelmäßig unter seinem eigenen Gewicht abbricht und in die Tiefe stürzt, wuchs die Echaz-Nase als breiter Vorhang kontinuierlich schräg nach unten, bis sie festen Untergrund erreicht hatte. Der erste große Hohlraum war fertig. Doch das kalkhaltige Wasser strömte weiterhin über die Decke der neuen Höhle, bildete dort draußen erneut eine Nase aus, die auch bis zum Boden wuchs. Deshalb besteht die Olgahöhle heute aus zwei etwa parallel verlaufenden Hohlräumen, groß genug, um aufrecht in ihnen umhergehen zu können.

Entdeckt hat die Olgahöhle am 24. Oktober 1874 Johann Ziegler, der im Steinbruchbetrieb seines Stiefvaters Johann Gottlieb Strobach arbeitete. Strobach, der damals einen von sechs Steinbruchbetrieben in Honau unterhielt, wollte den Tuffstein abbauen und damit zugleich den Hohlraum beseitigen. Dagegen wehrte sich Ziegler, der aus der Höhle ein Besucherziel machen wollte. Steinbruchbesitzer Strobach willigte widerstrebend ein. Ziegler räumte die Höhle vom eingeschwemmten Sand aus, gab ihr den Namen der württembergischen Königin Olga und führte schon zu Pfingsten 1875 erste Besucher durch sein unterirdisches Reich. Anfangs behalf er sich mit Kerzenlicht. Doch schon 1884 baute Ziegler elektrische Beleuchtung ein – als erste Höhle in Deutschland. Mit der Ausleuchtung der Höhle stiegen die Besucherzahlen. Schon 1892 schlug Ziegler einen zweiten Zugang in den Fels.

Heutzutage kommen rund 2500 Besucher jährlich in die Olgahöhle. Sie steigen 51 Treppenstufen hinab bis in eine Tiefe um elf Meter. Die Höhle hat eine Länge von 170 Metern, ist aber nur über 120 Meter für Besucher erschlossen. Die Höhlenforschungsgruppe Pfullingen gräbt sich in der Nachbarschaft ins Tuffgestein in der Erwartung, dort eine richtig große Höhle zu finden. Auffällig sind in der Olgahöhle die »Blumenkohlgebilde« an Decken und Wänden. Sie haben sich gleichzeitig mit der Höhle gebildet, als der im fließenden Wasser gelöste Kalk sich an Moosen und Algen absetzte. Zu beobachten ist dieser Vorgang heute noch am Uracher Wasserfall. Die Olgahöhle ist heute trocken, so dass in ihr kein Blumenkohltuff mehr wächst und auch kein neuer Tropfstein.

Lage: 4 km südlich von Pfullingen, GPS-Koordinaten Breite 48.413224 Länge 9.260282

Adresse: Olgastraße 31, 72805 Honau.

Anfahrt: Reutlingen, B 312, Pfullingen, Honau; Ulm, B 28, L 230, Honau; Riedlingen, B 312, Honau.

Parken: Wenige Stellplätze an der Höhle.

Kinderwagen / Rollstuhl: Nein.

Geöffnet: April bis Oktober, jeweils erster Sonntag im Monat 11 bis 17 Uhr.

Für Kinder: Taschenlampen gibt's beim Höhlenführer, »Blumenkohl« und Tropfsteine.

Besuchen: Schloss Lichtenstein oberhalb von Honau, Nebelhöhle.

Hinweis: Der Höhleneingang liegt auf dem Grundstück des Altenheims Honau, zu dem auch die wenigen Stellplätze gehören. Zutritt zur Höhle nur mit Führer.

Einkehr: Gasthäuser Honau, Gasthaus Forsthaus beim Schloss Lichtenstein, großer Parkplatz.

Kontakt: Walter Saur, Olgastraße 20, 72805 Lichtenstein, Telefon (0 71 29) 6 01 60, www.hfgp.de

Einer von zwei Durchgängen in der Olgahöhle.

In der Charlottenhöhle

Zu Mönchen, Zyklopen und dem Berggeist

Mehr als 37 000 Besucher laufen Jahr für Jahr durch die unterirdischen Säle und Gänge der Charlottenhöhle am Rand des Dörfchens Hürben bei Giengen an der Brenz. Mit 587 Metern ist sie eine der längsten Besucherhöhlen Süddeutschlands. Und wenn das Ende erreicht ist, plaudert die Führerin ein kleines Geheimnis ihrer Höhle aus.

Seinen Namen hat das unterirdische Reich nach der Königin Charlotte von Württemberg. Sie lebte von 1864 bis 1946 und ist auch selbst mal hineingestiegen – zum Berggeist und in den Paulinendom, in die Elfenbeinkammer, das Schlösschen, den Speisesaal der Mönche, das Zyklopengewölbe, den Königssaal. Hin und wieder wird dabei ein Wassertröpfchen von der Höhlendecke ins königliche Haar geplitscht sein.

Anders als so manches große Loch in der Schwäbischen Alb wurde das Hürbener Höhlensystem nicht zufällig entdeckt. Seit dem Mittelalter schon war bekannt, dass da am Steilhang über dem Tal des Flüsschens Hürbe ein tiefes Loch im Kalkgebirge sei. Doch erst der Giengener Oberförster Hermann Sihler wies am 9. Mai 1893 drei Hürbener Zimmerleute an, mal nachzusehen im Berg.

Sie taten das, und danach ging alles ganz schnell. Die Hürbener verstanden so-

fort, dass da ein gutes Geschäft zu machen sei. Eine wissenschaftliche Kommission bestätigte ihnen, die Höhle sei etwas ganz Besonderes. Sie zähle »zu den schönsten Naturschönheiten von Württemberg«. Elektrisches Licht kam für 13 100 Mark in den Berg. Schon am 17. September desselben Jahrs wurde die Öffnung der Höhle für Besucher gefeiert. Eine Woche später kam auch bereits Königin Charlotte, das kleine unterirdische Reich anzuschauen. Sie brachte ein Geschenk von 1000 Mark mit.

Der Gang durch die konstant neun Grad kühle Unterwelt lässt staunen über die Werke der Natur. Drei Wochen dauert es, ehe nach einem kräftigen Regenschauer das Wasser seinen Weg durchs poröse Kalkgestein der Alb in die Höhle gefunden hat. Dort tropft es dann an tausend Stellen von der Decke. Aus dem mitgeführten Kalk bilden sich Tropfsteine, die an der Höhlendecke hängenden Stalaktiten und die ihnen vom Boden her entgegenwachsenden Stalagmiten. Hundert Jahre dauert es, ehe ein einziger Kubikzentimeter Tropfstein steht. Der »Berggeist« misst zwei Meter in der Höhe und zwei Meter im Umfang. Es darf zurückgerechnet werden, wann da der erste Tropfen fiel.

Und das Geheimnis der Charlottenhöhle? »Es kann gut sein«, erzählt die Führerin, »dass die Höhle viel länger ist als ihre begehbaren 587 Meter. Es können sogar

Links: Wachsende Tropfsteine in der Charlottenhöhle. Rechts: Höhlenerlebniswelt mit Terrasse und Spielgelände.

zwölf Kilometer oder vielleicht auch vierzehn sein. Möglich auch, dass sie bis hinüber ins Lonetal reicht«. Aber das weiß eben niemand so genau – noch nicht.

Lage: 25 km nordöstlich von Ulm, GPS-Koordinaten Breite 48.58499 Länge 10.20816

Anfahrt: A7, Ausfahrt 117 (Giengen/Herbrechtingen), Hürben, Wegweiser »Charlottenhöhle«.

Parken: Großer Parkplatz vor der Charlottenhöhle.

Kinderwagen / Rollstuhl: Nein.

Geöffnet: April bis Oktober täglich 9 bis 11.30 Uhr und 13.30 bis 16.30 Uhr, sonn- und feiertags 9 bis 16.30 Uhr. Zutritt nur mit Führung.

Für Kinder: Ein Zeitreisepfad begleitet den Aufstieg zum Höhleneingang und führt die Besucher aus der Gegenwart zurück in die Steinzeit. Die Führer in der Höhle mögen Kinder. Obacht geben, ob sie das Loch oben im Gestein zeigen, durch das die Zimmerleute in die Höhle eingestiegen sind.

Besuchen: Höhlenerlebniswelt am Fuß der Charlottenhöhle mit Versammlungs- und Spielplatz, mit einem Klangbaum, mit dem Informations- und Servicezentrum Höhlenhaus, das jährlich 13000 Besucher zählt, und dem interaktiven Erlebnismuseum Höhlenschauland, dabei eine teilweise überdachte bewirtete Terrasse. Geopark-Infostelle.

Vogelherdhöhle und Hohlenstein, in denen 32000 Jahre alte Elfenbeinschnitzereien gefunden wurden, liegen wenig entfernt im Lonetal.

Hinweis: Ruine Kaltenburg liegt ein paar Minuten entfernt oberhalb der Charlottenhöhle.

Einkehr: Gasträume für rund 100 Besucher und bewirtete Terrasse an der Höhlenerlebniswelt, Gasthäuser in Giengen an der Brenz.

Kontakt: Höhlen- und Heimatverein Giengen-Hürben, Lonetalstraße 61, 89537 Giengen-Hürben, Telefon (0 73 24) 98 71 46, Höhlenkiosk Telefon (0 73 24) 72 96, www.hoehlenerlebniswelt.de

Stadtverwaltung, I-Punkt, Marktstraße 9, 89537 Giengen an der Brenz, Telefon (0 73 22) 95 22 92, www.giengen.de

In der Kolbinger Höhle

Dunkles Versteck eines Tagediebs

Die Kolbinger Höhle, seit alters her auch unter dem Namen Stephanshöhle bekannt, gilt als einzige begehbare Höhle auf der südwestlichen Schwäbischen Alb. Als Ganghöhle misst sie in der Länge zwar 330 Meter, ist aber nur auf 90 Meter für Besucher erschlossen. Oberhalb des Höhleneingangs liegt das Rasthaus »Felsenhütte«, das an den Besuchstagen vom Schwäbischen Albverein bewirtet wird.

Im späten 19, Jahrhundert, wird in der Gegend um Kolbingen überliefert, habe sich ein junger Mann namens Stephan öfters in der Höhle aufgehalten. Vor allem habe sie ihm als Versteck für all das gedient, was er als Tagedieb so erbeutet habe. Von diesem Tunichtgut, dessen weiteres Schicksal im Dunkel der Geschichte ruht, hat sie ihren Beinamen Stephanshöhle.

Stalaktiten in der Kolbinger Höhle.

Die Höhle war einmal reich an Tropfsteinen, die das durchs Felsgestein sickernde kalkhaltige Regenwasser über Jahrtausende hinweg ausgebildet hatte. Vom Boden her wuchsen ihnen die Stalagmiten entgegen. Vieles davon wurde im frühen 20. Jahrhundert von Höhlenbesuchern abgeschlagen und als Andenken mitgenommen. Aber ihren Glanz und die teils farbige Leuchtkraft erhalten die unterirdischen Sinterablagerungen nur in der Feuchtigkeit der Höhlen, weil ständig Wasser über sie perlt. Außerhalb der Höhle verlieren sie sofort ihren Glanz und werden in der trockenen Luft stumpf und unansehnlich. Ein Umweltfrevel, der sich überhaupt nicht lohnt. Er kommt heute auch kaum noch vor.

Die Höhlenwände sind noch weithin mit feinem Sintergestein dicht überzogen. Es bildet regelrechte Vorhänge, Wülste und Wasserfälle aus. Trotz mancher Beschädigungen, die in der Vergangenheit auch in anderen Höhle vorkamen, zeigt die Stephanshöhle noch immer sehr schöne, teils farbige Sinterbildungen. Vieles wächst auch ständig nach – unendlich langsam allerdings. Darunter ein armdicker Stalagmit, der fast die Decke erreicht hat.

Um in die Kolbinger Höhle zu gelangen, wandert der Besucher erst mal außen auf einem Steg bergab und teilweise um sie herum. Unter dem Schriftzug »Kolbinger Höhle« öffnet der Führer eine Eisentür. Schon geht's auf Treppenstufen 30 Meter tief hinunter auf den Boden der »Stephanshalle«. Unten angekommen führt der Pfad wieder ein paar Stufen hinauf, wieder hinunter und noch mal ein gutes Stück bergan. Insgesamt sind im Berg 246 Stufen zu überwinden. Gleich nach dem Eingang findet sich außerhalb des begehbaren Teils der Höhle ein Schachtsystem, das mehrere Abstiege ermöglicht, aber nicht erschlossen ist.

Übrigens betritt der Besucher die Kolbinger Höhle durch ein Tor, das auf der Gemarkung der Nachbargemeinde Fridingen liegt. Rechtlich müsste folglich die ganze Höhle zu Fridingen gehören. Seit 1920 verwaltet der Schwäbische Albverein Ortsgruppe Kolbingen die Stephanshöhle, in der regelmäßig Fledermäuse überwintern, unter ihnen vor allem das Große Mausohr, aber auch Bart- und Langohrfledermaus kommen vor.

Treppensteigen auf rund 250 Stufen in der Kolbinger Höhle.

Lage: 2 km südöstlich von Kolbingen, GPS-Koordinaten Breite 48.040425 Länge 8.91684

Anfahrt: A 81, Ausfahrt 36 (Tuningen), Mühlheim, Kolbingen, Wegweiser »Kolbinger Höhle«, ab Wanderparkplatz 1 km zu Fuß.

Parken: Wanderparkplatz nach dem Spielplatz Kreutlebuche.

Kinderwagen / Rollstuhl: Nein.

Geöffnet: Karfreitag bis letztes Oktoberwochenende, samstags 13 bis 17 Uhr, sonn- und feiertags 10 bis 17 Uhr.

Für Kinder: Naturlehrpfad auf dem Weg zur Höhle, Grillstelle, Spielplatz Kreutlebuche.

Besuchen: Haus der Natur in Beuron *(siehe Tipp 27).*

Hinweis: Zutritt zur Höhle nur mit Führung, Dauer etwa eine halbe Stunde.

Wandern: Vom Wanderparkplatz Birkenhau 1 km zur Höhle, vom Wanderparkplatz Kreutlebuche mit Kinderspielplatz über den Walderlebnispfad etwa 2,5 km.

Einkehr: »Felsenhütte« an der Höhle, geöffnet ab Mitte März zur Märzenbecherblüte.

Kontakt: www.albverein-kolbingen.de

In der Tiefenhöhle

Tief hinab in den Bauch der Erde
Der Name sagt, worum es geht. Keine der bekannten natürlichen Höhlen in Deutschland steigt tiefer in den Untergrund als die Tiefenhöhle bei Laichingen. 86 Meter reicht sie hinab in den Bauch der Erde. Mit allen Seitengängen ist sie 1348 Meter lang. Doch nur 330 Meter sind für Besucher erschlossen. Und tiefer als 55 Meter kommt über Treppen und Stiegen auch niemand hinunter.

Johann Georg Mack mochte nicht glauben, was ihm da passiert war. Auf der Laichinger Gemarkung Schallenhau schürfte er regelmäßig Streusand, wie er früher in Betrieben und Wohnungen zum Fegen und Scheuern genutzt wurde. Damit verdiente sich der Weber und Tagelöhner ein paar Groschen nebenher. Gegen Ende September 1892 hatte sich der »Sandmack«, wie ihn die Laichinger nannten, ein neues Schürfgebiet erschlossen. Den Tag über hatte er einen ordentlichen Sandhaufen zusammengetragen.

Doch der Hügel war verschwunden, als Mack ihn am nächsten Morgen abfahren wollte. Bis auf wenige Reste war das Schürfergebnis vom Vortag nächtens in eine Erdspalte gerieselt. Mack schaute sich das Loch im Boden genau an. Er hatte die später so bezeichnete Tiefenhöhle entdeckt. Nun wollte er sie Besuchern zugänglich machen. Doch dazu kam er nicht mehr. Der Laichinger Sandmack starb schon 1897. Er wurde nur 48 Jahre alt.

Die Laichinger Tiefenhöhle dürfte der am schwierigsten zu begehende Hohlraum im Untergrund der Schwäbischen Alb sein. Viel Kletterarbeit ist nötig, in die Tiefe unter dem Schallenhau hinabzusteigen. Insgesamt sind 685 Stufen zu bewältigen, um

Links: An einer Auskunftstele in der Tiefenhöhle. Rechts: Über 685 Stufen in 55 Meter Tiefe und wieder hinauf.

hinunter- und wieder hinaufzukommen. Zum Vergleich: Im Ulmer Münsterturm führen 768 Stufen nur hinauf.

Vom Eingang des Rasthauses über der Tiefenhöhle führt der Weg erst mal ins Untergeschoss. Von dort geht's in einen kleinen Stollen und anschließend gleich auf schmalen Treppenstufen 17 Meter in die Tiefe. Dort folgen einigermaßen ebene Wege. Doch bald beginnt der Abstieg zur Großen Halle 40 Meter unter der Oberfläche. Vor drei bis fünf Millionen Jahren floss auf dieser Ebene das Grundwasser. Heute strömt es tief im Untergrund zum Kleinen Lautertal. Dort kommt es nahe Blaustein in einem Quelltopf ans Tageslicht.

Bei 55 Metern ist in der Kleinen Halle der tiefste Punkt für Besucher erreicht. Nun geht die unterirdische Wanderung in den wohl schönsten, auch etwas farbigen Teil der Höhle. Streuselkuchen- und Blumenkohlgang heißen die Pfade, benannt nach den teils sonderbaren Sintervorhängen an den Wänden. Eine Brücke führt über den Hundertmeterschacht. Durch den Nassen Schacht und schließlich wieder auf Eisenstufen führt der Weg nach oben und zurück ans Tageslicht.

Lage: 24 km nordwestlich von Ulm, GPS-Koordinaten Breite 48.478558 Länge 9.693423

Anfahrt: A 8, Ausfahrt 61 (Merklingen), Laichingen, L 1236 Richtung Blaubeuren, Wegweiser Tiefenhöhle am südlichen Stadtrand.

Parken: Großer Parkplatz an der Tiefenhöhle.

Kinderwagen / Rollstuhl: Nein.

Geöffnet: Palmsonntag bis Ende der Herbstferien, täglich 9 bis 18 Uhr, Telefon (0 73 33) 55 86.

Für Kinder: Seitlich des Rasthauses liegt ein großer Spielplatz mit Geräten, einer Grillstelle und einer Grillhütte.

Besuchen: Höhlenkundliches Museum im Rasthaus mit dem Skelett eines aufrecht stehenden Höhlenlöwen, geöffnet wie Tiefenhöhle, freier Eintritt. Auf Tafeln und in Vitrinen wird Höhlenkunde verständlich aufbereitet, unterstützt von einem Film mit zwölf Minuten Spieldauer.

Hinweis: Rechts vom Rasthauseingang sind unter Bäumen und Sträuchern noch immer die Gruben zu sehen, in denen der Sandmack vor mehr als 100 Jahren geschürft hat.

Zum Kletterwald nahe der Tiefenhöhle Laichingen zahlen nur Kletterer Eintritt. Reine Zuschauer kommen kostenlos hinein.

Wandern: Am Parkplatz Tiefenhöhle beginnt ein 11,5 Kilometer langer »Karstkundlicher Wanderweg«. Er führt zu einer Feldhüle, zum Hohlen Stein, in dem einst der Waldgraf von Laichingen gehaust haben soll, weiter an Erdfällen und manch typischer Geländeformation der Kuppenalb vorüber.

Einkehr: Rasthaus Tiefenhöhle, geöffnet wie die Höhle, kein Ruhetag.

Auskunft: Höhlen- und Heimatverein Laichingen, Postfach 1367, 89146 Laichingen, www.tiefenhoehle.de

Sontheimer Höhle

400 Fledermäuse im Erdloch

Die Sontheimer Höhle auf der Blaubeurer Alb gilt als älteste Besucherhöhle Deutschlands. Zu danken hat sie diesen Ruf Herzog Ulrich von Württemberg. Schon im Oktober 1516 hat er dem damals so geheißenen »Sontheimer Erdloch« einen ersten Besuch abgestattet. Ein weiterer Superlativ kommt hinzu: Sontheims Höhle ist das bedeutendste Überwinterungsquartier für Fledermäuse auf der gesamten Schwäbischen Alb.

Mehr als 400 Fledertiere suchen Winter für Winter die Sontheimer Höhle auf, krallen sich kopfüber hängend an Felsvorsprüngen und -kanten fest, schlüpfen auch schon mal in kleine Nischen und Spalten und verschlafen so die kalte Jahreszeit. Pulsschlag und Atmung lassen drastisch nach. Die Körpertemperatur sinkt auf wenige Grad über der Umgebungstemperatur. Von den in Deutschland vorkommenden 23 Fledermausarten sind bisher 13 in der Sontheimer Höhle nachgewiesen worden, unter ihnen das Große Mausohr als größte in Deutschland lebende Fledermausart, das Braune Langohr, die Zwergfledermaus, der Große Abendsegler. Dies sind allerdings nur jene Tiere, die zu den regelmäßigen Zählungen auch wirklich gefunden werden. Wie hoch die »Dunkelziffer« derjenigen Fledermäuse ist, die sich an für die Zähler unzugänglichen Stellen aufhalten, ist völlig unklar.

Wegen der Fledermäuse also bleibt die Höhle, wie manche andere auf der Alb auch, im Winter geschlossen. In der warmen Jahreszeit dagegen, wenn die Besucher kommen, sind die Fledermäuse nicht da. Sie betreuen den Nachwuchs in der Wochenstube, die sie auf Dachböden, in Baumhöhlen, in Nistkästen einrichten. Besucher, die schon Anfang Mai zur Höhle kommen, haben durchaus die Chance, hier und da noch ein paar schlafende Tiere zu Gesicht bekommen. Der Führer weist sie auf die Plätze hin.

Die Sontheimer Höhle dürfte vor drei bis fünf Millionen Jahren entstanden sein, als kohlensäurehaltiges Wasser den Kalk aufzulösen begann. Der gesamte, anfangs kleine, doch beständig wachsende Hohlraum war mit Wasser gefüllt. Es ergoss sich aus dem Höhlentor, stürzte ins Tiefental und vereinigte sich schließlich nahe dem heutigen Blaubeuren mit der Ur-Donau. Die Höhle bildet heute einen weiten, hohen Hohlraum mit einer Gesamtlänge von 530 Metern, von denen allerdings nur 192 für Besucher begehbar sind. Dabei steigt der Gast im Verlauf des geführten Rundgangs auf 127 Stufen nach und nach in eine Tiefe von 34 Metern ins Erdinnere hinab.

Schon 1753 fertigte der Blaubeurer Prälat Weißensee einen ersten Höhlenplan samt einer Beschreibung. Der Stuttgarter Schriftsteller Gustav Schwab berichtete 1823 in seinem Buch »Die Neckarseite der Schwäbischen Alb«, dass die Sontheimer bereits um 1790 regelmäßig ein Höhlenfest feierten. Ein Keltengrab aus dem 9. Jahrhundert v. Chr. wurde entdeckt, dazu eine alemannische Bestattung aus dem 4. Jahrhundert. Seit 1980 wurden immer neue Hohlräume gefunden, so dass das einstige Sontheimer Erdloch heute als Großhöhle gilt.

Lage: 8 km westlich von Blaubeuren, GPS-Koordinaten Breite 48.43424 Länge 9.683997

Adresse: Kohlhalde 1, 73535 Heroldstatt.

Parken: Am Höhlenrasthaus.

Kinderwagen / Rollstuhl: Nein.

Anfahrt: Blaubeuren, B 28, Heroldstatt-Sontheim, Wegweiser Sontheimer Höhle, A 8, Ausfahrt 61 (Merklingen); Laichingen, Heroldstatt.

Geöffnet: Mai bis Oktober sonn- und feiertags 10 bis 18 Uhr, Samstag 14 bis 18 Uhr, Zutritt nur mit Führer.

Für Kinder: Kinderspielplatz mit Grillstelle und Schutzhütte.

Besuchen: Urgeschichtliches Museum Blaubeuren *(siehe Tipp 8)*.

Hinweis: Die Höhle kann nur während einer Führung betreten werden. Das schon traditionelle Höhlenfest findet immer an Pfingstsonntag auf dem Platz vor der Höhle statt.

In den hohen, schmalen Gängen der Sontheimer Höhle.

Wandern: Vom Wanderparkplatz Blaubeuren-Weiler führen zwei Wandertouren zur Sontheimer Höhle, Tour 1 vorbei an einer Schutzhütte und einer Grillstelle, einfache Strecke 9,3 km, Tour 2 vorbei an der Burgruine Günzelburg und einer Grillstelle, einfache Strecke 10 km.

Einkehr: Rasthaus an der Höhle mit kleinen Speisen und Getränken, geöffnet wie die Höhle, Gasthäuser in Blaubeuren, Sontheim.

Kontakt: Höhlenverein Sontheim, Telefon (0 73 89) 4 47, www.sontheimer-hoehle.de

Im Tiefen Stollen

Einfahrt ins Mundloch der einstigen Erzgrube.

Mit der Eisenbahn in den Berg

Mehr als 300 Jahre hindurch ist im Tiefen Stollen von Wasseralfingen Erz abgebaut und in den Schwäbischen Hüttenwerken verarbeitet worden. Das sechs Kilometer lange unterirdische Stollensystem wurde 1939 stillgelegt. Am 9. September 1987 ist es als das größte Besucherbergwerk Baden-Württembergs teilweise wieder geöffnet worden.

In den Braunenberg hinein kommt der Besucher nur mit der Grubenbahn. Ehe die sich aber in Bewegung setzt, werden große wie kleine Fahrgäste mit Schutzhelm und orangefarbenem Umhang ausgestattet. Niemand soll am harten Felsgestein in den streckenweise niedrigen und engen Berg-

werksstollen zu Schaden kommen. Auch die Kleidung soll geschont werden. Haben die Fahrgäste in den oben und seitlich offenen Wägelchen Platz genommen, schwingt sich der Fahrer auf die Elektrolok. Ein in die traditionelle Bergmannskluft gehüllter Gästeführer ruft ein kräftiges »Glück auf« über den Bahnsteig. Die Besucher erwidern lautstark den alten Bergmannsgruß.

Ratternd setzt sich das Bähnlein in Bewegung. Nach wenigen Metern schon schlüpft es durchs Mundloch in den Braunenberg, in eine nur schwach erleuchtete Finsternis. Gut 400 Meter weit zuckelt die Bahn dahin, schnurgeradeaus, mal langsam, mal etwas schneller, immer mit ziemlichem Lärm. Hier und da tropft's von der Stollendecke. Nach einigen Minuten Fahrt im Berg ist ein kleiner Bahnhof erreicht. »Alle aussteigen!« Der Rundgang zu Fuß durchs unterirdische Reich beginnt mit einer Filmvorführung.

Anschließend stapfen die Besucher los, immer im Gänsemarsch zwischen den Kleinbahnschienen dahin. Schmale Gänge nimmt der Weg, in große Hallen führt er. Bergmännisches Gerät ist ausgestellt. Der Führer erklärt die schwere Arbeit des Bergmanns im Erz. Er sagt auch, woher das Wasser kommt, das durch den Berg fließt, und wie es hinausfindet. Er spricht über die reine, der Gesundheit zuträgliche Atemluft unter Tage und dass es dort unten jahrein, jahraus elf Grad kühl ist. Gelegentlich schaltet er das elektrische Licht aus. Der Besucher erkennt, bei welch kläglicher Beleuchtung von ein paar Tranfunzeln der Bergmann arbeiten musste. Nach 800 Metern zu Fuß und anderthalb Stunden im Berg, dabei drei Stufen hinauf und 18 hinab, ist der unterirdische Bahnhof wieder erreicht. Die Fahrt zurück zum Tageslicht beginnt.

Lage: Am südöstlichen Rand des Aalener Stadtteils Wasseralfingen, Wegweiser »Tiefer Stollen«, GPS-Koordinaten Breite 48.855147 Länge 10.120663

Adresse: Besucherbergwerk Tiefer Stollen, Erzhäusle 1, 73433 Aalen.

Anfahrt: A 8, Ausfahrt 114 (Aalen/Westhausen), B 29, Besucherbergwerk.

Parken: Parkplatz Besucherbergwerk.

Kinderwagen / Rollstuhl: Nein.

Geöffnet: März bis Anfang November, dienstags bis sonntags, auch feiertags 9 bis 12 Uhr und 13 bis 16 Uhr.

Für Kinder: »Am Bahnfahren haben die Kinder einen Riesenspaß«, sagt der Führer durchs unterirdische Reich. Freude haben sie auch an den engen, winkligen Pfaden, am Wasser, das von der Decke tropft. Neugierig machen die Arbeitsgeräte der Bergleute.

Besuchen: Ehemaliger Betsaal in der Gaststätte »Erzgrube«, in dem sich die Bergleute vor der Einfahrt in den Berg zum gemeinsamen Gebet versammelten.

Hinweis: Bergwerksbesuch nur mit Führung. Größere Gruppen sollen sich anmelden. Jährlich fahren 60 000 Besucher ins Bergwerk ein. Keine Toiletten im Berg.

Wandern: Am Bergwerk beginnt der Rundwanderweg »Bergbaupfad«, der auf knapp 5 Kilometern mit 17 Schautafeln über die Bergbaugeschichte und die Natur rundum aufklärt, etwa 1000 Meter nach der Gaststätte »Erzgrube« liegt an der Schillerlinde eine Grillstelle.

Einkehr: Gaststätte »Erzgrube« oberhalb des Bergwerks direkt am Rundwanderweg »Bergbaupfad«, Ruhetage Montag und Dienstag, Telefon (0 73 61) 7 15 24

Kontakt: Telefon (0 73 61) 97 02 49, www.bergwerk-aalen.de

Viel Wasser am Boden und an den Decken.

In der Schertelshöhle

Hund und Hase im Kuhloch

Die Schertelshöhle, die im Mittelalter Schrezenloch hieß, liegt am Hang eines Trockentals oberhalb des Filsursprungs. Ihr gegenüber öffnet sich das Steinerne Haus, eine kleine, nur 55 Meter lange und 17 Meter breite Höhle. Wiederentdeckt hat das schon 1470 erwähnte Schrezenloch um 1829 der Jäger Schertel, nach dem sie seither benannt ist.

Tropfsteine, wohin das Auge auch sieht.

Freiherr von Schertel war an diesem Tag in seinem Jagdrevier unterwegs. Sein Hund setzte einem flüchtenden Hasen nach, der urplötzlich vom Erdboden verschwand. Gleich darauf war auch der Hund weg. Beide waren in der Hitze der Verfolgung ins Kuhloch gestürzt, das mittelalterliche Schrezenloch. Den Namen Kuhloch hatte es später erhalten, als die Bauern ihr auf der Weide verendetes Vieh in ihm entsorgten.

In dies Loch waren nun also Hase und Schertels Hund gefallen. Der Jäger ließ sich am Seil hinab, holte seinen Jagdgesellen ans Tageslicht zurück. Weil der Jäger Schertel nun in Westerheim als der erste menschliche Besucher der Höhle galt, wurde sie nach ihm benannt. Im Jahr 1832 wurde unterhalb der von Schertel zum Abseilen genutzten Öffnung ein künstlicher Zugang zur Höhle in den Fels geschlagen. Das Kuhloch über der Höhle gibt es heute noch. Eine Tafel rät davon ab, Gegenstände hineinzuwerfen.

Die Schertelshöhle besuchen jährlich rund 17 000 Menschen. Sie steigen nach dem Eingangstor 45 Treppenstufen hinab. Dort teilt sich der Weg. Die Besucher nehmen sich erst den linken Teil vor und steigen weitere 46 Stufen hinunter. Unten angekommen, befinden sie sich 28 Meter tiefer als der Höhleneingang. Der Weg ist 95 Meter lang und führt bis unters Kuhloch. Dort ist die Halle 19 Meter hoch. Der Pfad führt zurück zur Weggabel und dort in den anderen, 117 Meter langen Gang.

Die Höhle ist an Wänden, Decken und Boden fast vollständig mit Tropfsteinen überzogen. Sie regen die Fantasie an. Am Weg stehen der Schiefe Turm und eine Pfeifenorgel. Ein Weihnachtsmann wurde schon gesehen, dazu wohl auch die Sieben Zwerge. Das Alter der Höhle wird auf 100 000 bis 120 000 Jahre geschätzt. Seit Ostern 2017 wird sie mit LED-Licht erhellt.

Lage: 3 km nordwestlich von Westerheim, GPS-Koordinaten Breite 48.534787 Länge 9.587969

Anfahrt: A 8, Ausfahrt 59 (Mühlhausen), Wiesensteig, Westerheim, oder A 8, Ausfahrt 61 (Merklingen), Laichingen, Westerheim, Wegweiser »Schertelshöhle«.

Parken: Parkplatz 300 m vor dem Höhleneingang, Asphaltweg.

Kinderwagen / Rollstuhl: Nein.

Geöffnet: Palmsonntag bis 15. November sonn- und feiertags 10 bis 17 Uhr, 15. Mai bis 1. Oktober auch werktags 10 bis 17 Uhr, Montag Ruhetag, vom Parkplatz zum Höhleneingang 300 Meter zu Fuß leicht bergab.

Für Kinder: Gut 100 Meter vor der Höhle liegt am Weg ein Grillplatz mit großer Spielwiese.

Besuchen: Ein kurzer Spaziergang nur ist es hinüber zum immer offenen »Steinernen Haus«, Taschenlampe mitnehmen.

Hinweis: Info-Zentrum Biosphärengebiet Schwäbische Alb.

In die Schertelshöhle geht's nur mit Führer.

Einkehr: Rasthaus an der Schertelshöhle, geöffnet wie die Höhle, zusätzlich an allen Sonn- und Feiertagen außer Weihnachten, Silvester und Neujahr, Gasthäuser in Westerheim.

Kontakt: Gemeindeverwaltung Westerheim, Kirchenplatz 16, 72589 Westerheim, Telefon (0 73 33) 9 66 60, www.westerheim.de
    Höhlenverein Westerheim, Telefon (0 16 34) 22 54 55.

WASSER
Viele Tropfen höhlen den Stein

Unaufhörlich wandelt Landschaft ihre Gestalt. Meist nur in kleinen Schüben. Durch Erosion. Der Begriff kommt vom Lateinischen und meint Zernagung oder Durchfressung. Denn in erster Linie steht Erosion für Auswaschen von Gelände durch Wasser. Aber auch für Abtragung von Landschaft durch Gletschereis und Wind wird das Wort verwendet.

Vor Millionen Jahren lag der nordwestliche Rand der Schwäbischen Alb vor den Toren der heutigen Landeshauptstadt Stuttgart. Möglicherweise gar noch weiter westlich. Wind und Wetter haben seither kräftig an der Alb genagt. Als Folge wanderte ihre Nordwestkante, der Albtrauf, ständig rückwärts. Heute ragt der nordwestliche Albabfall, Eduard Mörikes

Vom schäumenden Wasser hat der Weiße Kocher den Namen.

Badestelle im Großen Lautertal.

berühmte Blaue Wand, gut 25 Kilometer weiter südöstlich auf als zur Zeit der größten Ausdehnung des Höhenzugs.

Einzelne markante Bergkegel türmen sich außerhalb des Höhenzugs der Alb. Der Ipf bei Bopfingen, der Hohenstaufen bei Göppingen, der Teckberg bei Kirchheim, die Achalm bei Reutlingen, der Hohenzollern bei Hechingen. Sie alle waren einst Bestandteil der Alb. Steckten bis zum obersten Rand völlig in dem Höhenzug. Ihr Inneres allerdings war – und ist heute noch – aus härterem Gestein als die nähere und weitere Umgebung. Weniger fester Fels wurde an ihren Flanken durch Erosion abgetragen. Der harte Kern dieser Zeugenberge widerstand dem Wirken von Wind und Wetter weitgehend. Sie belegen heute, wie weit die Alb einst reichte. Sie sind die Zeugen.

Leicht lässt sich aus Zeit und Raum errechnen, in welchem Tempo der Albtrauf rückwärts wandert. Jahr um Jahr sind es 1,6 Millimeter. Im Durchschnitt. Denn tatsächlich passieren auch schon mal große Erosionsschritte. An einzelnen Stellen brechen dann ganze Berghalden weg. Wie am Mössinger Hirschkopf. Halbwegs zwischen Tübingen und Hechingen rutschte am 12. April 1983 unweit des Farrenbergs

ein ganzer Hang auf 1000 Metern Länge zu Tal – ein Jahrhundertereignis. Vier Millionen Kubikmeter Gestein, acht Millionen Tonnen schwer. Auf einen Schlag war der Albtrauf auf einer Fläche von 80 Hektar um mehrere Meter zurückversetzt.

In aller Regel aber arbeitet Erosion langsam und wirkt in kaum sichtbaren Schritten. Es heißt zwar, steter Tropfen höhlt den Stein. Aber das rinnende Wasser selbst ist gar nicht in der Lage, festes Gestein zu zersetzen. Auch schneidet es nicht selbst Rinnen oder Rillen hinein. Dazu braucht es die Hilfe anderer Naturkräfte. Chemische oder mechanische Prozesse zerstören Gestein an seiner Oberfläche. Das Wasser transportiert das so gelockerte Material nur noch ab. Kohlensäure löst Kalkstein auf. Das Wasser führt den Kalk davon.

Erosion bildet im Verlauf großer geologischer Zeiträume den Wechsel von Berg und Tal aus, schafft und verändert Stromtäler, formt einzeln stehende Bergkuppen. Wie stark Wasser oberflächlich Landschaft verändert hat, wird am Durchbruch der Donau durch die Schwäbische Alb zwischen Tuttlingen und Sigmaringen sichtbar. Auch das Große Lautertal gewährt gute Einblicke, kaum weniger die Lone nördlich von Ulm.

Uracher Wasserfall

Die Kalknase wächst und bricht
Seltsames passiert an und in den dicht bewaldeten Felshängen am westlichen Rand des Kurstädtchens Bad Urach. Wasser trägt üblicherweise zur Erosion bei, transportiert zersetztes Gestein fort. Am Uracher »Runden Berg« aber baut es ständig neues Felsenwerk auf. Tag für Tag kommen gute 20 Kilogramm Kalkstein hinzu – seit mehr als 8000 Jahren schon.

D ieser wundersam wachsende »Uracher Wasserfall« liegt im Naturschutzgebiet »Rutschen«, das seinen Namen auf die einstige Ermstalflößerei zurückführt. Am Felshang war eine eiserne Rutsche festgemacht. Auf ihr wurden die gefällten Baumstämme zu Tal geschickt. Der Wasserfall hat ein Einzugsgebiet von gut 20 Quadratkilometern. Bis hinüber ins fünf Kilometer ferne Dörfchen Würtingen. Aus einer kleinen Grotte weit oben im Felshang strömen in der Sekunde fünf bis zehn Liter Wasser. Nach starken Regenfällen können es schon mal 1000 Liter sein. Lange Trockenperioden lassen die Quelle fast versiegen. Das stürzende Wasser, das unten im Tal den Brühlbach bildet, ist konstant drei Grad kalt.

In einer breiten Rinne strömt es quer über die Hochwiese. An der Felskante stürzt es erst mal 37 Meter in die Tiefe. Von dort rauscht es über Kaskaden und Felskanten weitere 60 Meter hinab. Endlich verbindet es sich unten im Grund mit dem Brühlbach, der es zur Erms führt. Dies Wasser, das aus dem Albgestein kommt, führt Kalk mit. Der wird zu einem Teil gleich dort abgelagert, wo das Wasser im Freien langsam fließt und sich erwärmt. Besonders viel Kalk wird freigesetzt, wenn das Wasser im freien Fall zerstiebt. An Gräsern, Blättern, Moosen bildet es ständig neue, feine Kalkschichten. Dabei wächst auch die Felskante, über die das Wasser hinunterstürzt, beständig weiter ins Freie hinaus. Eine regelrechte Nase hat der Kalk am Uracher Wasserfall schon an die Kante der Hochwiese geklebt. Von Zeit zu Zeit bricht sie unter ihrer eigenen Last und der des fließenden Wassers ab.

Ähnliches passiert tagein, tagaus am benachbarten Gütersteiner Wasserfall. Allerdings bildet der Kalk dort kaum eine Felsnase aus. Das Wasser fällt einfach in vielen kleinen Stufen den Hang hinunter, rinnt auch durch Rillen hinab. Dabei bleibt natürlich auch Kalk zurück. So entstehen hier ständig neue, kleine Wasserfälle. Das Bild des Felsenhangs wandelt sich ununterbrochen.

Lage: Wenig westlich des Bad Uracher Stadtzentrums, GPS-Koordinaten Breite 48.483106 Länge 9.36887

Zugang: Wanderparkplatz im Maisental zwischen Runder Berg und Schlossberg oder von Wanderparkplätzen an der Straße nach St. Johann und beim Gestütshof St. Johann.

Parken: Wanderparkplatz P 23, 2 km zum Uracher Wasserfall, dort 268 Stufen zur Hochwiese, teilweise schlüpfrig.

Kinderwagen / Rollstuhl: Nein.

Geöffnet: Beide Wasserfälle sind jederzeit frei zugänglich.

Für Kinder: Ehe das Wasser über die Felskante stürzt, fließt es in einem kleinen Graben über die Hochwiese. Das eisige Wasser im Brühlbach ist vielleicht gut für ein Fußbad.

Besuchen: Stadtbummel in Bad Urach, Fachwerkhäuser, schöne Wirtsschilde, spätgotischer Stadtbrunnen, Amanduskirche, in Jahren mit ungerader Endzahl Uracher Schäferlauf.

Hinweis: Die Wasserführung ist sehr unterschiedlich und nach langen Trockenperioden oft recht dürftig. Deshalb ist ratsam, ein paar kräftige Regenschauer abzuwarten und sich erst danach auf den Weg zum Wasserfall zu machen.

Wandern: Rund 150 Kilometer Rundwege in und um Bad Urach, darunter die vom Deutschen Wanderinstitut als Premiumwanderwege zertifizierten fünf »Grafensteige«. Der zehn Kilometer lange »Wasserfallsteig« wurde 2016 als Deutschlands schönster Wanderweg gewählt.

Einkehren: Wasserfall-Hütte mit großem Biergarten auf der Hochwiese am Uracher

Rund hundert Meter tief stürzt der Uracher Wasserfall in die Tiefe.

Wasserfall, geöffnet von Ende März bis Ende Oktober von 10 bis 16 Uhr, je nach Witterung auch länger.

Kontakt: Tourist-Information, Bei den Thermen 4 (Haus des Gastes), 72574 Bad Urach, Telefon (0 71 25) 9 43 20, www.badurach-tourismus.de

Donaudurchbruch

Kulisse aus Kalkgestein

Beuron ruht in stiller Landschaft, im Herzen des »Naturparks Obere Donau«. In gewaltigem Ringen hat der Strom hier vor Urzeiten das Kalkgebirge der Schwäbischen Alb durchbrochen. Zeugen sind mächtige Felswände, die aus dem Grün der Hangwälder steigen. Ein friedfertiger Fluss ist die Donau heute. Streckenweise so seicht, dass nicht einmal ein Paddelboot drauf schwimmt.

Auf dem rechten Ufer liegt in einer weiten Stromschlinge Beuron, jahrhundertelang Augustinerchorherrenstift, Benediktinerabtei heute. Roman Herzog, einst Bundespräsident, besuchte gern die Klosterkirche. Dort wandelte er auf den Spuren eines Ahnen aus dem bayerischen Wessobrunn. Der Klosterbruder hatte im 18. Jahrhundert geholfen, den meisterhaften Stuck in Kirchenschiff und -chor zu bringen. Mit hintergründigem Humor verweisen die Benediktiner gern darauf, dass wohl auch Wilhelm Busch einst da gewesen sein müsse. Mit einiger Fantasie lässt sich aus einem Schmuckornament am Rand der Vierung das verschmitzte Schelmengesicht des Tunichtguts Max herauslösen.

Beuron ist Haltstation der Bahnlinie von Ulm über Sigmaringen nach Freiburg. Zu Zeiten, da auf der Donautalbahn noch Schaffner mitfuhren, kündigten sie den Klosterort wohl mit dem Ruf an: »Wer beichten will, bitte aussteigen«. Im ehemaligen Bahnhofsgebäude ist das »Haus der Natur« eingerichtet. Der Naturparkverein Obere Donau und die Stiftung

Benediktinerkloster Beuron am Donaudurchbruch.

Naturschutzzentrum arbeiten dort Hand in Hand, um Schönheit und Einzigartigkeit der Landschaft an der jungen Donau zu bewahren. Eine Dauerausstellung führt in die Natur des Stroms und der Region ein.

Wenig donauabwärts liegen die Beuroner Ortsteile Hausen im Tal und Thiergarten. Vom hohen Fels schaut Schloss Werenwag hinunter auf Paddler im Strom, auf Radler am Donauradwanderweg, auf Camper, Wanderer und Angler. Die Zimmerische Chronik, die im 15. und 16. Jahrhundert droben auf der Burg geschrieben wurde, zählt für die recht kleine Georgskapelle in Thiergarten sieben Eingänge auf – je einen für jedes der in enger Nachbarschaft lebenden Adelsgeschlechter. Auf diese Weise ließ sich Streit um den Vortritt zum sonntäglichen Kirchenbesuch vermeiden. Den Nibelungen im Dom zu Worms wurde ebendieser schließlich zum Verhängnis.

Bis auf einen einzigen sind die Zugänge zum Kirchlein heute vermauert. Mit ihren drei Schiffen gilt die Kapelle als kleinste echte Basilika nördlich der Alpen. Den Namen hat das zugehörige Dorf von einem Wildgehege, das die Fürsten von Hohenzollern-Sigmaringen hier einst unterhielten.

Lage: Etwa 18 km nordöstlich der Kreisstadt Tuttlingen, GPS-Koordinaten Breite 48.05042 Länge 8.96918

Anfahrt: B 311, Meßkirch, L 277, Deutsche Bahn, Naturpark-Express.

Parken: Am Haus der Natur.

Kinderwagen / Rollstuhl: Ja.

Geöffnet: Haus der Natur mit Ausstellungen zum Anfassen und Ausprobieren,

Haus der Natur im ehemaligen Bahnhofsgebäude.

montags bis freitags 9 bis 17 Uhr, 1. April bis 31. Oktober auch samstags, sonn- und feiertags 13 bis 17 Uhr.

Für Kinder: Haus der Natur besuchen, naturkundliche Führungen erleben, Boot fahren, Max in der Klosterkirche suchen, im Haus der Natur Resi dem Schaf beim Erzählen zuhören.

Besuchen: Kolbinger Höhle 6 km westlich von Beuron, Tropfsteinhöhle.

Hinweis: Das Haus der Natur bietet ein- bis dreistündige Veranstaltungen zur Erforschung der Natur rund um Beuron und in der Donau.

Wandern: Sechs markierte Wanderwege erschließen Beurons Umgebung.

Einkehr: Gasthäuser in Beuron, Fridingen, Kolbingen.

Kontakt: Haus der Natur und Naturschutzzentrum Obere Donau, Wolterstraße 16, 88631 Beuron, Telefon (0 74 66) 9 28 00, www.naturschutz.landbw.de, www.naturpark-obere-donau.de

Im Lauchert- und Fehlatal

Nur Vögel zwitschern in der Stille

Östlich der Zollernalb senkt sich von Melchingen her durch die Kleinstädte Gammertingen und Veringenstadt das Flusstal der Lauchert in Schlingen und Kehren bedächtig hinunter zur Donau nahe Sigmaringen. Ein streckenweise tief ins Kalkgestein der Schwäbischen Alb geschnittenes Stück Romantik. Das Beste aber wohl am Lauchertal ist, dass es das Fehlatal gibt.

Über eine Strecke von gut sieben Kilometern nur windet sich die Fehla, von Burladingen herkommend, zwischen Neufra und Hettingen durch ein wunderbares, stillverschwiegenes Stück Alblandschaft. Keine Straße im Tal, keine Eisenbahn, kein Laut außer dem vieltönigen Vogelgezwitscher und ab und zu dem Blöken einer Schafherde. Zwischen dicht bewaldeten, oft steil aufragenden Berghängen neigt sich das Fehlatal aus 680 Metern Höhe in Neufra mit kaum spürbarem Gefälle zum Laucherttal auf 641 Meter hinab. Der Talgrund ist an kaum einer Stelle breiter als ein-, zweihundert Meter. Der Bach rinnt an der Schlossruine Baldenstein auf ihrem weithin leuchtenden, schneeweißen Kalkfelsen vorbei. Kurz vor ihrem Ende an der Lauchert verliert die Fehla die Hälfte ihres ohnehin meist nur spärlich fließenden Wassers. Es versinkt im Untergrund des Naturschutzgebiets unterhalb des Bruckbergs.

Doch hinter all dem außerordentlichen Charme des Fehlatals muss sich das Laucherttal dennoch keineswegs vollständig verstecken. Vor allem in seinem unteren Teil, zwischen Jungnau und Bingen, ein Stück weit das Bittelschießer Täle genannt, steht die Lauchert der Fehla in nichts mehr nach. Am Hertenstein tritt der Fluss ins enge Tal, bis zum Rappen- und zum Nägelesfelsen noch von der Hohenzollerischen Landesbahn begleitet, ehe sich auch die davonmacht und die Lauchert ganz allein dahinschlängelt. Eine traumhaft schöne Landschaft – für Wanderer vor allem, für Radler auch. Unterhalb der Ruine Hornstein bei Bingen kommt sie wieder ins Freie.

Gammertingen, Veringenstadt, dazu die winzige, gerade einmal 2100 Einwohner große Fünftälerstadt Hettingen sind die Orte am Fluss, alle von uralter Geschichte geprägt. In Veringenstadt das älteste Rathaus der einstigen Hohenzollerischen Lande, darin eine Ausstellung zur Erinnerung an die »Baderann«, die 1680 als Hexe verbrannte Anna Kramer. Über der Stadt die Burgruine der früheren Herren von Veringen und die Eiszeithöhlen der Neandertaler, am Lauchertufer ein Wasserlehrpfad. Die Rathäuser in Gammertingen und Hettingen sind in ehemalige Schlösser eingezogen. Auf Neufra im Fehlatal schauen die Burgruinen Vorder- und Hinterlichtenstein hinab.

Links: An der häufig trocken fallenden Lauchertquelle. Rechts: Lehrpfad zur Bedeutung des Wassers für das Leben.

Auf der Ruine Hornstein, die weit hinausschaut ins Bittelschießer Täle, widersetzt sich seit 1987 ein Förderverein dem weiteren Verfall des historischen Mauerwerks. Noch in den ersten Nachkriegsjahren wurde dort droben Freilichttheater gespielt. Eine zierliche Kapelle in einem ehemaligen Burgturm ist in vorzüglichem Zustand, zeichnet sich durch eine reichhaltige Stuckdecke von 1696 aus. Der Förderverein hat in jahrzehntelanger Arbeit die Burg mit neuem Leben gefüllt. Er bietet Veranstaltungen an, vor allem für Kindergärten, Schulen und private Gruppen.

Lage: 20 km nördlich von Sigmaringen, GPS-Koordinaten Breite 48.250304 Länge 9.215678

Anfahrt: B 313, Gammertingen, Neufra.

Parken: Wanderparkplatz Weiherbach nahe Melchingen, in den Ortschaften, an der Ruine Hornstein.

Kinderwagen: Ja. Rollstuhl: Nein.

Geöffnet: Beide Täler und Ruine Hornstein immer frei zugänglich.

Für Kinder: Vom Parkplatz Weiherbach in Melchingen 300 Meter zur Lauchertquelle wandern, Veranstaltungen auf Burg Hornstein besuchen.

Besuchen: Ruine Hornstein.
(siehe Tipp 43)

Hinweis: Die Lauchert hat mehrere Quellen, die »richtige« liegt bei Melchingen (GPS-Koordinaten Breite 48.359615 Länge 9.146768) nahe dem Wanderparkplatz Weiherbach, dort auch ein Lehrpfad mit neun Schautafeln zur Bedeutung des Wassers für das Leben.

Einkehr: Gasthäuser in den Orten beider Täler.

Kontakt: Stadtverwaltung Gammertingen, Bürger- und Tourismusbüro, Hohenzollernstraße 5–7, 72501 Gammertingen, Telefon (0 75 74) 40 60, www.laucherttal.de
Landratsamt Sigmaringen, Tourismusreferat, Leopoldstraße 4, 72488 Sigmaringen, Telefon (0 75 71) 10 23 58
Förderverein Ruine Hornstein, Ruine 1, 72511 Bingen, Telefon (0 75 71) 5 20 50, www.ruine-hornstein.de

Durchs Große Lautertal

Burgen und Ruinen zu beiden Seiten
Rund 42 Kilometer misst die Große Lauter zwischen ihrem Quelltopf im Gomadinger Ortsteil Offenhausen und der Mündung in die Donau gegenüber dem Kloster Obermarchtal. Längs dieser Strecke reihen sich auf Bergspitzen und Felsnasen beiderseits des Flusstals nicht weniger als 22 Burgen, Burgruinen und Burgställe aneinander. Zeit und Raum rücken nah zusammen: Ein einziger Tag reicht aus, einen Großteil zu besuchen. Dabei tun sich tiefe Einblicke auf in ein zauberhaftes Stück Schwäbische Alb.

Im Verlauf von Jahrzehntausenden hat die Lauter eine ungewöhnlich reizvolle Landschaft mit ungezählten Windungen, Schlingen, Schleifen und Kehren, dazu auch sanften wie steilen Hängen tief ins Kalkgestein der Schwäbischen Alb gewaschen. Hier wild stürzende, dort auch sacht fallende Talhänge, vielgestaltige Felsformationen, Burgen und Ruinen obenauf, kleine, stille Dörfer im Grund.

Die Große Lauter kommt aus einem glasklaren Quelltopf im einstigen Kloster- und heutigen Gestütsgelände Offenhausen. Vorüber an Marbach, Württembergs 1514 gegründetem Haupt- und Landgestüt, eilt der Fluss donauwärts. Je tiefer das Tal ins Albgestein schneidet, desto vielgestaltiger die Landschaft. Von fast jeder zweiten Felsspitze lugt ein mittelalterlicher Burgenrest herab. Hohen- und Niedergundelfingen heißen sie, Hohenhundersingen und Schülzburg, Blankenstein, Wartstein, Monsberg.

Das ganze lang hingestreckte Tal – aus 665 Metern Höhe hinabsteigend auf 508 Meter – liegt unter Naturschutz. Auffällig sticht die 35 Hektar große »Buttenhauser Eichhalde« auf dem Ostufer ins Auge, eine Wacholderheide, wie sie ausgeprägter kaum irgendwo sich findet. Von 182 dort gezählten Pflanzen stehen 27 auf der Roten Liste der gefährdeten Arten.

Örtliche Wanderwege ziehen durch den Grund, schlängeln sich die Hänge hinauf, die Höhen entlang. Der 95 Kilometer lange »Burgen- und Ruinenweg« von Reutlingen über Lichtenstein und Engstingen nach Zwiefalten begleitet die Große Lauter auf ihrer ganzen Länge. Teils ist er auch Radwanderweg, auf weiten Strecken fast ohne Steigungen. In Bichishausen, auf halbem Weg zwischen Quelle und Mündung, werden Boote und Fahrräder vermietet. Nebenan erinnert die historische Zollstation, heute Bushaltestelle, an die Zeit vor 200 Jahren, als vier Landesgrenzen das Lautertal kreuzten.

Lage: Die Quelle der Großen Lauter liegt in Offenhausen, GPS-Koordinaten Breite 48.39989 Länge 9.368865, neun Kilometer westlich von Münsingen. Die Mündung in die Donau bei Lauterach, GPS-Koordina-

ten Breite 48.256163 Länge 9.581011, gegenüber dem Kloster Obermarchtal.

Anfahrt: Zur Quelle: Münsingen, L 230
Richtung Engstingen, Gomadingen-
Offenhausen. Zur Mündung: B 311, nahe
Munderkingen nach Lauterach, dort 2 km
zu Fuß, Wegweiser.

Parken: Lautertopf in Offenhausen am
Gestütsmuseum, Lautermündung im Orts-
gebiet Lauterach, Haupt- und Landgestüt
Parkplatz an der L 249.

Kinderwagen / Rollstuhl: Nein.

Geöffnet: Quelle und Mündung der Großen Lauter sind jederzeit frei zugänglich.

Für Kinder: Quelltopf der Lauter ansehen,
Pferde in Marbach besuchen, am Flussufer
sitzen, baden, grillen, Burgen und Ruinen
besichtigen, kleine Höhlen und Grotten
suchen.

Besuchen: Haupt- und Landgestüt Marbach im oberen Teil des Großen Lauter-
tals, Gestütshof ganzjährig täglich geöffnet
8 bis 17 Uhr, Treffpunkt mit Gestütsshop
April bis Oktober Dienstag bis Sonntag
und Schulferien 10 bis 17 Uhr, November
bis März und Schulferien sonn- und feiertags 11 bis 16 Uhr, Telefon (0 73 85) 9 69 50,
www.gestuet-marbach.de
Info-Zentrum Biosphärengebiet
Schwäbische Alb.
Gestütsmuseum in der 700 Jahre alten
gotischen Kirche des ehemaligen Domini-

Winterstimmung im Großen Lautertal nahe Buttenhausen.

Hengstparade im Haupt- und Landgestüt Marbach.

kanerinnenklosters Offenhausen, geöffnet in den Sommermonaten dienstags bis freitags 14 bis 17 Uhr, samstags 13 bis 17 Uhr, sonn- und feiertags 11 bis 17 Uhr, Telefon (0 73 85) 8 84 oder (0 73 85) 96 96 33, www.gomadingen.de

Hauptinformationszentrum des Biosphärengebiets Schwäbische Alb im Alten Lager in Münsingen, auf 450 qm Ausstellungsfläche wird abwechslungsreich und interaktiv informiert über den ehemaligen Truppenübungsplatz Münsingen, über heimische Wälder, über Albbüffel und Albschnecken, die Schäferei und vieles mehr. Geöffnet 1. April bis 31. Oktober 10 bis 18 Uhr (außer dienstags), 1. November bis 31. März 11 bis 17 Uhr (außer dienstags), Von der Osten Straße 4, 6 (Altes Lager), 72525 Münsingen, Telefon (0 73 81) 93 29 38 31, www.biosphaerengebiet-alb.de

---

Hinweis: Sternbergturm und Planetenweg bei Gomadingen.

»Kanutouren im Wilden Süden«, Volker Schmack, Fürstenbergstraße 2, 72525 Bichishausen, Telefon (0 73 83) 4 08, www.kanutouren.com

Außer der Großen Lauter gibt es auch die »Kleine Lauter«. Sie hat ihren Ursprung im »Lautertopf« wenig westlich von Ulm, bildet ein stilles, romantisches, nur vier Kilometer langes Tal, ehe sie in Blaustein in die Blau mündet.

Wandern: Wanderparkplätze, teils mit Liegewiesen, Spielgeräten und Grillstellen bei Gundelfingen, Bichishausen, Hundersingen, Buttenhausen.

Einkehr: Gestütsgasthof Marbach, Gasthäuser in einigen Lautertaldörfern.

Kontakt: Tourist-Information, Im Rathaus, Marktplatz 2, 72532 Gomadingen, Telefon (0 73 85) 96 96 33, www.gomadingen.de

---

Am Hungerbrunnen

Palmsonntag ist Brezgenmarkt

Hungerbrunnen sind seltsame Erscheinungen. Mal schütten sie als Quellen kräftig Wasser, mal versiegen sie. Der eine wie der andere Zustand kann Wochen, Monate, Jahre andauern. Dass sie Hungerbrunnen genannt werden, lässt sich auf zwei Erscheinungen zurückführen. Sie »verhungern«, wenn kein Wasser quillt. Hungersnot, Krieg und Seuchen drohten einst, wenn zu viel Wasser floss.

Hungerbrunnen fließen vor allem im Frühjahr, wenn mit der Schneeschmelze viel Wasser durch den Untergrund des Karstgesteins der Schwäbischen Alb strömt. Gelegentlich tritt es gar über die Ufer. Der Boden ist durchfeuchtet, der Acker bleibt kalt. Wärme und Verdunstung fehlen. Getreide gedeiht nicht, Kartoffeln faulen. Vor allem in früheren Jahrhunderten führte zu viel Wasser leicht zu Missernten. Hungersnöte waren oft die Folge. Die Menschen fürchteten den unzuverlässigen Gesellen Hungerbrunnen. Mancherorts knüpfen sich Sagen an ihn.

Ein solcher Hungerbrunnen fließt, wenn er denn fließt, zwischen Altheim/Alb und Heldenfingen auf der östlichen Schwäbischen Alb. Manche nennen ihn den Lontel, weil er als winziger Nebenfluss der Lone gelten kann. Immer an Palmsonntag ist Brezgenmarkt am Heldenfinger Hungerbrunnen mit Musik und einer Heerschar an Marktständen. Ein erstes schriftliches Zeugnis für einen solchen Jahrmarkt liefert die Oberamtsbeschreibung Heidenheim fürs Jahr 1844. Aber schon in den Jahrhunderten davor hatte am Lontel immer mal wieder buntes Treiben geherrscht. Junges Volk zog gern an Ostermontag und den beiden folgenden Sonntagen zum Hungerbrunnentanz an die Quelle. Erstmals ist dies Vergnügen fürs Jahr 1533 überliefert.

Gut 200 Jahre später wurde der Tanz abgeschafft. Er hatte den Behörden viel Ärger bereitet. Es finde sich nämlich »dann eine Menge absonderlichen leedigen Volks von etlichen Tanzendten da ein, daß es nicht Vihl besser als in Sodom daher geht«. Auch die Pfarrer der umliegenden Gemeinden klagten, es herrsche »eine Üppigkeit

Kunst am Urzeit Mosaik Skulpturenpfad Schwäbische Alb (UMoSSA).

Brezgenmarkt an Palmsonntag am Hungerbrunnen.

und Gottlosigkeit, welche an ihren Leuthen mehr verderbe alß sie in Jahr und Tagen wider aufrichten können«.

Geprügelt wurde auch, wie ein Ulmer Ratsprotokoll von 1660 belegt. Es seien »viel unterschiedliche Schlag- und Balghändel, auch Frevel vorgeloffen, indem man zu Zeiten einander mit truckenen Fäusten bisweilen blutrissig, auch mit Wehren gar wund geschlagen und übel verletzt«. Diese Zeiten sind Vergangenheit. Heutzutage geht's friedlich her am Lontel, wo sich zum Brezgenmarkt immer auch eine Schiffschaukel und ein kleines Karussell einfinden.

Lage: Rund 20 Kilometer nördlich von Ulm, GPS-Koordinaten Breite 48.585887 Länge 10.038552

Anfahrt: A 8, Ausfahrt 82 (Ulm-West), Dornstadt, Beimerstetten.

Parken: Parkplatz an der Landstraße Altheim–Gerstetten, zu Fuß noch etwa 2 km, und an der Kreuzung Altheimer und Mehrstetter Straße, zu Fuß noch 500 m. Die Plätze sind in der Regel früh belegt. Die Feuerwehr regelt den Verkehr.

Kinderwagen / Rollstuhl: Nein.

Geöffnet: Palmsonntag, vom frühen Morgen bis zum Einbruch der Dämmerung.

Für Kinder: Nachsehen, ob der Hungerbrunnen fließt, Karussell fahren, auf Felsen am Rand des Hungerbrunnentals steigen, Brezeln futtern, süße Sachen naschen.

Besuchen: Riffmuseum und Eisenbahnmuseum in Gerstetten, im Alten Bahnhof, sonn- und feiertags 10 bis 17 Uhr, Gruppen nach Anmeldung jederzeit *(Tipp 4)*.

Hinweis: Am Ostrand des Dörfchens Heldenfingen liegt das Naturdenkmal Heldenfinger Kliff. Es mag 20 Millionen Jahre alt sein. Gegen diese Geländestufe brandete einst Meerwasser. Tausende kleine und größere Löcher haben Bohrmuscheln und Bohrschwämme in die senkrechte Weißjurawand gemeißelt, die einst Meeresküste war.

Einkehr: Marktstände am Brezgenmarkt.

Kontakt: Gemeinde Gerstetten, Wilhelmstraße 31, 89574 Gerstetten, Telefon (0 73 23) 84 45

Im Schmiechtal

Durch die Lutherischen Berge

Martin Luther, Reformator und Bibelübersetzer, war nie in Grötzingen. Auch nicht in Weilersteußlingen. Dennoch trägt die hügelige Landschaft rund um die beiden Dörfer über dem rechten Ufer der Schmiech seit Jahrhunderten den Namen »Lutherische Berge«. Viktor von Scheffel dagegen, Romanautor und Verfasser teils deftiger Trinklieder, hielt sich im späten 19. Jahrhundert wiederholt auf den konfessionell herausgehobenen Höhen auf, auch in den Tälern. Kein Flurname erinnert an ihn.

Nur der Gastwirt Simmendinger von Talsteußlingen im Schmiechtal bewahrte dem Verfasser des »Ekkehard« und des »Trompeters von Säckingen« jahrzehntelang ein Gedenken. In seinem Gasthof »Löwen«, der inzwischen Geschichte ist, vor dessen Haustür sich aber noch immer das riesige Wasserrad der 1985 abgetragenen Getreidemühle dreht, hatte er das noch heute erhaltene »Scheffelzimmer« eingerichtet. Ein paar Bilder, ein hundertjähriger Zeitungsausschnitt, eine Postkarte erinnern an den Dichter. Von der Schmiechbrücke aus hatte Scheffel

Wasserrad der einstigen Getreidemühle in Talsteußlingen.

Grotte Käthra-Kuche in den Lutherischen Bergen.

nach Forellen geangelt. Im Obergeschoss des Wirtshauses lag sein Quartier. Der Urgroßvater des letzten Löwenwirts versorgte ihn zur Nacht jeweils mit zwei, drei Schoppen leichten Heilbronner Weins.

Die Lutherischen Berge, um 70 Quadratkilometer groß, nördlich und östlich vom Schmiechtal begrenzt, im Westen und Süden von der Bundesstraße 465, sind ein gutes Wandergebiet. Drei, vier Dörfer verlieren sich auf der Hochfläche. Das »Rauhtal« zieht in Schlingen und Kehren hindurch. Von Ennahofen her sind bei ordentlicher Wetterlage die Alpen zu sehen. Ins Schmiechtal schaut Schloss Neusteußlingen, das mit dem Aussterben der Herren von Freyberg 1581 gemeinsam mit den Dörfern Grötzingen, Sondernach, Weilersteußlingen ans Herzogtum Württemberg gefallen war. Sogleich hatte Herzog Ludwig die Reformation Martin Luthers, die sein Großvater Herzog Ulrich 1534 seinen Stammlanden um Stuttgart herum verordnet hatte, auf den neuen Besitz übertragen. So wurden sie die Lutherischen Berge. Drumherum blieb die Gegend katholisch.

Auf den Bergen findet sich manche Grotte und Höhle. Im Rauhtal die »Schuntershöhle«. In ihr hauste um 1780 samt Familie der Uhrmacher Wilhelm Schunter. Nachts unterhielt er, um sein Wohnrecht abzulösen, auf den umliegenden Kartoffelfeldern Feuerchen gegen die Wildschweine. Schunters Tochter Käthe zog später in die wenig abseits gelegene, sieben Meter tiefe Grotte »Käthra-Kuche«. An sie erinnert die Hexengruppe der Ehinger Narrenzunft Spritzenmuck mit ihrem Schlachtruf »Käthra-Kuche«.

In ein noch immer ziemlich weltabgeschieden wirkendes Tal zwischen Blaubeurer Alb und Lutherischen Bergen ergießt sich das Flüsschen Schmiech. Geräuschlos rinnt ihr Wasser aus dem Fuß einer senkrecht aufsteigenden Felswand ins Freie. So klar und durchsichtig, dass es kaum zu erkennen ist. Der Beobachter muss aufpassen. Sonst tritt er unversehens ins knöcheltiefe Wasser, wo er trockenen Kieselgrund zu sehen meinte. Immer neue Quellen nimmt die Schmiech auf. Dennoch wächst sie nicht. Im porösen Untergrund aus Kalkstein verliert sie grad so viel Wasser, wie ihr von den Seiten her zufließt. Bis zu ihrem frühen Ende bei Ehingen fällt der Fluss über eine Reihe kleiner Staustufen. Aus ihnen leiteten einst die Bauern im Frühjahr über Grabensysteme das Wasser auf ihre Felder. Die Dörfer im Schmiechtal, das eine stille Wanderlandschaft ist, tragen Namen wie Springen und Weiler, Gundershofen, Hütten, Teuringshofen.

In Teuringshofen ist als Kulturdenkmal das erste Pumpwerk erhalten, mit dem im späten 19. Jahrhundert die Wasserversorgung der Schwäbischen Alb einsetzte. Um dem chronischen Wassermangel der Albdörfer zu begegnen, hatte der Stuttgarter Ingenieur Karl Ehmann die Teuringshofer Pumpe entwickelt. Sie wurde am 18. Februar 1871 in Betrieb genommen und zwei Jahre später auf der Weltausstellung in Wien vorgestellt. Beim Ort Schmiechen knickt der Fluss nach Süden um. Im nun breiten Tal, in dem vor 200 000 Jahren die Donau strömte, eilt die Schmiech ihrer Mündung entgegen.

Lage: Hütten wenig westlich von Schelklingen, GPS-Koordinaten Breite 48.370998 Länge 9.642462

Anfahrt: B 492, im Ort Schmiechen nach Westen abbiegen, oder B 465, zwischen Münsingen und Ehingen nach Osten abbiegen, Mehrstetten, Gundershofen.

Parken: In den Ortschaften, am ehemaligen Gasthof »Zum Löwen«.

Kinderwagen / Rollstuhl: Nein.

Geöffnet: Schmiechquelle, Wasserrad und die Höhlen sind jederzeit frei zugänglich.

Für Kinder: Die Freiwillige Feuerwehr Hütten hat das Wasserrad in Talsteußlingen am historischen Ort der einstigen Getreidemühle wiederaufgebaut. Großer Spielplatz am Dorfhaus Hütten.

Besuchen: Scheffelzimmer in Talsteußlingen 6, ehemaliges Gasthaus »Zum Löwen« von Rudolf Simmendinger, Telefon (0 73 84) 2 21.

Museum Ehingen, Am Viehmarkt 1, 89584 Ehingen, Telefon (0 73 91) 7 50 64 oder 50 35 31, www.ehingen.de, Geopark-Infostelle, gezeigt werden Werkstatteinrichtungen früherer Handwerksberufe, eine archäologische Sammlung, eine farbenprächtige Darstellung des Jurameers und mehr.

Technisches Denkmal Pumpwerk in Teuringshofen, Dieter Schrade, Telefon (01 77) 3 73 50 10.

Denkmal für den Ingenieur und Konstrukteur der Teuringshofer Pumpe Karl Ehmann am Blautopf in Blaubeuren.

Hinweis: Im »Dorfhaus und Museum Hütten« ist ein Info-Zentrum Biosphärengebiet Schwäbische Alb eingerichtet. Geöffnet April bis Ende Oktober sonn- und feiertags 10 bis 16 Uhr, Telefon (0 73 94) 24 80. www.schelklingen.de/infozentrum

Wandern: Wandertouren Alb-Donau-Kreis, Tour 5 Ehinger Hochalb, www.tourismus.alb-donau-kreis.de

Einkehr: Dorfgasthäuser in einigen Orten im Schmiechtal.

Kontakt: Tourismusförderung, Landratsamt Alb-Donau-Kreis, Schillerstraße 30, 89077 Ulm, Telefon (07 31) 1 85 14 51, www.alb-donau-kreis.de oder www.eiszeitkunst.de

An den Schlucklöchern

Die Donau im Untergrund versunken

Brigach und Breg bringen die Donau zuweg, spricht der Volksmund. Doch im Fürstenbergischen Schlosspark in Donaueschingen fließt eine Quelle, die schon den Namen Donau führt. Von Brigach und Breg keine Spur. Ein schwieriger Fluss ist Europas zweitlängster Strom ohnehin. Nicht nur zum Schwarzen Meer und schließlich ins Mittelmeer schickt er sein Wasser. Ein Großteil strömt durch den Rhein zum Atlantik.

Tatsächlich entspringt im Donaueschinger Schlosspark ein Flüsschen. Es wird Donau genannt. Einst mündete es nach 2000 Metern in die Brigach. Aber im 19. Jahrhundert gaben die Fürsten von Fürstenberg als Parkbesitzer dieser bescheidenen Quelle eine elegante Fassung aus Marmor und schmiedeeisernem Gitterrahmen. Zugleich verbannten sie das Flüsschen in einen unterirdischen Kanal. Seither fließt das Quellwasser dieser kleinen Donau über wenige hundert Meter auf kurzem Weg und ungesehen zur Brigach. Europas nach der Wolga zweitlängster Strom hat seinen Namen vom kürzesten seiner drei Quellflüsse, der zudem gar nicht zu sehen ist.

Noch etwas ist sonderbar an diesem Fluss. In Zehntausenden Jahren hat er mit der Kraft des mahlenden Wassers sein Bett tief und tiefer ins Kalkgestein der Schwäbischen Alb geschürft. Zwischen Tuttlingen und Sigmaringen hat er sich den Durchbruch erzwungen. Und dennoch ist dieser starke Geselle nicht in der Lage, sein Wasser beisammenzuhalten. Im porösen Kalkgestein der Alb verschwindet der ganze Fluss nach und nach vollständig, taucht ab in den Untergrund. Viel Wasser verliert er schon bei Immendingen, einiges in den Schlucklöchern bei Möhringen, den Rest schließlich nahe Fridingen. Zweieinhalb Tage lang fließt dies Donauwasser unterirdisch. Bei Engen im Hegau kehrt es im Aachtopf ans Tageslicht zurück. Schließlich nimmt nahe Radolfzell der Bodensee diesen Teil der Donau auf, reicht ihn gleich weiter an den Oberrhein.

Das Donaubett aber liegt über mehrere Kilometer trocken, eine Wüstenei aus Kieselgestein. Nicht immer, aber doch an mehr als 200 Tagen im Jahr. Dann wandert dort, wer die Donau sucht, trockenen Fußes im Flussbett umher. Ein wenig mühsam, denn auf Kieseln ist nicht gut gehen. Wasser kommt hier erst wieder ins Donaubett in regenreichen Jahreszeiten. Oder eben weiter flussabwärts, wo neue Quellen sich auftun und Nebenflüsse einmünden. Nach nur 20 Kilometern Fließstrecke also findet die Donau in den Schlucklöchern schon ihr Ende. Doch der Mensch steht ihr bei. In zwei Umleitungsstollen bei Immendingen und Fridingen führt er einen Teil ihres Wassers an den Schlucklöchern vorbei und danach ins Flussbett zurück. Dieses Do-

Donauversinkung nahe Immendingen.

nauwasser gelangt schließlich durch Ulm und Regensburg, durch Wien, Budapest, Belgrad nach mehr als 2860 Kilometern im fernen Rumänien ins Schwarze Meer.

Lage: Donauquelle im Schlosspark Donaueschingen GPS-Koordinaten Breite 47.951863 Länge 8.502458, Donauversickerung, wissenschaftlich Versinkung genannt: südlich von Möhringen GPS-Koordinaten Breite 48.95933 Länge 8.76459 und südöstlich von Immendingen GPS-Koordinaten Breite 48.938301 Länge 8.734745

Anfahrt: Zu den Schlucklöchern: ab Möhringen 2 km Richtung Hattingen zum ausgeschilderten Parkplatz »Donauversi-

ckerung«. Ab Immendingen: am östlichen Ortsrand an der B 311 Wegweiser zum Wanderparkplatz »Donauversickerung«.

Kinderwagen / Rollstuhl: Nein.

Geöffnet: Die Versinkungsstellen sind immer frei zugänglich, die Donauquelle im Schlosspark auch.

Für Kinder: Skaten von Möhringen nach Tuttlingen oder umgekehrt. Die Schlucklöcher der Donau suchen, Kieselsteine sammeln, restliche Wasserpfützen im Donaubett finden.

Wegweiser nahe Immendingen.

Besuchen: Führungen im Fürstlich Fürstenbergischen Schloss unter www.fuerstenberg-kultur.de

Fürstlich Fürstenbergischer Park an der Donauquelle, alte Bäume, zahlreiche Skulpturen.

Stadtbummel in Donaueschingen, Tuttlingen, Immendingen, Möhringen.

Hinweis: Vom Grill- und Zeltplatz Immendingen führt eine 16 Kilometer lange Skaterstrecke über Möhringen nach Tuttlingen.

Wandern: Spaziergänge im Fürstenbergischen Park, zum Zusammenfluss von Brigach und Breg, zu den Schlucklöchern.

Einkehr: Restaurants und Gasthäuser in Immendingen, Möhringen, Tuttlingen, Donaueschingen.

Kontakt: Tourismus-Information Donaueschingen, 78166 Donaueschingen, Telefon (07 71) 85 72 21, www.donaueschingen.de

Bürgerservice Immendingen, Schlossplatz 2, 78194 Immendingen, Telefon (0 74 62) 2 42 28, www.immendingen.de

Bürgerbüro Tuttlingen, Rathausstraße 1, 78532 Tuttlingen, Telefon (0 74 61) 9 93 40, www.tuttlingen.de

Fürstlich Fürstenbergisches Schloss, Telefon (07 71) 2 29 67 75 60, www.fuerstenberg-kultur.de

33 KÖNIGSBRONN

Auf dem Karstquellenweg

Über die Europäische Wasserscheide

Die Schwäbische Alb ist wie ein riesiges, undichtes Fass. Beständig rinnt viel Wasser heraus. In ganzer Länge zieht sich über ihren Höhenrücken die Europäische Wasserscheide. Zur Donau und zum Rhein, ins Schwarze Meer und in die Nordsee münden die Ströme. Zwischen Königsbronn und Oberkochen wird die Wasserscheide anschaulich. Die Ziegelbachquelle schickt ihr Wasser zum Schwarzen Meer, der Schwarze Kocher zur Nordsee. Zwischen beiden liegen nicht einmal zwei Kilometer.

Auf dem »Karstquellenweg«, der über die Wasserscheide hinweg auf einer Rundstrecke von 26 Kilometern die Städte Königsbronn und Oberkochen verbindet, wird erklärt, woher das Wasser kommt und wohin es fließt. Auf 15 Stationstafeln wird jede Quelle sorgfältig erläutert. Auch Geschichtliches wird dargestellt. Zweckmäßig ist, dass die 26 Kilometer nicht an einem Stück gelaufen werden müssen. Sie können leicht in drei angenehme Runden zerlegt werden.

Die längste dieser Einzelrouten misst gut zehn Kilometer. Sie beginnt am Brenztopf neben dem Königsbronner Rathaus. Ein 1964 stillgelegtes, jedoch 40 Jahre später restauriertes und wieder in Betrieb gesetztes historisches Wasserkraftwerk erzeugt dort umweltfreundlich Strom. Die Runde, die ein Stück weit auch Fischereilehrpfad ist, umrundet den Itzelberger See und führt über Pfefferquelle, Ziegelbachquelle zum Brenztopf zurück.

Die andere Runde startet und endet am Seegartenhof halbwegs zwischen Königsbronn und Oberkochen. Sie quert nun tatsächlich die Europäische Wasserscheide, erreicht den Schwarzen Kocher und kommt schließlich am künstlich aufgestauten Ölweiher vorüber.

Eine ganze Reihe Brunnen und Quellen passiert die dritte Runde, die am Ölweiher beginnt. Allerdings läuft sie eine Weile durch städtisches Gebiet. Sie passiert den Langert-

Quelltopf der Brenz in Königsbronn.

Brenzquelltopf in Königsbronn.

brunnen und die Obere Schachtquelle, einen Hungerbrunnen, der nur nach starken Regenfällen fließt, und den Neubrunnen im Wolfertstal. An der Katzenbachquelle vorbei geht's zurück zum Ausgangspunkt.

Lage: Halbwegs zwischen Heidenheim und Aalen. GPS-Koordinaten Breite 48.729876 Länge 10.061877

Anfahrt: A 7, Ausfahrt 115 (Aalen/Oberkochen), Bundesstraße 19, Brenzquellstraße in Königsbronn.

Parken: Brenzursprung, GPS-Koordinaten Breite 48.737569 Länge 10.112819, an Brenzquellstraße und Springenstraße, Ursprung Schwarzer Kocher, GPS-Koordinaten Breite 48.771984 Länge 10.095412, K 3292 südlich Oberkochen, Ursprung Weißer Kocher GPS-Koordinaten Breite 48.814538 Länge 10.146705, Am Häselbach, Seegartenhof GPS-Koordinaten Breite 48.758433 Länge 10.099523

Kinderwagen / Rollstuhl: Streckenweise.

Geöffnet: Der Karstquellenweg und alle Quellen am Weg – außer Ölweiher – sind jederzeit frei zugänglich.

Für Kinder: Museumsbesuch, Papierschiffchen aufs Wasser setzen, Wasserrädchen bauen.

Besuchen: Torbogenmuseum mit den Abteilungen Heimatmuseum, Wildschützenmuseum und Landesfischereimuseum. Paul-Reusch-Straße, geöffnet April bis Oktober sonn- und feiertags von 11 bis 17 Uhr. Auskunft: Telefon (0 73 28) 45 10.

Hinweis: Georg-Elser-Gedenkstätte gegenüber dem Rathaus.

Einkehr: Gasthäuser in Königsbronn.

Kontakt: Rathaus Königsbronn, Telefon (0 73 28) 96 25 10, www.koenigsbronn.de

Landeswasserversorgung

Täglich 250 Millionen Liter Trinkwasser
Zwar ist Baden-Württemberg kein wasserarmes Land. Wohl aber ist das lebensnotwendige Nass unterschiedlich verteilt. Fehlt es auf der Schwäbischen Alb, im Mittleren Neckarraum und auch im Unterland vielfach, sprudeln die Quellen an anderen Orten überreich. Seit mehr als hundert Jahren schon gleicht die Landeswasserversorgung (LW) diesen Mangel aus. Dabei spielt das größte ihrer Wasserwerke nahe Langenau am Rand des württembergischen Donaurieds den entscheidenden Part.

M it der Unterschrift Wilhelms II. von Gottes Gnaden König von Württemberg setzt am 8. Juli 1912 die Geschichte der Landeswasserversorgung ein. Die sprunghaft zunehmende Bevölkerung und die sich ausweitende Industrialisierung vor allem im Mittleren Neckarraum um Stuttgart, Ludwigsburg und Esslingen verlangten nach gesicherter Versorgung mit Trinkwasser. Schon in der zweiten Hälfte des 19. Jahrhunderts waren Wasserzuleitungen aus dem Schwarzwald, vom Bodensee, aus dem Neckartal und aus dem Illertal untersucht worden. Die Ent-

Wasserprobe in der Landeswasserversorgung.

scheidung fiel 1909 zugunsten des Langenauer Donaurieds nordöstlich von Ulm.

Wegen seines außerordentlichen Umfangs wurde das Projekt vom Königreich Württemberg übernommen und koordiniert. Es finanzierte auch den Bau der Anlagen mit ursprünglich 14,5 Millionen Mark. Erst 1965 zog sich der Staat, wie es das Gründungsgesetz vorsah, aus der Verantwortung zurück. Heute betreibt ein kommunaler Zweckverband mit mehr als hundert Mitgliedern aus Städten, Gemeinden und anderen Zweckverbänden die Landeswasserversorgung. Bis dahin aber war ein weiter Weg zurückzulegen.

Die Bauarbeiten begannen am 5. August 1912 – nur vier Wochen nach dem Vertragsabschluss. Vorgesehen waren drei Baujahre, die sich jedoch nach dem Ausbruch des Ersten Weltkriegs 1914 nicht einhalten ließen. Baumaterial wurde knapp. Viele Arbeiter wurden zum Kriegsdienst eingezogen. Am 3. August 1916 wurde als erstes Gründungsmitglied die Rombachgruppe um Abtsgemünd mit Trinkwasser beliefert. Zwei Monate später folgte Mutlangen. Stuttgart, das schon 1915 Trinkwasser aus dem Donauried erhalten sollte, wurde erstmals am 28. Juni 1917 über den Wasserbehälter Rotenberg bedient.

Heute liefert die LW täglich rund 250 Millionen Liter Trinkwasser an ihre Verbandsmitglieder. Dazu können in jeder Sekunde 2500 Liter Grundwasser aus dem Donauried und in derselben Zeit der Donau 4000 Liter entnommen werden. Das Grundwasser kann unaufbereitet getrunken werden. Ihm wird im Wasserwerk lediglich ein Teil des Kalks entzogen. Das Donauwasser wird mit erheblichem Aufwand in einem sechsstufigen Verfahren zu Trinkwasser aufbereitet. Zum Transport des Wassers zu ihren Abnehmern unterhält die LW ein Rohrleitungsnetz von 775 Kilometern Länge. Die 33 meist unterirdisch angelegten riesigen Wasserbehälter wie auch die Fernleitungen nehmen rund 400 000 Kubikmeter reines Trinkwasser auf, so dass Schwankungen im Verbrauch jederzeit ausgeglichen werden können. Im Versorgungsgebiet leben rund drei Millionen Menschen.

Dies und noch viel mehr erfahren große wie auch kleine Besucher auf Führungen im Wasserwerk Langenau. Zusätzlich zeigt die Ausstellung »Erlebniswelt Grundwasser« den Ursprung des wichtigsten Lebensmittels, woher es kommt, wie viel es gibt, wo es sich findet, wie es genutzt und vor Gefahren geschützt wird. Der anderthalbstündige Rundgang bietet viel Information und Technik, aber auch Spiel und Spaß und manches zum Anfassen. Die andere ebenfalls anderthalbstündige Führung stellt das Wasserwerk vor, die Aufbereitungsanlagen, das Pumpwerk und einen der großen Wasserbehälter, dazu Modelle und einen Film.

Lage: Am Rand des Donaurieds östlich von Langenau, GPS-Koordinaten Breite 48.503494 Länge 10.173522

Adresse: Landeswasserversorgung, Am Spitzigen Berg 1, 89129 Langenau.

Anfahrt: A 7, Ausfahrt 119 (Langenau), Nordumfahrung Langenau, Wegweiser LWV, Am Spitzigen Berg 1.

Parken: Nach Anmeldung auf dem Betriebsgelände.

Geöffnet: montags bis freitags 9 bis 17 Uhr, sonntags 10 bis 15 Uhr, Besichtigung der

Wasserbehälter der Landeswasserversorgung nahe Langenau.

Werksanlagen und Besuch in der »Erlebniswelt Grundwasser« mit Führung in Gruppen ab zehn Personen nur nach Voranmeldung, Einzelbesucher können sich einer Führung anschließen. Beide Rundgänge dauern jeweils anderthalb Stunden, Eintritt zu beiden Führungen frei.

Für Kinder: Die Erlebniswelt Grundwasser stellt eine aufschlussreiche Reise zum Ursprung des Trinkwassers dar. Dabei viele Stationen zum Mitmachen, Anfassen, Selbsterkunden.

Besuchen: Stadt Langenau.

Hinweis: Das Wasserwerk ist mit öffentlichen Verkehrsmitteln nur unter Schwierigkeiten zu erreichen, Entfernung vom Bahnhof Langenau gut vier Kilometer. Die Landeswasserversorgung Langenau ist Geopark-Infostelle.

Wandern: Tourenvorschläge unter www.lonetal.net

Einkehren: Gasthäuser, Cafés in Langenau.

Kontakt: Landeswasserversorgung, Schützenstraße 4, 70182 Stuttgart, Telefon (07 11) 2 17 50, www.lw-online.de

Drei Quellen für den Kocher

Rotes, schwarzes, weißes Wasser

Wenig südlich der Kreisstadt Aalen auf der östlichen Schwäbischen Alb liegt das Quellgebiet des Kochers. In zahllosen Kehren und Schlingen windet sich der Fluss anschließend zwischen Ellwanger und Limpurger Bergen hindurch, gräbt sich in die Hohenloher Ebene, ehe er nach 180 Kilometern nahe Bad Friedrichshall den Neckar erreicht. Aus drei Quellflüssen in den Farben Weiß, Rot und Schwarz speist er sich. In Ober- und Unterkochen vereinigen sie sich.

An der Westkante des Härtsfelds entspringt unterhalb der Ruine Kocherburg der nur gut drei Kilometer lange Weiße Kocher. Seinen Namen hat er von seinem hell schäumenden Wasser, wenn es Felsen und Katarakte herabstürzt, zwischen Geröllmassen hin und her geworfen wird.

Aus dem Ölweiher an der Leitzstraße im Städtchen Oberkochen kommt der Rote Kocher. Nach nur 150 Metern schon mündet er in den Schwarzen Kocher. Ob sein Name sich auf die rot-rostigen Abfälle einer Schleifmühle bezieht, die er früher antrieb, ist ungewiss.

Der Schwarze Kocher schließlich tritt aus dem Fuß der Borzelhalde am Albuch hervor. Ganz unspektakulär fließt er dahin. Kein Schäumen, kein Gischten, tatsächlich aber wirkt sein klares Wasser über dem dunklen Untergrund fast schwarz. Feines Gemurmel und Geräusper flüstert im Ufergesträuch.

Vielleicht steckt ja tatsächlich irgendwo die Frau des Schäfers und wartet auf Erlösung. Hatte doch der jähzornige Hirt sein Eheweib erschlagen und oberhalb des Kocherursprungs ins Wollenloch gestoßen. Die ruchlose Tat wurde offenbar, als die Pantoffeln der Schäfersfrau an der Quelle zum Vorschein kamen.

Tragisches geschah auch am Weißen Kocher. An der Pulverbuche kündet eine alte Holztafel: »Am 3. Febr. 1864 kam es in der Pulverfabrik zu einer Explosion. Dabei wurde Arbeiter Jos. Granitzer hierher geschleudert, was seinen sofortigen Tod zur Folge hatte.« Fast auf den Tag vier Jahre später ereignete sich erneut eine Explosion, die zwei weitere Arbeiter das Leben kostete. Die Fabrik wurde »amtlicherseits stillgelegt«.

Zu den Quellen führen angenehm kurze Spazierwege. Zum Schwarzen Kocher verläuft der Pfad längs des Ufers total eben. Drei Brücklein überspannen den Bach. Am zweiten erklärt eine Tafel, woher das Kocherwasser kommt und dass es »absolut sauber« sei, weil sein Einzugsgebiet auf dem Albuch bewaldet und nicht besiedelt ist.

Der Weg zum Ursprung des Weißen Kochers ist zwar auch kaum anstrengend, führt aber zwischen steilen Berghängen

Schäumendes Wasser des Weißen Kochers.

ständig leicht aufwärts, nichts für Kinderwagen und Rollstühle. Knappe tausend
Meter sind es zur Quelle. Auch dort hin
und wieder eine Brücke, ein Steg. Der Ölweiher als Quelle des Roten Kochers liegt
in einem Privatgarten und kann nicht aufgesucht werden.

Oberhalb des Weißen Kochers sind
letzte Reste der Kocherburg erhalten. Älteste Siedlungsspuren auf dem Plateau des
nach drei Seiten steil abfallenden Bergsporns reichen weit ins zweite vorchristli-
che Jahrtausend. Als Hauptsiedelzeit wird
aber das 4. Jahrhundert vor Christus vermutet. Zwei Sicherungswälle aus jener fernen Zeit sind gut erhalten, der größere weit
über 400 Meter lang und immer noch zwei
bis drei Meter hoch.

Erste Nachrichten von einer Kocherburg als »Castrum Kocherburch« stammen
vom Jahr 1300. Besitzer war das Kloster Ell-
wangen. Als die Anlage baufällig geworden
war, ließ sie der Abt 1627 abtragen und in

fünfjähriger Bauzeit durch ein Schloss ersetzen. Der Neubau hatte nur 13 Jahre Bestand. Im Dreißigjährigen Krieg zerstörten
schwedische Truppen das fast neuwertige
Bauwerk. Es wurde nicht wieder aufgebaut.
Die Leute im Tal nutzten es als Steinbruch
für ihre Häuser. Nur wenig Mauerwerk
blieb übrig.

Der Weg zur Kocherburgruine führt an
der Quelle des Weißen Kochers vorüber
den Hang hinauf. Streckenweise nutzt er
die Trasse der 1961 stillgelegten Härtsfeld-
schmalspurbahn Aalen–Neresheim–Dillingen. Der alte Eisenbahntunnel, der die
Straße Unterkochen–Brastelburg unter-
quert, ist zugemauert, ein Rest der einstigen Bahnstation erhalten. Der Weg kreuzt
die Kreisstraße 3291 und führt zu einer
ersten Schautafel, auf der die Kocherburg
erläutert wird.

Lage: Die Quellen liegen auf der Gemarkung der Gemeinden Oberkochen

Wasserspielplatz am Weißen Kocher oberhalb Unterkochen.

GPS-Koordinaten Breite 48.814533 Länge 10.128521 und Unterkochen GPS-Koordinaten Breite 48.824667

Anfahrt: Zum Weißen Kocher: A7, AS 115 Aalen/Oberkochen, Waldhausen, Brastelburg, Unterkochen. Zum Schwarzen Kocher: A 7, AS 115 Aalen/Oberkochen, Unterkochen, B 19 Richtung Heidenheim, Ausfahrt Oberkochen-Süd.

Zur Kocherburg: Wie zum Weißen Kocher. Etwa auf halber Strecke zwischen Brastelburg und Unterkochen liegt links der Kreisstraße 3291 ein kleiner Parkplatz. Von dort führt der direkte Weg zur Kocherburg. Dort ist auch ist der Abstieg zur Kocherquelle möglich.

Parken: Weißer Kocher, Sportplatz Am Häselbach, Unterkochen GPS-Koordinaten Breite 48.814538 Länge 10.146705

Schwarzer Kocher, K3292 südlich Oberkochen, GPS-Koordinaten Breite 48.771984 Länge 10.146705

Kocherburg, An der K 3291 etwa halbwegs zwischen Brastelburg und Unterkochen.

Kinderwagen / Rollstuhl: nur Schwarzer Kocher.

Für Kinder: Füße ins kalte Quellwasser tauchen, Stöckchen schwimmen lassen, Wasserrädchen bauen, Museumsbesuche.

Besuchen: ZeissMuseum der Optik, Carl-Zeiss-Straße 22, 73447 Oberkochen, Telefon (0 73 64) 2 00, montags bis freitags 9 bis 17 Uhr, Besuch kostenlos ohne Führung, ab 12 Jahre, www.zeiss.de

Limesmuseum Aalen, St. Johann-Straße 5, 73430 Aalen, Telefon (0 73 61) 5 28 28 70, dienstags bis sonntags 10 bis 17 Uhr, www.limesmuseum.de *(siehe Tipp53)*.

Urweltmuseum Aalen, Reichsstädter Straße 1, 73430 Aalen, Telefon (0 73 61) 528287-0, montags bis samstags 10 bis 17 Uhr, sonntags 12 bis 17 Uhr *(siehe Tipp 1)*.

Hinweis: Die Quelle des Roten Kochers liegt in einem Privatgarten und kann nicht aufgesucht werden.

Einkehr: Gasthäuser in Ober- und Unterkochen.

Kontakt: Rathaus Oberkochen, Eugen-Bolz-Platz 1, 73447 Oberkochen, Telefon (0 73 64) 2 70.

Im Lonetal

Zuwanderer aus Afrika

Das Lonetal ist noch immer eine ziemlich weltabgeschiedene Gegend. Fast überall herrscht friedliche Ruhe zwischen den bewaldeten Hängen zu beiden Seiten des unauffälligen Bachlaufs. Mehr als ein Dutzend Wanderparkplätze mit einem halben Dutzend Grillstellen reihen sich längs des Flussbetts. Eiszeitliche Höhlen und Grotten stecken in den seitlichen Felswänden. Wanderwege durchziehen den Grund.

Seit dem Jahr 2006 wird das Lonetal in der Liste der bedeutendsten nationalen Geotope Deutschlands geführt. Zwischen dem Quelltopf der Lone bei Urspring und ihrer Mündung nahe Hürben in die Brenz misst das Tal rund 30 Kilometer und gilt damit als eins der längsten Trockentäler Deutschlands. Allerdings ist mit der Lone als Fluss nicht mehr viel Staat zu machen. Oft fließt überhaupt kein Wasser im langen schmalen Bett. Es

Rekonstruierte Eiszeitjurte im Archäopark Vogelherd.

Lonequelltopf in Urspring.

versinkt einfach im porösen Kalkgestein der Schwäbischen Alb. Fachleute geben dem Bach höchstens noch 100 000 Jahre. Dann wird er völlig verschwunden sein, verloren in den unterirdischen Gängen und Höhlen der Alb. Zur Erinnerung bleibt eine lang gestreckte Talaue.

Sehr viel anders lagen die Dinge vor 15 Millionen Jahren. Die Alb reichte bis vor die Tore der heutigen Landeshauptstadt Stuttgart. Die Ur-Lone war damals der Neckar. Der schürfte das heute so weite Tal ins Albgestein. Seine Quelle lag im Schwarzwald oder noch weiter westlich. Dann änderte mit der fortschreitenden Erosion des Albtraufs der Neckar seine Laufrichtung. Statt wie bis

dahin immer nur nach Südost zur Ur-Donau zu strömen, nahm er vom heutigen Plochingen her Kurs auf Nordwest zum Rhein.

Seither geht es mit der Lone, diesem kläglichen Rest des Neckar, beständig bergab. Im viel zu breiten Bett fließt kaum mehr Wasser. Das hat auch sein Gutes. Denn so kamen in den seitlichen Hängen Höhlen und Grotten zum Vorschein. Der kräftig Wasser führende Neckar hatte sie über Jahrmillionen ausgewaschen. Dorthinein zogen vor 40 000 Jahren die ersten anatomisch modernen Menschen (*Homo sapiens*) – die Eiszeit- und Steinzeitleute.

Diese frühen Zuwanderer, die aus Afrika kamen, den Vorderen Orient überwanden und schließlich die Donau aufwärts gezogen waren, brachten erste frühe Künstler hervor. Aus dem Elfenbein des Mammutstoßzahns schnitzten sie mit ihren scharfkantigen Feuersteinwerkzeugen Wildpferdchen, winzige Höhlenlöwen. Sogar ein 30 Zentimeter hohes Mischwesen, halb Löwe halb Mensch, war darunter. Vor 80 Jahren wurden solche Figürchen erstmals in den Lonetalhöhlen Vogelherd und Hohlenstein unter meterdickem Schutt aufgefunden. Sie zählen heute zu den ältesten Kunstwerken, die der Mensch je geschaffen hat. Im Ulmer Museum sind sie ausgestellt.

Das Lonetal, wie es sich zur Eiszeit vor 40 000 Jahren darstellte, bildet der Archäopark Vogelherd nahe Niederstotzingen nach. Die Anlage besteht aus dem einer geräumigen Höhle nachempfundenen Informationszentrum mit Café und einem weitläufigen Freigelände mit zahlreichen Mitmachstationen, darunter das Lager der Mammutjäger, ein Platz der Jagd mit Speerschleudern, die historische Vogelherdhöhle, ein Grabungsfeld, eine Grillstelle.

Lage: Lonequelltopf in Urspring GPS-Koordinaten Breite 48.550144 Länge 9.894569 an der B 10 zwischen Ulm und Geislingen.

Lonemündung in die Brenz bald nach dem Giengener Stadtteil Hürben, GPS-Koordinaten Breite 48.58499 Länge 10.20816

Anfahrt: Zum Quelltopf B 10, zur Mündung A 7, Abfahrt 117 (Giengen/ Herbrechtingen).

Parken: Lonequelltopf im Ortsgebiet Urspring, Lonemündung Hürben Parkplatz Charlottenhöhle *(siehe Tipp 20)*, Parkplatz Archäopark.

Geöffnet: Lonetal mit Quelle und Mündung sind ständig frei zugänglich.

Für Kinder: Wasserspiele an und in der Lone, Grillwürstchen brutzeln, Höhlen und Grotten aufsuchen, großer Spielplatz am Lonetopf.

Besuchen: Archäopark Vogelherd, Am Vogelherd 1, 89168 Niederstotzingen-Stetten, Telefon (0 73 25) 9 52 80 00, GPS-Koordinaten Breite 48.559038 Länge 10.194403, geöffnet April bis Oktober, dienstags bis sonntags 10 bis 18 Uhr, donnerstags während der Sommerferien 10 bis 22 Uhr, November bis März: nur Gruppen nach Voranmeldung, www.archaeopark-vogelherd.de

Ulmer Museum mit Löwenmensch und anderen Funden aus dem Lonetal, Marktplatz 9, 89073 Ulm, geöffnet dienstags bis sonntags 11 bis 17 Uhr, donnerstags bis 20 Uhr, Telefon (07 31) 1 61 43 30, www.museumulm.de

Hinweis: Am Hungerbrunnen in einem Seitental der Lone zwischen Altheim und Heldenfingen ist immer an Palmsonntag großer Brezgenmarkt mit Hunderten Marktständen, mit Musik und viel Spaß *(siehe Tipp 30)*.

Wandern: Tourenvorschläge unter www.lonetal.net

Einkehr: Dorfwirtshäuser in den Orten im und am Lonetal.

Kontakt: Stadt Langenau, Kulturamt, Marktplatz 1, 89129 Langenau, Telefon (0 73 45) 9 62 21 44, www.langenau.de

KATASTROPHEN
Vor 15 Millionen Jahren explodierte die Alb

Zwei Naturkatastrophen vor rund 15 Millionen Jahren haben die Landschaft der Schwäbischen Alb nachhaltig verändert. Ein Meteorit aus den Fernen des Weltraums rammte zwei riesige Löcher ins Kalkgestein. Aus ihnen entwickelten sich das Nördlinger Ries und das Steinheimer Becken. Fast zeitgleich explodierte der Schwäbische Vulkan. Er schuf gewaltige Basaltkegel, von denen einzelne nun die Zeugenberge vor der Alb bilden.

Mit einem Gewicht von ungefähr 900 000 Tonnen und einer Geschwindigkeit um 70 000 Stundenkilometer raste der Nördlinger Meteorit auf die Erde zu. Mit dem Aufprall auf die Lufthülle zerbrach er in zwei Stücke. Sekunden später nur sprengten beide riesige Löcher ins Albgestein. Der kleinere Brocken mit 80 Metern Durchmesser jagte das Steinheimer Becken in die Luft. Der andere mit 1000 Metern Durchmesser hob das Nördlinger Ries aus.

Die Weltraumgeschosse rissen die Erdkruste bis in Tiefen um 1000 Meter auf. Alles, worauf sie direkt trafen, verdampfte in der Gluthitze des Aufpralls sofort. Was seitlich der direkten Meteoritenbahn im Boden steckte, wurde zertrümmert und hinausgeschleudert. Gesteinsbrocken flogen bis in die Gegend der heutigen Städte Ulm und Augsburg. Eine Wolke verdampften Wassers und Sediments trieb bis Brünn und Budweis im heutigen Tschechien. Von den Meteoriten selbst, die mit der unbegreifbaren Geschwindigkeit von 20 Kilometern in der Sekunde zur Erde stürzten, blieb nichts. Sie wurden vernichtet.

Die Zerstörungskraft mehrerer hunderttausend Hiroshima-Atombomben hatte den Rieskrater von Nördlingen hinterlassen. Anfangs zwölf Kilometer im Durchmesser. Ausgleichsbewegungen im Untergrund ließen das 25 Kilometer weite Nördlinger Ries entstehen. Viel kleiner die Ausmaße des Steinheimer Beckens mit dreieinhalb Kilometern. Eine Bohrung entdeckte 1973 in 600 Metern Tiefe mik-

Wildpferd und Kratersee im Meteorkratermuseum Sontheim.

roskopisch feine Metallspuren des Meteoriten. Mit dem Einschlag war ein neues Gestein entstanden. Suevit, der Schwabenstein, wurde weltweit erstmals am Rand des Rieses gefunden. Er gilt nun als eine Art Leitmineral. Mit seiner Hilfe werden neu entdeckte Krater auf der Erde als Meteoriteneinschläge identifiziert.

Die nahezu kreisrunden Senken von Steinheim und Nördlingen liefen voll Wasser. Im Lauf von zwei Millionen Jahren verlandeten sie. Im Jahr 1971 schickte die amerikanische Weltraumbehörde NASA die Astronauten ihrer Apollomissionen 14 und 17 ins Nördlinger Ries. Sie sammelten in praktischen Übungen Erfahrungen, um auf dem Mond nach den richtigen Steinen zu suchen. Die Mondoberfläche ist weit stärker als die Erde von Meteoriteneinschlägen gezeichnet.

Kaum weniger spektakulär als die Meteoriteneinschläge verliefen die Explosionen des Schwäbischen Vulkans. Überbleibsel dieser Katastrophe sind viele der allein stehenden Berggipfel vor der Alb. Unter ihnen der Aichelberg, die Limburg nahe Kirchheim unter Teck, der Weinberg und der Jusi bei Metzingen, der Reutlinger Georgenberg. Auffällig ist ihre Vulkanen ähnelnde Kegelform. Aber die Schwäbische Alb kennt keine Vulkane. Die Berge vor der Alb sind nicht mit ausgeworfener Lava aufgeschüttet worden. Vielmehr hat die Erosion sie aus dem Körper der Alb herausgemeißelt.

Vulkankegel wie Vesuv oder Ätna entstehen mit der austretenden Lava. Auch Asche und Gesteinsbrocken lassen den Bergkegel nach oben und in die Breite wachsen. Tief im Untergrund der Schwäbischen Alb hat vor 15 Millionen Jahren ein Vulkanherd gewaltig rumort. Das flüssige Gestein drängte aus 15 Kilometern Tiefe zwar kräftig nach oben, gelangte aber nicht ins Freie. Im Aufstieg traf die mehr als 1000 Grad heiße Lava auf Grundwasser. In Sekundenschnelle wurden ungeheure Mengen Wasserdampf erzeugt, die sich explosionsartig Bahn brachen. Die Alb explodierte an mehreren Stellen gleichzeitig.

Aus den Explosionskratern schossen Gas und Dampf hervor. Gesteinsbrocken wurden aus der Tiefe und von den Wänden der Schlote ins Freie gerissen. Sie stürzten zum Teil auf die Kraterränder oder rutschten in die Kessel zurück und blieben dort stecken. Vermutlich sind manche Schlote mehrmals auseinandergeflogen. Die unterirdischen Eruptionen haben sich über mehrere Millionen Jahre hingezogen. Die Schlote, in denen die steckengebliebene Lava erkaltete und zu Basalttuff versteinerte, bildeten unfertige Vulkane.

Wind und Wetter arbeiten seit je an ihnen. Gestein wird zersetzt und abgetragen. Die vom Basalttuff verstopften Vulkanschlote wurden in Jahrmillionen teilweise freigestellt. Das weniger feste Juragestein der Umgebung löste sich auf. Der harte Kern widerstand der Erosion. Als Zeugenberge stehen sie heute weit vor der Alb. Mit ihrer Existenz bezeugen sie, dass der schwäbische Höhenzug einst weiter nach Westen reichte, als es heute der Fall ist.

Nicht alle Vulkanschlote sind von den Kräften der Erosion bisher freigelegt. Das zeigen die Hülen, kleine Seen und Tümpel auf der Alb. Ihr wasserundurchlässiger Untergrund besteht zumeist aus dem Basalt der Vulkanschlote. So in Zainingen und Seißen. Auch das Randecker Maar *(siehe Tipp 38)* und die Schopflocher Torfgrube *(siehe Tipp 39)* sitzen auf Basalt.

Im Nördlinger Ries

Die Suche nach dem Schwabenstein
Schwäbische und Fränkische Alb bildeten vor Zeiten einen geschlossenen Höhenzug. Vor 15 Millionen Jahren änderte die Katastrophe eines Meteoriteneinschlags alles. Der einige 100 000 Tonnen schwere Himmelskörper sprengte ein riesiges Loch in die Alb, riss den lang gestreckten Gebirgsstock auseinander. Zurück blieb das Nördlinger Ries.

Mitten drin liegt heute die alte, einst Freie Reichsstadt Nördlingen. Sie hat sich ihr im Mittelalter geprägtes Stadtbild teilweise bewahrt. Die komplett erhaltene, drei Kilometer lange, fast kreisrunde, begehbare Stadtmauer umgürtet den Stadtkern noch immer. Als Königshof wird Nördlingen in einer Urkunde von 898 genannt. Das Rathaus, seit 1382 Sitz des Bürgermeisters, ist eins der ältesten in Deutschland. Die Mitte der Stadt bildet der »Daniel«. Auf ihn, den Glockenturm der Georgskirche, laufen die Straßen von den fünf Stadttoren her zu, während andere ihn umrunden.

Über den Namen ihres Daniel rätseln die Nördlinger seit je. Sie wissen nicht den Grund für die Benennung. Auch können sie nicht sagen, wann sie in Mode gekommen ist. Manche vermuten dahinter die Bibel: »Und der König erhöhte Daniel«, heißt es beim Propheten Daniel Kapitel 4, Vers 48, »und gab ihm große und viele Geschenke und machte ihn zum Fürsten über die ganze Landschaft«. Fürstlich ist jedenfalls der Blick vom Nördlinger Kirchturm. Jemand will vom Turmumgang aus 99 Kirchtürme samt zugehörigen Dörfern gezählt haben.

»So G'sell so!« hallt's nächtens über die roten Ziegeldächer des Riesstädtchens. »So G'sell so!« ruft der Türmer auf dem 90 Meter hohen Daniel seit mehr als einem halben Jahrtausend schon und noch heute in die Nacht hinaus. Alle halbe Stunde zwischen zehn Uhr am späten Abend und Mitternacht. Die Posten auf den Tortürmen der Stadtmauer und der Türmer auf dem Daniel versicherten sich so einst gegenseitig ihrer Wachsamkeit. Am nächtlichen Ruf, nötig für die Sicherheit der Bürger in früher Zeit, wird aus Tradition festgehalten – und der Touristen wegen.

Das Rieskrater-Museum erklärt, was vor 15 Millionen Jahren geschah, als die Alb unter der Wucht eines Meteoriten explodierte und der Himmel sich verfinsterte. Im Sommer 1971 haben amerikanische Astronauten zur Vorbereitung ihrer Mondlandungen im Ries praktischen Unterricht in Gesteinskunde erhalten. Der Meteorit hat mit seinem Einschlag den Suevit – auch Schwabenstein genannt – geschaffen. Seine Zusammensetzung ähnelt dem Gestein an der Mondoberfläche.

Lage: 30 km östlich von Aalen, GPS-Koordinaten Breite 48.850816 Länge 10.489491

Auf der Suche nach dem Schwabenstein im Steinbruch Alten Bürg.

Anfahrt: A 7, Ausfahrt 114 (Aalen/Westhausen), Nördlingen.

Parken: Im Stadtgebiet, an den Museen.

Kinderwagen / Rollstuhl: Ja (Im Stadtgebiet).

Für Kinder: Steine klopfen im Steinbruch Alten Bürg, Zufahrt von der B 466 nahe Ederheim südwestlich von Nördlingen, von dort 1000 Meter zu Fuß bergan, Spielplatz mit Grillstelle am Parkplatz Alten Bürg.

Besuchen: Rieskrater-Museum, Eugene-Shoemaker-Platz 1, 86720 Nördlingen, geöffnet März bis November dienstags bis sonntags 10 bis 16.30 Uhr, November bis März dienstags bis sonntags 10 bis 12 Uhr und 13.30 bis 16.30 Uhr, Telefon (0 90 81) 8 47 10, www.rieskrater-museum.de
    Bayerisches Eisenbahnmuseum, Am Hohen Weg 6a, 86720 Nördlingen, geöffnet März bis Oktober samstags 12 bis 16 Uhr, sonn- und feiertags 10 bis 17 Uhr, Mai bis September dienstags bis samstags 12 bis 16 Uhr, sonn- und feiertags

10 bis 17 Uhr, Telefon (0 90 81) 2 43 09, www.bayerisches-eisenbahnmuseum.de
    Daniel, 01. April bis 31. Oktober 9 bis 20 Uhr, übrige Zeit täglich 10 bis 16 Uhr.

Hinweis: Meteorkratermuseum Steinheim in Sontheim berichtet über den dortigen Meteoriteneinschlag und die Folgen, geöffnet März bis Oktober freitags 13 bis 17 Uhr, samstags, sonn- und feiertags 10 bis 18 Uhr. Telefon (0 73 29) 96 06 11, *(siehe Tipp 40)*, Geopark-Infostelle, www.steinheim-am-albuch.de
    Ofnet-Höhlen beim Dorf Holheim, in denen die Schädel von 33 Steinzeitmenschen gefunden wurden.
    Römischer Gutshof mit rekonstruierten Grundmauern unterhalb der Ofnet-Höhlen aus dem 2. Jahrhundert n. Chr.

Einkehr: Gasthäuser, Restaurants in Nördlingen.

Kontakt: Tourist-Information Nördlingen, Marktplatz 2, 86720 Nördlingen, Telefon (0 90 81) 8 41 16, www.noerdlingen.de

Im Randecker Maar

Nashörner auf der Alb

Das Randecker Maar am Albtrauf unweit Weilheims an der Teck ist ein Überbleibsel der Explosion des Schwäbischen Vulkans vor 15 Millionen Jahren. Fortwährende Erosion trug den weiten Talkessel nach und nach ab. In einigen tausend Jahren wird er verschwunden sein. Zurück bleibt der harte Kern des Vulkanschlots unter dem Maar. Er steht dann als ein weiterer Zeugenberg vor der Alb.

Vom Südrand des Maars, etwa vom »Salzmannstein« her, bietet sich ein erstaunlicher Ausblick über den ehemaligen Kratersee und den Albtrauf hinweg. Weit hinaus reicht er ins Vorland der Alb rund um die Limburg und das Städtchen

Drache am Hof Ziegelhütte.

Weilheim. Fern am Horizont stehen von links nach rechts aufgereiht die drei Kaiserberge Hohenstaufen, Hohenrechberg, Stuifen.

Als der Schwäbische Vulkan explodierte, wurde auch der Talkessel des Randecker Maars ausgeworfen. Die heißglühende Lava allerdings blieb im Schlot des Vulkans zwischen all den Gesteinsschichten des Jura stecken. Dort erkaltete sie mit der Zeit und bildete harten, wasserundurchlässigen Basalttuff aus. Die kraterförmige, fast kreisrunde Senke mit einem Durchmesser von rund 1200 Metern lief mit Regenwasser voll.

Die Landschaft rundum glich einer trockenen Savanne. In dem warmen Klima lebten Nashörner und Schildkröten, Wildpferde, Hirsche, Raubtiere und – als Vorläufer der Elefanten – Mastodonten. Das Randecker Maar selbst lag als subtropischer Süßwassersee noch mitten auf der Alb, weit entfernt vom heutigen Albtrauf.

Millionen Jahre hindurch nagten Wind und Wetter am Albtrauf. Immer wieder rutschten Teile seiner Felswände in den See. Die Kante der Alb wanderte beständig rückwärts, die Hochfläche verkleinerte sich. Schließlich brachen auch Felsen vom äußeren Rand des Randecker Vulkankraters weg. Der See lief nach und nach aus. Zurück blieb eine trichterförmige Bodensenke von heute noch 60 Metern Tiefe. Ihr fehlt allerdings der von der Erosion abgetragene nordwestliche Rand. Das Maar ist seit 1982 Naturschutzgebiet.

Blick vom Randecker Maar auf die Limburg nahe Weilheim.

Lage: 10 km südöstlich von Kirchheim unter Teck, GPS-Koordinaten Breite 48.566666 Länge 9.533333

Anfahrt: A 8, Ausfahrt 57 (Kirchheim unter Teck), B 465, K 1 250, Nabern, Ochsenwang, Randeck.

Parken: Naturschutzzentrum, Hofladen.

Kinderwagen / Rollstuhl: Nein.

Geöffnet: Das Randecker Maar ist jederzeit frei zugänglich.

Für Kinder: Am Bauernhof Ziegelhütte werden Schafe, Kühe, Hunde gehalten, Naturschutzzentrum Schopfloch mit Spielplatz, Kinderspielzimmer, Wildblumengarten, Büchern, Naturrätsel.

Besuchen: Naturschutzzentrum Schopflocher Alb mit Dauerausstellung zur Schwäbischen Alb, Sonderausstellungen zu wechselnden Themen, Führungen im Marmorsteinbruch nach Voranmeldung; geöffnet Mai bis November dienstags bis samstags 10 bis 17 Uhr, sonn- und feiertags 11 bis 17 Uhr, November bis April dienstags bis freitags 13 bis 16 Uhr, sonn- und feiertags 11 bis 17 Uhr. *(siehe Tipp 39).*

Hinweis: Demeter-Landwirtschaft mit Hofladen und Maarstube am Hof Ziegelhütte im Randecker Maar, geöffnet donnerstags und freitags 15 bis 18 Uhr, samstags, sonn- und feiertags auch Gastronomie von 11 bis 18 Uhr, Spezialität: Kuhmilchkäse aus der hofeigenen Käserei, Wurstwaren von eigenen Tieren, kleine Fossilienschau mit Funden aus dem Maar, Telefon (0 70 23) 7 14 38, Achtung: kleine Gaststube, wenige Parkplätze, www.hof-ziegelhütte.de

Wandern: Wanderparkplätze Quiekereck und Mönchberg mit Wegetafeln etwas südöstlich des Maars, am Wanderparkplatz Torfgrube vorm Otto-Hoffmeister-Haus beginnt ein System von Langlaufloipen.

Einkehr: Restaurant Otto-Hoffmeister-Haus an der Schopflocher Torfgrube, benannt nach dem Vorsitzenden des Schwäbischen Turnerbunds von 1895–1913. Ruhetage Montag und Dienstag, Telefon (0 70 23) 90 01 00.

Kontakt: Naturschutzzentrum Schopfloch, Vogelloch 1, 73252 Lenningen-Schopfloch, Telefon (0 70 26) 95 01 20, www.naturschutzzentren-bw.de

Schopflocher Torfgrube

Einziges Hochmoor der Alb

Etwa zeitgleich mit dem Randecker Maar hat der Schwäbische Vulkan wenige hundert Meter weiter südlich ein zusätzliches Loch in die Alb gesprengt. In diesem etwas kleineren Becken bildete sich über wasserundurchlässigem Basalt gleichfalls ein See. Der verlandete und endete als Hochmoor – heute die Schopflocher Torfgrube.

Moore entstehen, sobald abgestorbene Pflanzen am oder im Wasser wegen Sauerstoffmangels nicht völlig abgebaut werden. Als Folge verlandet das Gewässer nach und nach. Erst bildet sich ein Flachmoor. Hochmoore mit den für sie typischen Aufwölbungen, von denen sie den Namen haben, wachsen über solchen Flachmooren heran. An ihrer Spitze sprießen Torfmoose ständig neu. Die brauchen zum Wachsen und Gedeihen Regenwasser, sterben aber unten sogleich wieder ab. Daraus entsteht im Untergrund Torf. Ständig wachsend, wölbt sich über diesem Torfuntergrund das Hochmoor auf.

Torf besteht zu 98 Prozent aus Wasser. Er hat eine gelb- bis dunkelbraune, auch wohl gänzlich schwarze Färbung. In Gruben wurde der Torf einst gestochen, also abgebaut, im Freien getrocknet, später als Brennstoff genutzt. Auch zur Verbesserung des Ackerbodens wurde Torf verwendet. Kur- und Heilbäder greifen auf ihn zurück.

Hochmoore sind grundsätzlich nährstoffarm und enthalten kaum Kalk. Deswegen hat der Landwirt eigentlich wenig Nutzen von ihnen. Die Schopflocher Bauern haben ihr Vieh im Moor weiden lassen und wohl auch Torf als Streumittel verwendet. Der Kirchheimer Kaufmann Glöckler erhielt 1784 vom württembergischen Herzog die Genehmigung, im Schopflocher Moor Torf zu stechen. Das Geschäft, das er daraus wohl hatte machen wollen, zerschlug sich. Glöckler handelte sich um 5000 Gulden Verlust ein.

In der Folge wechselten die Besitzer der Grube ständig. Otto Krösche, der viele »nachdenkliche Spaziergänge auf der Schwäbischen Alb« unternommen und beschrieben hat, ist ihnen nachgegangen. Der Herzogliche Kirchenrat übernahm die Torfgrube um 3000 Gulden von Glöckler. Mit der Säkularisation 1806 kam das Gelände ans Königreich Württemberg. Nun wurden zeitweilig Strafgefangene eingesetzt, den Torf abzubauen. Doch auch die königlichen Verwalter kamen aus den roten Zahlen nicht heraus. Letzter Besitzer war wohl ein Apotheker aus Kirchheim unter Teck.

Endlich nahm sich 1931 der Schwäbische Albverein der Torfgrube an, kurz bevor dies einzige Hochmoor der Schwäbischen Alb völlig zugrunde gerichtet war. Das außergewöhnliche Naturdenkmal wurde 1942 unter Schutz gestellt. Nun wächst das Moor wieder still vor sich hin. Wie seit Millionen Jahren schon, und ehe Menschen es sich nutzbar zu machen versuchten.

Lage: 6 km südlich von Weilheim an der Teck, GPS-Koordinaten Breite 48.550402 Länge 9.530749

Anfahrt: A 8, Ausfahrt 58 (Aichelberg), Weilheim an der Teck, L 1200, L 1212, Hepsisau, Randeck, Torfgrube.

Parken: am Wanderparkplatz vor dem Otto-Hoffmeister-Haus, am Naturschutzzentrum.

Kinderwagen /Rollstuhl: Torfgrube: Nein, Naturschutzzentrum: Ja

Geöffnet: Naturschutzzentrum: geöffnet Mai bis November dienstags bis samstags 10 bis 17 Uhr, sonn- und feiertags 11 bis 17 Uhr, November bis April dienstags bis freitags 13 bis 16 Uhr, sonn- und feiertags 11 bis 17 Uhr. Geopark-Infostelle, Info-Zentrum Biosphärengebiet Schwäbische Alb, Holzbohlenweg durch die Torfgrube sind jederzeit frei zugänglich. www.naturschutzzentren-bw.de

Für Kinder: Spaziergang durchs Moor der Torfgrube auf festem Bohlensteg, Blumen betrachten, Schmetterlinge bestimmen.

Besuchen: Naturschutzzentrum Schopflocher Alb mit Dauerausstellung zur Schwäbischen Alb, Sonderausstellungen

Nistkastenwand am Naturschutzzentrum Schopflocher Alb.

Bohlenweg durchs Moor der Schopflocher Torfgrube.

zu wechselnden Natur- und Umwelt-
themen, regelmäßige Führungen ohne
Anmeldung im wöchentlichen Wechsel
im Juramarmor-Steinbruch, im Schopflocher Moor, im Randecker Maar, in den
Gutenberger Höhlen mittwochs 14 bis
15 Uhr.

Hinweis: Demeter-Landwirtschaft mit
Hofladen und Maarstube am Hof Ziegelhütte im Randecker Maar, geöffnet
donnerstags und freitags 15 bis 18 Uhr,
samstags, sonn- und feiertags auch Gastronomie von 11 bis 18 Uhr, Spezialität:
Kuhmilchkäse aus der hofeigenen Käserei, Wurstwaren von eigenen Tieren,
kleine Fossilienschau mit Funden aus dem
Maar, Telefon (0 70 23) 7 14 38, Achtung:

kleine Gaststube, wenige Parkplätze,
www.hof-ziegelhütte.de

Wandern: Wanderparkplatz mit Wegetafel
am Waldrand oberhalb des Maars, Spaziergang auf Holzwegen durchs Naturschutzgebiet Schopflocher Torfgrube hinterm
Otto-Hoffmeister-Haus.

Einkehr: Otto-Hoffmeister-Haus an der
Schopflocher Torfgrube, Ruhetage Montag,
Dienstag, Telefon (0 70 23) 90 01 00.

Kontakt: Naturschutzzentrum Schopfloch, Vogelloch 1, 73252 Lenningen-
Schopfloch, Telefon (0 70 26) 95 01 20,
www.naturschutzzentren-bw.de

Im Meteorkratermuseum

Wandern auf dem Kraterrand

Im ehemaligen Schulhaus des Steinheimer Ortsteils Sontheim klärt ein kleines Museum über die Entstehung des Steinheimer Beckens aus der Katastrophe auf. Ein Videofilm schildert, was geschah, als der Himmel sich verfinsterte und Gesteinsbrocken bis Ulm und Augsburg flogen. Vitrinen und Schaukästen bergen Versteinerungen von Tieren und Pflanzen.

D as fast kreisrunde Steinheimer Becken war ein einst warmer Süßwassersee, entstanden aus der Katastrophe eines Meteoriteneinschlags. Nashörner, giraffenähnliche Geschöpfe, auch elefantengroße Mastodonten, Wildpferde belebten die tropische Landschaft. Einzelne versteinerte Fundstücke dieser Urweltriesen zeigt das Meteorkratermuseum. Fast possierlich wirkt neben diesen Resten einer Großtierwelt die Sammlung des Forstmeisters Franz Gottschick. Millionen Jahre alte versteinerte Schneckenhäuschen hat er aus den Steinheimer Sandgruben herausgelesen, aufgeklebt und beschriftet – das Stück zwischen einem halben und drei Millimeter klein.

Am Museum beginnt und endet der »Geologische Wanderpfad« durchs Steinheimer Becken. An 19 Stationen erklärt er, was die Katastrophe des Meteoriteneinschlags vor 15 Millionen Jahren bewirkt hat. Zunächst geht's auf den Kraterrand des Beckens, weiter zum Burgstall und auf den 579 Meter hohen Knillberg. Von dort führt der Pfad hinüber zum Galgenberg und schließlich auf den Zentralhügel mit dem Steinhirt, Rest eines urzeitlichen Algenriffs. Von allen Höhenpunkten bietet sich immer eine gute Sicht fast übers gesamte Steinheimer Becken. Am Wanderweg liegt oberhalb des Steinheimer Friedhofs als Sammleraufschluss die aufgelassene »Pharionsche Sandgrube«. An dieser Fundstelle darf jeder nach fossilen Schnecken, Fröschen, Fischen suchen. Und es ist ziemlich sicher, dass er welche findet.

Suche nach Schneckenhäuschen in der Pharionschen Sandgrube.

Ausschnitt des Steinheimer Beckens.

Lage: 7 km westlich von Heidenheim an der Brenz, GPS-Koordinaten Breite 48.691790 Länge 10.063894

Anfahrt: A 7, Ausfahrt 116 (Heidenheim an der Brenz), Heidenheim, B 466, Sontheim im Stubental oder B 10, Süßen, B 466, Böhmenkirch, Sontheim.

Parken: Am Museum, zum Sammleraufschluss am Friedhof Steinheim.

Kinderwagen / Rollstuhl: Nein.

Geöffnet: Geologischer Wanderpfad und Pharionsche Sandgrube sind jederzeit frei zugänglich.

Meteorkrater-Museum Steinheim in Sontheim, geöffnet März bis Oktober donnerstags und freitags 13 bis 17 Uhr, samstags, sonn- und feiertags 10 bis 18 Uhr, Telefon (0 73 29) 96 06 11, Geopark-Infostelle, www.steinheimer-becken.de, www.steinheim-am-albuch.de

Für Kinder: In der Pharionschen Sandgrube nach winzigen versteinerten Schnecken suchen, im Museum die Katastrophe nacherleben, auf Wandbildern Tiere der Urzeit kennenlernen, wandern.

Besuchen: Der steinerne Klotz »Steinhirt« auf dem Zentralhügel lag vor Jahrmillionen unter Wasser, als das Steinheimer Becken noch ein See war.

Hinweis: Rieskrater-Museum Nördlingen berichtet zum dortigen Meteoriteneinschlag und die Folgen, Eugene-Shoemaker-Platz 1, 86720 Nördlingen, geöffnet März bis November dienstags bis sonntags 10 bis 16.30 Uhr, November bis März dienstags bis sonntags 10 bis 12 Uhr und 13.30 bis 16.30 Uhr, Telefon (0 90 81) 8 47 10, www.rieskrater-museum.de

Wandern: Geologischer Wanderpfad im und ums Steinheimer Becken mit Erklärungen auf 19 Schautafeln.

Einkehr: Am Geologischen Wanderpfad: Berghütte Kraterblick, Auf dem Steinhirt, 89555 Steinheim, keine Parkplätze, geöffnet Februar bis Dezember mittwochs und donnerstags 15 bis 21.30 Uhr, freitags 15 bis 22.30 Uhr, samstags nach Vereinbarung, sonn- und feiertags von 11 bis 20 Uhr, Telefon (0 73 29) 9 20 16 33 oder in Gasthäusern in Sontheim und Steinheim.

Kontakt: Touristikgemeinschaft Sagenhafter Albuch, Geschäftsstelle, Schlossstraße 9, 73540 Heubach, Telefon (0 71 73) 9 13 86 24, www.albuch.de

SCHLÖSSER, BURGEN UND RUINEN

Häufig kaum romantisch

Dem gut 40 Kilometer breiten und 180 Kilometer langen Höhenzug der Schwäbischen Alb waren einst zwischen Nördlinger Ries und Oberer Donau, zwischen Neckar- und Donautal gut 300 kleinere, auch wohl größere Burgen, Schlösser, Burgstellen aufgesetzt. Viel ist nicht geblieben. Nur ein Drittel dieser einst trutzigen, wie für die Ewigkeit errichteten Bauwerke lässt sich nachweisen, oft nur vermuten.

D ass die Alb so reich mit Burgen bestückt war, hat auch mit Geologie zu tun. Die Natur hatte günstige Voraussetzungen geschaffen. Einzeln stehende Berggipfel auf und vor dem Höhenzug, steil aufragende Felstürme, schwer zugängliche Bergnasen hatte sie reichlich bereitgestellt. Der künftige Burgherr hatte häufig die Wahl zwischen mehreren solchen sicheren Bauplätzen. Denn darum war es ihm in

An der Ruine Reußenstein.

Schattenriss der Burg Hohenzollern nahe Hechingen.

erster Linie zu tun. Einen festen Wohnsitz wollte er sich schaffen. Ihn auf solch herausragende Höhe zu setzen, steigerte nicht nur die Wehrhaftigkeit.

Der Adel hatte ursprünglich inmitten seiner Bauern und Tagelöhner, Handwerker und Viehhirten in Dörfern und Kleinstädten gehaust. Im Verlauf des 10. und 11. Jahrhunderts gewann er zunehmend an Macht und Ansehen. Gegenüber König und Kaiser einerseits. Aber auch im Blick aufs gewöhnliche Volk. Da wollte der Ortsherr nicht länger Wand an Wand mit den leibeigenen Untertanen leben. Er suchte Abstand. Hoch oben auf dem Gipfel des Berges war nicht nur mehr Sicherheit vor Konkurrenz und Feind. Dort war der Adel unter sich und nun auch für alle sichtbar weit herausgehoben.

Erste Befestigungen solcher Art gehen auf den Sachsenkönig Heinrich I. zurück.

Zur Sicherung der Reichsgrenzen gegen die wiederholt hereinbrechenden ungarischen Reitervölker ließ er im 10. Jahrhundert feste Plätze einrichten. Mancher große und kleine Herrscher übernahm die Idee. Mal aus freien Stücken, mal gezwungenermaßen. Auf steile Bergspitzen, an schwer zugängliche Felsnasen, auf See- und Flussinseln wurden die befestigten Wohnsitze des Adels nun verlegt.

Doch ganz so toll, wie oft besungen, war das Leben in solch einem mittelalterlichen Gemäuer meist wohl nicht. Der verfügbare und bebaubare Raum auf einem Berggipfel, auf einer Insel im See auch, war meist sehr begrenzt. So ging es denn in der Regel recht eng her in der oft nur mit ziemlicher Mühe erreichbaren Festung. Natürlich wohnte der Burgherr dort nicht allein mit seiner Familie. Kind und Kegel waren immer dabei. Das ganze Gesinde und die Dienerschaft wurden auf der Burg untergebracht, dazu die Wachmannschaft. Vieh wurde gehalten, Geflügel auch und Schweine. Ein paar Bienenvölker mussten sein, des Honigs wegen. Denn Zucker gab's noch nicht. Ein Reitstall gehörte dazu.

Und zugig war's im alten Gemäuer. Kalt sowieso. Heizen ließ sich nur ein kleiner Teil der Räume, meist die Frauengemächer. Fensterglas war noch im 13. Jahrhundert reiner Luxus. Maueröffnungen wurden nachts verhängt oder zugestopft. Tagsüber dienten sie als Lichtquelle, mussten notgedrungen offen bleiben. Die Wasserversorgung war ein ständiges Problem auf der Burg. Wasserspülung mit zugehöriger Kanalisation unbekannt.

Häufig teilten sich mehrere Erben eine einzige Anlage. Familienstreit um manche Kleinigkeit war die Regel. An ihm gingen schließlich sogar die Nibelungen zugrunde. Das Dorfkirchlein von Thiergarten im Oberen Donautal hatte sieben Eingänge. Nur so wohl ließ sich unter den eng benachbarten Adelsgeschlechtern Streit um den Vortritt ins Gotteshaus vermeiden. Kamen Gäste auf die Burg, vielleicht mal ein fahrender Sänger samt Anhang, wurde es richtig eng. Kaum eine Spur also wohl von Burgenromantik in solch mittelalterlichem Gehäuse.

Ein Schweizer Burgenforscher hat dies ermittelt: »Der Boden starrte vor Schmutz und Unrat. In den Wänden und Böden tummelten sich Ratten und Mäuse, Wanzen und anderes Ungeziefer. Durch die schmalen Fensterscharten pfiff der Wind. Deshalb holte man bei strenger Kälte Schweine, Ziegen und Hunde in die Wohnräume, um durch die Wärme der Tiere die ungenügende Leistung des Feuers zu verstärken.«

Der Blick auf die Burg Hohenzollern täuscht. Das vieltürmige Burgschloss auf dem Gipfel strotzt zwar vor Romantik. Aber der Hohenzollern repräsentiert eben nicht den mittelalterlichen Ritterwohnsitz. Auf den Grundmauern einer ersten frühen Burg aus dem 11. Jahrhundert ist der heutige Bau erst im 19. Jahrhundert errichtet worden. Romantisch verklärend. Finanziert vom deutschen Kaiser als spätem Nachkommen der Hohenzollernherzöge. Das sehenswerte Schloss zieht Jahr für Jahr 300 000 Besucher auf den Berg. Mit einer mittelalterlichen Burg aber hat das türmereiche Haus wenig gemein. Nicht anders die Schlösser von Baldern, Lichtenstein und Sigmaringen.

Dann schon eher die anderen alten Gemäuer auf der Alb. Die echten sozusagen. Der Hohenneuffen darunter, mächtigste Ruine im Schwäbischen überhaupt mit Türmen und Bastionen, Schutzwällen, Kasematten, Patrouillengängen von immer noch eindrucksvoller Stärke. Oder der Hohenstaufen, an dem das Herz der Schwaben hängt wie an keinem Berg sonst. Die geringen Reste der einst gewaltigen Grundmauern lassen etwas ahnen von der Stammburg der Staufer. Durch zwei Jahrhunderte Herzöge in Schwaben, Kaiser im Heiligen Römischen Reich Deutscher Nation.

Reich mit historischem Bauwerk ausgestattet ist das Große Lautertal. Gegenüber Obermarchtal läuft es ins Donautal aus. Auf einer Strecke von nur 20 Kilometern sind nicht weniger als 14 Burgen, Burgstellen, Ruinen versammelt. In dieser stillen Landschaft haben nicht die großen Geschlechter der deutschen Geschichte gebaut. Nicht die Hohenzollern, die Staufer, die Zähringer. Gute Einblicke in die deutsche und schwäbische Burgengeschichte gewinnt der Besucher im Lautertal aber allemal.

Ruine Hohenurach

Nikodemus Frischlin fiel vom Turm

Burg Hohenurach, seit Jahrhunderten nicht genutzt, über lange Zeit ein Steinbruch, ist noch heute von ansehnlicher Größe – als Ruine. Wie manch andere Festung war auch sie zeitweilig Staatsgefängnis der Württemberger Herzöge. Nikodemus Frischlin, bedeutender Denker und Dichter seiner Zeit, stürzte dort am 30. November 1590 in den Tod.

Auf dem Weg zur Ruine Hohenurach.

Mitte des 11. Jahrhunderts hatte Graf Egino von Urach den Bau der ersten Burg auf der Höhe über dem linken Ufer der Erms in Gang gesetzt. Sein Vater war jener Graf Egino von Reutlingen, der gemeinsam mit seinem Bruder Rudolf die Burg auf der Achalm baute. Ehe er dort aber fertig war, wurde Egino erstochen.

Im 13. Jahrhundert übernahmen die Grafen von Württemberg Hohenurach. Anlass war der Streit Kaiser Friedrichs II. mit seinem Sohn Heinrich. Der Kaiser behielt die Oberhand. Weil aber der Graf von Urach aufs falsche Pferd gesetzt und zum Sohn gehalten hatte, verlor er seinen gesamt Besitz, musste Hohenurach räumen.

Herzog Ulrich von Württemberg ließ später die Uracher Burg zugleich mit den Anlagen Hohenasperg, Hohenneuffen, Hohentübingen und Hohentwiel zur Festung ausbauen. Sie sollten den Kern seines Landes rund um Stuttgart schützen. Ulrich zog damit die Konsequenz aus seinen Auseinandersetzungen mit dem Schwäbischen Bund. Der hatte ein gutes Dutzend Jahre zuvor die nur schwach gesicherten Burgen eingenommen und den Herzog aus dem Land gejagt.

Im Dreißigjährigen Krieg wurde Hohenurach fast ein Jahr lang belagert. Wegen fehlender Nahrungsmittel brach der Widerstand zusammen. Im Sommer 1694 vernichtete ein Blitzschlag große Teile der Festung. Herzog Karl Eugen ließ 1765 die

Burg teilweise abreißen. Die Bürger des Residenzstädtchens Urach holten dort praktischerweise auch ihre Steine, um neue Häuser zu bauen.

Im 16. und im 17. Jahrhundert war die Burg zeitweilig Staatsgefängnis. Matthäus Enzlin, Kanzler unter Herzog Friedrich, saß hier gefangen, ehe er auf dem Uracher Marktplatz öffentlich hingerichtet wurde. Nikodemus Frischlin, als lutherischer Pfarrerssohn 1547 in Balingen geboren, brach sich 1590 beim Fluchtversuch auf Hohenurach das Genick. Frischlin hatte immer wieder gegen den württembergischen Adel gewettert. Als er dann auch gegen den Herzog selbst Schmähschriften in Umlauf setzte, war das Fass wohl voll. Herzog Ludwig ließ ihn auf Hohenurach festsetzen. Vermutlich ist Frischlin vom Dettinger Turm gestürzt, der wie der Upfinger Turm die Gefängniszellen enthielt.

Lage: Auf der Höhe westlich des Bad Uracher Ortskerns, GPS-Koordinaten Breite 48.493760 Länge 9.378412

Zugang: Vom Wanderparkplatz P 23 im Maisental zwischen Rundem Berg und Schlossberg.

Parken: Wanderparkplatz P 23.

Kinderwagen / Rollstuhl: Nein.

Geöffnet: Die Ruine ist jederzeit frei zugänglich.

Für Kinder: Burgruinen sind immer ein besonderer Spaß: Hier ein dunkler Keller, dort eine Treppe, von der niemand genau weiß, wohin sie führt, ein Burgverlies, ein tiefer Brunnen im Felsgestein, und dann

Ruinenwand auf Hohenurach.

erst der Ausblick von den Türmen – oder ihren Resten.

Besuchen: Stadtbummel in Bad Urach, Fachwerkhäuser, schöne Wirtsschilde, spätgotischer Stadtbrunnen, Amanduskirche, in Jahren mit ungerader Endzahl Uracher Schäferlauf.

Hinweis: Vom Wanderparkplatz im Maisental führt ein Fußweg in knapp 25 Minuten zum Uracher Wasserfall.

Wandern: Rund 150 Kilometer Rundwege in und um Bad Urach, darunter die vom Deutschen Wanderinstitut als Premiumwanderwege zertifizierten fünf »Grafensteige«. Der zehn Kilometer lange »Wasserfallsteig« wurde 2016 als Deutschlands schönster Wanderweg gewählt.

Einkehr: Gasthäuser, Restaurants, Cafés in Bad Urach.

Kontakt: TouristInfo, Bei den Thermen 4 (Haus des Gastes), 72574 Bad Urach, Telefon (0 71 25) 9 43 20, www.badurach-tourismus.de

Schloss Baldern

Vom Fürsten und der Gärtnerstochter
Schloss Baldern steht auf einem Bergkegel am östlichen Rand der Schwäbischen Alb. Den auffälligen Felsen hat vor 15 Millionen Jahren die Wucht des Meteoriteneinschlags im Nördlinger Ries regelrecht auf den Kopf gestellt. Schon im 11. Jahrhundert stand eine Burg auf dem Fels. Den Namen hat das Schloss vom germanischen Frühlingsgott Baldur, dem auf dem Gipfel eine Opferstätte geweiht war.

D as Bergschloss, das zu den weitläufigen Besitzungen der fürstlichen Familie von Oettingen-Wallerstein gehört, ist heute unbewohnt. Besuchern steht es im Rahmen von Führungen oder auch zu besonderen Veranstaltungen offen. In den prunkvollen Gemächern, Salons und dem Festsaal ist das Originalinventar aus fürstlicher Vergangenheit erhalten. Auch eine der umfangreichsten Waffensammlungen in Deutschland mit rund 800 europäischen und orientalischen Gewehren, Armbrüsten, Schwertern, Degen, Bogen – darunter ein 350 Jahre altes Richtschwert – wird bei der Führung gezeigt.

Ein weiterer Rundgang wirft als Küchenführung Blicke hinter die Kulissen des Lebens auf dem Schloss. Sie zeigt, wo das Personal sich aufhalten durfte – oder besser, sich verborgen halten musste. Diener und Lakaien, Amme, Koch und Stiefelknecht wurden zwar gebraucht und mussten immer bereit sein. Den Fürstinnen und Grafen im Schloss, den Edlen und Gekrönten aber durften sie nicht im Weg sein. Sie mussten im Schloss verborgene, verschwiegene, geheime Wege benutzen. Diesen folgt die Führung. Sie steigt dem Personal nach über Stiegen und Treppen, hinauf und hinab, in Kammern und Küche, zum Brunnen und in den Festsaal.

Und der Schlossführer lässt sich meist nicht lang bitten. Schon erzählt er die schöne Geschichte von der Tochter des Schlossgärtners. Fürst Ludwig Ernst Karl von Oettingen-Wallerstein hatte sich unrettbar in die schöne junge Frau verliebt. Gegen den vereinigten Widerstand des heimischen Adels und der eigenen Familie heiratete er die Gärtnerin am 7. Juli 1823.

Einlass zum Schloss Baldern.

Schloss Baldern.

Beide wurden auch ohne den familiären Segen sehr glücklich. Unter König Ludwig I. von Bayern war der Fürst schwäbischer Regierungspräsident und bayerischer Innen- und Kultusminister – mit der Gärtnerin an seiner Seite.

Rund ums Schloss breitet sich außerhalb des Mauerrings ein kleiner Park am Hang aus. Er ist jederzeit frei zugänglich. Auch die untere Burg kann bis zum Schlosscafé frei betreten werden.

Lage: 15 Kilometer nordwestlich von Nördlingen, GPS-Koordinaten Breite 48.90265 Länge 10.316656

Anfahrt: A7, Ausfahrt 114 (Aalen / Westhausen), Richtung Nördlingen, Wegweiser »Schloss Baldern«.

Parken: Parkplatz an der Auffahrt zum Schloss.

Kinderwagen / Rollstuhl: Nein.

Geöffnet: 25. März 4. November dienstags und mittwochs nur nach vorheriger An-

meldung, donnerstags und freitags 13 bis 17 Uhr, Wochenenden, Feiertage, Schulferien 10 bis 18 Uhr, Besichtigung nur mit Führung, Küchenführung jeden Samstag 14 Uhr.

Für Kinder: Auf geheimen Treppen und Stiegen dem Personal nachsteigen, Küche und Brunnen aufsuchen, vom Schlossführer die Geschichte vom Fürsten und der Gärtnerin erzählen lassen.

Besuchen: 8 km südwestlich des Schlosses Baldern liegt die Staufergründung Kapfenburg, Führungen April bis September sonntags 14.30 Uhr.

Einkehren: Gastronomie Schlosscafé auf Schloss Baldern mit Innenhof, dienstags bis sonntags 11 bis 18 Uhr, frei zugänglich als öffentliche Gaststätte.

Kontakt: Schloss Baldern, Schlossparkstraße 12, 73441 Bopfingen-Baldern, Telefon (0 73 62) 9 68 80, www.fuerst-wallerstein.de

Burg Hornstein

Rast im Innenhof der Ruine Hornstein über Bingen.

Vom Schloss übers Gefängnis zur Ruine
»Es steht ein Schloß im Laucherttal / da raucht kein Schlot, kein Schornstein / Zerborst'ne Mauern ragen kahl / empor – Ruine Hornstein.« Elf Verse zählt das Gedicht. Es besingt die einstige Burg über dem Bittelschießer Täle. Ansehnliches mittelalterliches Mauerwerk wurde in jahrelanger Wiederaufbauarbeit gesichert und steht nun Besuchern offen.

Ein in weiten Teilen traumhaft schönes Stück Landschaft hat die Lauchert zwischen Reutlinger Alb und der Donau nahe Sigmaringen in die westliche Schwäbische Alb geschnitten. Am friedlichsten vielleicht wirkt es an seinem unteren Ende zwischen Jungnau und Bingen. Am Hertenstein tritt der Fluss ins enge Tal. Bis zum Rappen- und zum Nägelesfelsen ist die Hohenzollerische Landesbahn noch dabei. Dann schlängelt sich der Fluss ganz allein dahin. Unterhalb der Ruine Hornstein weitet sich sein Tal erneut – zum Bittelschießer Täle. Der Hornstein schaut weit drüber hinaus.

Seit 1987 verhindert ein Förderverein den weiteren Verfall des historischen Mauerwerks. Er füllt die Burg mit neuem Leben. Sie ist Ort der Begegnung, auch kultureller Veranstaltungen. Ein großer Spielplatz für Kinder, ein Hort für Vereine, für private Feste. In vorzüglichem Zustand ist eine zierliche Kapelle im Burgturm.

Eine reiche Wessobrunner Stuckdecke von 1696 ziert sie.

Wohl in der ersten Hälfte des 13. Jahrhunderts hat der Ritter Heinrich von Hornstein am Rand des Laucherttals eine erste eher kleine Burg auf den kühn vorkragenden Felsen gesetzt. Typische Buckelquader der Stauferzeit in der immer noch starken Schildmauer reichen in diese Anfänge zurück. Über Jahrhunderte ist an der Burg gebaut worden.

Ein Barockschloss wurde daraus und eine Strafanstalt. Als Steinbruch diente sie und als Freilichtbühne. Als die letzten Reste zur Gefahr wurden für Besucher, griff der Förderverein zu. Er hat die Ruine gerettet und hergerichtet.

Lage: 4 km nordöstlich von Sigmaringen, GPS-Koordinaten Breite 48.111433 Länge 9.260142

Anfahrt: B 32, Sigmaringen, L 2777, Bingen, K 8200, Burg Hornstein, oder B 32, Veringendorf, K 8202, Hochberg, K 8201, Bingen, K 8200, Burg Hornstein.

Parken: Am Ende der Hornsteiner Straße, von dort rund 200 Meter zu Fuß bergan zum Nebeneingang, am Haupteingang nur wenige Stellplätze.

Kinderwagen / Rollstuhl: Im Burggelände möglich.

Geöffnet: Die Ruine ist jederzeit frei zugänglich.

Für Kinder: Jeder Besucher kann die Burgruine allein besichtigen. Besuchergruppen sollen sich zu Kinderfesten anmelden. Sieben Hinweistafeln am Fußweg zur

Ruine Hornstein aus dem Laucherttal gesehen.

Ruine führen in die Geschichte der Burg Hornstein ein.

Besuchen: Bittelschießer Höhle am gegenüberliegenden Hang, Museumsbahn, Schloss Sigmaringen, Wasserlehrpfad in Veringenstadt.

Hinweis: Der Förderverein gibt ein Jahresprogramm zu seinen Veranstaltungen auf Burg Hornstein heraus. So herrscht den Sommer über vielfältiges Leben im alten Gemäuer mit Ritterspielen, Freilichttheater, Musik, Tanz. Mit der Rübengeisternachtwanderung im Oktober geht das Burgjahr regelmäßig zu Ende.

Einkehr: Gasthäuser in Bingen, Restaurants, Cafés in Sigmaringen.

Kontakt: Förderverein Ruine Hornstein, Keltenstraße 14, 72488 Sigmaringen-Laiz, Telefon (0 75 71) 5 20 50, www.ruine-hornstein.de

Burg Hohenstaufen

Die Stammburg der Staufer

»Aller schwäb'schen Berge schönster« rühmte Ludwig Uhland den Hohenstaufen. Ein Zeugenberg wie die Nachbarn Hohenrechberg und Stuifen. Vor Jahrmillionen reichte die Alb hierher und drüber hinaus. Der 684 Meter hohe Bergkegel zwischen Fils- und Remstal trug die Stammburg der Stauferkaiser. Die verbliebenen Mauerreste rufen bei wahren Schwaben Wehmut hervor.

Mitte des 11. Jahrhunderts saß Friedrich von Büren etwas abseits vom Staufen auf seinem Wäscherschloss. Immerfort den imposanten Bergkegel vor Augen. Seit dem hohen Mittelalter Stauf genannt, nach einem umgekehrt aufgesetzten Becher in Glockenform. Dann entschloss sich Friedrich, eine feste Burg auf den Gipfel zu stellen. Mit seinem Einzug nahm er den Namen des Berges an, nannte sich fortan von Staufen. Friedrich war treuer Gefolgsmann des Kaisers. Er begleitete ihn 1077 auf dem Bußgang ins italienische Canossa. Der dankbare Heinrich IV. gab ihm seine Tochter Agnes zur Frau. Zugleich verlieh er dem Staufer das Herzogtum Schwaben. Des neuen Herzogs Enkel Friedrich wurde 1155 deutscher Kaiser: Friedrich I. Barbarossa, Kaiser Rotbart.

Der Stern der Staufer leuchtete nur kurze Zeit. Mit dem Tod des erst sechzehn Jahre alten Konradin auf dem Schafott in Neapel erlosch das Geschlecht schon 1268. Die Burg auf dem Hohenstaufen war nicht einmal 200 Jahre nach ihrer Gründung herrenlos geworden. Die regierenden Stauferkönige und -kaiser hatten ohnehin kaum Interesse an ihr gezeigt. Nicht Konrad, nicht Heinrich, erst recht nicht Friedrich II. haben ihren Hausberg je gesehen. Einzig Barbarossa war besuchsweise dort. Im Bauernkrieg 1525 kam das Ende. Die Burg wurde von Aufständischen gestürmt, geplündert, angezündet.

Die Württemberger Herzöge übernahmen, was geblieben war. Mitte des 16. Jahrhunderts wurde die Ruine zum Steinbruch. Die mächtigen Quaderblöcke aus Stauferzeiten dienten dem Bau des Stadtschlosses in Göppingen. Herzog Karl Alexander ließ im 18. Jahrhundert letzte Mauerreste abräumen. Der Gipfel wurde eingeebnet. Eine neue Festung sollte entstehen. Doch daraus wurde nichts.

Heute ist auf dem Gipfel wieder einiges Mauerwerk zu sehen, freigelegt und gesichert. Im 19. Jahrhundert sollte ein Nationaldenkmal für die Staufer auf dem Berg errichtet werden. Geld wurde fleißig gesammelt. Es reichte nicht. Eine schlichte weiße achteckige Stele hält das Gedächtnis wach an das vor siebeneinhalb Jahrhunderten untergegangene Kaisergeschlecht. Doch die Erinnerung an die Staufer ist in Schwaben allgegenwärtig.

Lage: 6 km nordöstlich von Göppingen, GPS-Koordinaten Breite 48.742973 Länge 9.716366

Anfahrt: B 10, Göppingen, Hohenstaufen, oder B 29, Lorch, Wäschenbeuren, Hohenstaufen.

Parken: Im Ort Hohenstaufen, Jebenhausen.

Kinderwagen / Rollstuhl: Nein.

Geöffnet: Der Gipfel des Hohenstaufen ist jederzeit frei zugänglich, der Fußweg bergauf in einer Viertelstunde leicht zurückzulegen.

Für Kinder: Auf dem Gipfel ausruhen, die Sicht genießen, Reste der Burgmauern betrachten, an der Gedenkstele Namen und Titel der Mitglieder des Stauferhauses nachlesen. Nicht vergessen: Auf diesem Berg hat vor mehr als 800 Jahren schon Kaiser Barbarossa gestanden und Aus-

schau gehalten! Kindergeburtstag und Kinderführungen im Wäscherschloss.

Besuchen: Staufer-Ausstellung am Hohenstaufen, geöffnet 15. März bis 15. November täglich 10 bis 12 Uhr und 13 bis 17 Uhr bei freiem Eintritt.

Burg Wäscherschloss in Sichtweite des Hohenstaufen, 73116 Wäschenbeuren, geöffnet 9. April bis 15. Oktober freitags bis sonntags 13 bis 17 Uhr, Gruppenführungen nach Vereinbarung, Familienführungen 9. April bis 15. Oktober sonntags 14.30 Uhr, Telefon (0 71 72) 9 15 21 11, www.burgwaescherschloss.de

Naturkundliches Museum, Boller Straße 102, Göppingen-Jebenhausen, mit der Fossiliensammlung Dr. Engel, einer Vogel- und Schmetterlingssammlung und einer Darstellung von Flora und Fauna des Filstals. Geopark-Infostelle.

Hinweis: Die Barbarossakirche oberhalb der Staufer-Ausstellung ist die gotische Pfarrkirche St. Jakob aus dem 15. Jahrhun-

Modell der Burg Hohenstaufen in der Stauferausstellung.

Als Barbarossakirche bezeichneter Bau am Fuß des Hohenstaufen.

dert. Barbarossa hat sie also nie betreten, vielleicht einen Vorgängerbau. Der Satz über der kleinen Tür in der Nordwand der Kirche »Hic transibat Caesar« (Hier ging der Kaiser hindurch) ist fromme Zutat aus dem Jahr 1723, angeregt vom Pfarrer Walz. Der heraldische Schmuck an der Außenfassade der Kirche ist im 19. Jahrhundert hinzugekommen. Angeregt und finanziert von jenem Verein, der auf dem Gipfel das Stauferdenkmal errichten wollte.

Einkehr: »Berggaststätte himmel & erde« mit Außenterrasse auf dem Hohenstaufen, donnerstags bis samstags 12 bis 22 Uhr, sonn- und feiertags 10 bis 20 Uhr, in den Pfingst- und Sommerferien auch dienstags und mittwochs 12 bis 22 Uhr, Telefon (0 71 65) 9 29 00 34.

Kontakt: ipunkt im Rathaus, Hauptstraße 1, 73033 Göppingen, Telefon (0 71 61) 65 02 92, www.goeppingen.de

SCHLÖSSER, BURGEN UND RUINEN

Burg Hohenzollern

Die geheimnisvolle »Weiße Frau«

Vielleicht gibt es ihn doch. Immer wieder ist auf Burg Hohenzollern vom Geheimgang gemunkelt worden. Der soll hinunter ins Tal führen. Tatsächlich ist die Burgverwaltung vor Jahren auf Kasematten der Vorgängerburg gestoßen. Auch hat sie Fundamente der ersten Anlage aus dem 11. Jahrhundert entdeckt. Ob tatsächlich weitere unterirdische Gänge vorhanden sind, bleibt vorerst wortwörtlich im Dunkeln.

Wechselhaft war das Schicksal des Hohenzollern – wie so manch anderer Burg auf der Schwäbischen Alb auch. Ein erstes festes Bauwerk war schon im 11. Jahrhundert auf dem auffälligen Bergkegel errichtet worden. Wiederholt wurde die Burg belagert. Im frühen 15. Jahrhundert von einem Bündnis 18 württembergischer Reichsstädte. Dieses Ereignisses nimmt sich die Sage an und lässt eine geheimnisvolle Gestalt auftreten. Regelmäßig, so wird erzählt, sei »die treue Maid aus dem Steinlach« durch einen geheimen Gang auf die Burg gekommen. Als »Weiße Frau« versorgte sie die Besatzung mit Verpflegung. Die stand die Belagerung fast ein Jahr lang durch. Schließlich gab sie dennoch auf. Die Burg wurde 1423 vollständig zerstört.

Schon eine Generation später war sie wieder aufgebaut. Sie wurde in den Drei-ßigjährigen Krieg verwickelt, vom späten 18. Jahrhundert an schließlich nicht mehr gebraucht. Einen Zweig des Hohenzollerngeschlechts hatte das Schicksal über das fränkische Nürnberg nach Preußen und Berlin geführt. Ein anderer saß in Sigmaringen an der Donau in den Hohenzollerischen Landen. Die Stammburg selbst verfiel.

Dann kam 1819 Preußens Kronprinz, der Hohenzoller Friedrich Wilhelm, besuchsweise auf den Berg und war erschüttert. Der Stammsitz der Ahnen war eine Ruinenlandschaft. Friedrich Wilhelm beschloss den Wiederaufbau. Entstanden ist eine Burg im Stil eines neugotischen Hochschlosses, wie es sich romantischer kaum denken lässt. Mitte des 19. Jahrhunderts begonnen, wurde sie am 3. Oktober 1867 festlich eröffnet. Mit dabei war Preußens König Wilhelm I., dessen Bruder Friedrich Wilhelm den Wiederaufbau angeregt hatte.

Modell der Villa rustica in Hechingen-Stein.

Burg Hohenzollern – erst 150 Jahre alt.

Heute strömen Jahr für Jahr hunderttausende Besucher durch Hallen und Gänge, durch festliche Säle und königliche Salons, in die beiden Burgkapellen, auf die Bastionen. Die Stammbaumtafel macht nachdenklich. Der erste Hohenzoller wird im Jahr 1061 genannt.

Lage: 3,5 km südlich von Hechingen, GPS-Koordinaten Breite 48.32570 Länge 8.96390

Anfahrt: A 81, Ausfahrt 81 (Empfingen), oder B 27, Ausfahrt Burg Hohenzollern.

Parken: Parkplatz an der Auffahrt zur Burg.

Kinderwagen / Rollstuhl: Nein.

Geöffnet: 1. November bis 15. März täglich 10 bis 16.30 Uhr, 16. März bis 31. Oktober täglich 10 bis 17.30 Uhr, einziger Ruhetag 24. Dezember, Zutritt nur mit Führung, 45 Minuten, jeweils bis zu 50 Personen.

Für Kinder: Sonderführungen für Kindergarten- und Geburtstagsgruppen nach Voranmeldung; Kinderferienprogramme, alle anderen Kinder lernen auf Erwachsenenführungen, die leicht verstanden werden.

Besuchen: Die im Jahr 2002 entdeckten unterirdischen Gewölbe können ohne Führung aufgesucht werden. Sie geben eine gute Vorstellung davon, wie schlicht es einst auf einer Ritterburg zugegangen ist.

8 km nördlich der Burg Hohenzollern liegt das Römische Freilichtmuseum Hechingen-Stein mit einer teilweise rekonstruierten *Villa rustica*, weiteren Gebäudeteilen und steinernen Skulpturen.

Hinweis: Die Auffahrt zur Burg Hohenzollern endet auf halber Höhe am Parkplatz. Von dort verkehrt ein Pendelbus, der Besucher ans Ziel bringt, oder sie gehen in etwa 20 Minuten das letzte Stück zu Fuß bergan.

Einkehr: Restaurant Burg Hohenzollern, frisch zubereitete regionale Küche, geöffnet wie die Burg, Telefon (0 74 71) 23 45.

Auskunft: Burg Hohenzollern, Information, 72379 Burg Hohenzollern, Telefon (0 74 71) 24 28, www.burg-hohenzollern.com

Schloss Lichtenstein

Wilhelm Hauffs Märchenschloss

Kaum zu entscheiden, was stärker anrührt – der Blick zum Lichtenstein hinauf oder vom Lichtenstein hinab. Von unten zeigt sich auf hohem spitzen Fels fast wie im Traum ein Märchenschloss. Von oben breitet sich eine weite Alblandschaft mit Bergen, Tälern, Wäldern aus. Und dann erst das Innere des Schlosses mit Rittersaal, Trinkstube und dem längsten Champagnerglas der Welt.

» **D**er Lichtenstein liegt den Wolken so nahe, dass er Württemberg überragt«, schwärmt der Märchendichter Wilhelm Hauff vom Schloss hoch über dem Echaztal. Die Burg der Ritter von Lichtenstein, die Hauff beschreibt, stand zu seiner Zeit schon lang nicht mehr. Im 12. Jahrhundert war sie 250 Meter überm Tal auf steilem Fels errichtet worden. Schon 1313 wurde sie zerstört, aber bald wieder aufgebaut. Niedergebrannt wurde sie 1377, doch erneut auf den Fels gestellt. Das Geschlecht der Lichtensteiner erlosch 1687. Als letzter Spross fiel der Fähnrich Anton von Lichtenstein bei Budapest im Kampf gegen die Türken. Im 18. Jahrhundert wurde die Burg nach einem weiteren Brand unbewohnbar. Später wurde sie zum Forsthaus umgebaut.

Hauffs romantische Sage »Lichtenstein« regte Graf Wilhelm von Württemberg an, die Burg völlig neu zu errichten. Sein Architekt Carl Alexander Heideloff stellte ihm »eine deutsche Ritterburg in der edlen Schönheit des Mittelalters« auf den Felsvorsprung. Sie wurde im Mai 1842 eingeweiht, knapp 15 Jahre nach Wilhelm Hauffs frühem Tod. Der neue Lichtenstein gleicht dem Vorgänger in keiner Weise. Kaum ein mit-

Blick von Schloss Lichtenstein übers Echaztal zur Achalm.

Schloss Lichtenstein – erst 175 Jahre alt.

telalterlicher Ritter hätte sich sich eine solch luxuriöse Wohnung leisten können.

»Unter dem Felsen von Lichtenstein«, fährt Hauff in seiner Erzählung fort, »breitet sich ein liebliches Tal aus, begrenzt von waldigen Höhen, durchschnitten von einem eilenden Waldbach, drei Dörfer liegen freundlich in der Tiefe«. Am Ausblick, den der Dichter ins Jahr 1519 legt, hat sich bis heute wenig geändert. Dem Helden der Geschichte, Georg von Sturmfeder, ist zuzustimmen, der sich da begeistert: »Ich habe noch keinen Fürsten beneidet, aber hier stehen zu können, hinauszublicken von dieser Höhe und sagen zu können, dies ist mein!«

Lichtenstein ist heute Privatbesitz der Herzöge von Urach, aber schon seit 1904 öffentlich zugänglich – damals wie heute nur mit Führung. Gezeigt werden der

Burghof, die Waffenhalle, die Trinkstube, Königs-, Wappen-, Erkerzimmer – und eben das längste Champagnerglas der Welt.

Lage: 8 km südlich von Reutlingen, GPS-Koordinaten Breite 48.406242 Länge 9.258328

Anfahrt: Reutlingen, B 312, Wegweiser zwischen Honau und Engstingen.

Parken: Vor dem Schlossgelände.

Kinderwagen / Rollstuhl: Nein.

Geöffnet: November, Februar und März samstags, sonn- und feiertags 10 bis 16 Uhr, April bis Oktober täglich 9 bis 17.30 Uhr, Dezember und Januar geschlossen, Zutritt nur mit Führung, 30 Minuten.

Für Kinder: Spielplatz, Grillstelle, Schlossbesuch, auf Voranmeldung Schlossführungen für Kinder.

Besuchen: Nebelhöhle, zu Fuß 4 km auf dem Waldwanderweg, per Auto auf der Straße doppelt so weit.

Hinweis: 5 km südlich der Nebelhöhle liegt die Bärenhöhle.

Einkehr: Gasthaus Forsthaus, Geöffnet: 1. April bis 1. November mittwochs bis sonn- und feiertags 11 bis 18 Uhr, 2. November bis 31. März samstags, sonn- und feiertags 11 bis 18 Uhr Telefon (0 71 29) 24 40.

Kontakt: Schlossverwaltung Lichtenstein, 72805 Lichtenstein, Telefon (0 71 29) 41 02, www.schloss-lichtenstein.de

Ruine Reußenstein

Der Riese Heim bringt einem Gesellen Glück

Der Reußenstein, hoch überm Neidlinger Täle an der äußersten Kante des Albtraufs, ist eins der kühnsten Burgenbauwerke der Schwäbischen Alb. Selbst als Ruine, wie er heute dasteht, versetzt er den Betrachter in Verwunderung. Und der fragt sich, wie es Baumeistern im Mittelalter gelang, dies Mauerwerk so geschickt mit den senkrecht abstürzenden Felskanten zu verschmelzen.

Weil auch früher wohl die Menschen sich diesen Bau nur schwer erklären konnten, musste die Sage weiterhelfen. Den Riesen Heim, erzählt sie, hielt es nicht mehr in seinem Heimenstein, einer zugigen Kalksteinhöhle am Rande der Alb. Er ließ sich auf der gegenüberliegenden Felsspitze von Maurern und Zimmerleuten, von Schlossern und Steinmetzen die komfortable Burg Reußenstein bauen. Die Sage lässt dabei gleich noch einen armen Schlossergesellen, der die Tochter seines Meisters liebte, mit Hilfe des Riesen zu Eheglück und Wohlstand kommen. Schlosser und Riese sind lang vergangen. Die Höhle im Heimenstein aber und stattliche Reste der Burg sind bis heute erhalten.

Der Reußenstein, schriftlich bezeugt erstmals im Jahr 1383, ist wohl im 13. Jahrhundert und ohne Hilfe eines Riesen errichtet worden. Der Name geht auf zwei frühere Besitzer zurück. Anfangs hieß die Burg schlicht »Stain« nach ihrem Erbauer Ritter Dietho vom Stain. Der hatte als Ministeriale der Herren von Teck seinen Wohnsitz vom nahen Kirchheim auf die Höhe am Albtrauf verlegt. Den Namen Reußenstein führt die Ruine nach dem Ritter Konrad Reuß von Kirchheim, der gemeinsam mit seinem Bruder auf der Burg lebte.

Die Anlage wechselte mehrfach den Besitzer, wurde wiederholt in kriegerischen Auseinandersetzungen erobert und besetzt, aber nie zerstört. Dass sie dennoch nicht mehr komplett ist, muss dem nebenan liegenden Bauernhof angelastet werden.

Baumblüte im Neidlinger Täle unterhalb der Ruine Reußenstein.

Blick vom Bahnhöfle zur Ruine Reußenstein.

Dessen Vorbesitzer holten sich im frühen 19. Jahrhundert Baumaterial aus der Burg. Eine Esslinger »Gesellschaft zur Erhaltung des Reußenstein« verhinderte schließlich den völligen Abbruch.

Am Reußenstein ist eine Vorstellung davon zu gewinnen, wie es einst auf einer mittelalterlichen Burg ausgesehen hat. Wall und Graben als Abgrenzung zur Albhochfläche sind gut erkennbar. Die bis zu zwei Metern starke Mauer, der Turm, der Palas stehen noch zu großen Teilen. Der Zugang führt durch den einstigen Torbau. Erstaunlich das äußere Mauerwerk, das direkt aus dem Fels herauszuwachsen scheint. Die Ruine vermittelt bis heute gute Einsichten in ein mittelalterliches Gemäuer und in frühe Baukunst.

Lage: Hart am Albtrauf sechs Kilometer südöstlich von Weilheim an der Teck. GPS-Koordinaten Breite 48.561256 Länge 9.567041

Anfahrt: A 8, Ausfahrt 59 (Mühlhausen), L 1200, Wiesensteig, L 1200, K 1430.

Parken: Parkplatz Reußenstein, 800 m zu Fuß, anfangs leicht bergab, dann ebenso bergauf.

Kinderwagen / Rollstuhl: Nein.

Geöffnet: Burgruine und Höhle Heimenstein sind jederzeit frei zugänglich.

Für Kinder: Über Treppen und Stiegen durchs Ruinengelände, weite Ausblicke über die Alb und ihr Vorland, Kletterer am Fels unterhalb der Burg beobachten, die Höhle Heimenstein finden.

Besuchen: Zur Zeit der Obstbaumblüte ist der Blick vom Reußenstein hinunter ins Neidlinger Täle von ganz besonderem Reiz, unterhalb des Reußensteins rauscht ein kleiner Wasserfall.

Hinweis: Am Bahnhöfle 1000 m südlich des Reußenstein liegen ein Wanderparkplatz und eine Grillstelle mit schönem Blick zum Reußenstein. Die kleine Höhle Heimenstein liegt am Hang 1000 m nordwestlich des Bahnhöfle am Wanderweg Richtung Randecker Maar.

Einkehr: Wirtshaus am Hof Reußenstein mit Gartenwirtschaft in Sichtweite des Reußenstein, geöffnet samstags, sonn- und feiertags, Telefon (0 73 35) 53 28.

Kontakt: Gemeindeverwaltung, 73272 Neidlingen, Kelterstraße 1, Telefon (0 70 23) 90 02 30, www.neidlingen.de

Burg Katzenstein

Mit der Schättere übers Härtsfeld

Burg Katzenstein ist nie erobert worden. Die Sage erzählt, Herzog Tassilo von Bayern habe an ihrer Stelle schon im Jahr 777 von Chakaz, dem Sohn des Wendenkönigs, einen festen Turm bauen lassen. Erwähnt werden die Herren von Cazzenstein allerdings erst 1095. Älteste Teile der Burg reichen in diese ferne Zeit zurück.

Tatsächlich wurde die Burg von den Gaugrafen von Dillingen, die auch das nahegelegene Benediktinerkloster Neresheim stifteten, als starke Grenzfeste gegen die Riesgrafen errichtet. Angreifer hätten nacheinander auf mehreren Ebenen fünf feste Innenhöfe, die Zwinger, erobern müssen. Die noch heute in großer Einsamkeit und Stille auf dem östlichen Härtsfeld bestehende Festung hätte sich höchstens durch Aushungern der Besatzung oder übers Anzünden der Dächer einnehmen lassen, was beides nie geschah.

Den Chor der Burgkapelle schmückt noch heute die ursprüngliche, romanische Bemalung. Denkbar, dass Burgpatron Laurentius sie geschützt und bewahrt hat. Auf drei Ebenen wurde einst Gottesdienst gehalten – ganz unten fürs gewöhnliche Volk, darüber für die befreundeten Adeligen der Umgebung, unterm Dach schließlich für königliche Gäste. Noch heute werden alle vier Wochen Gottesdienste gefeiert – auch Familienfeste und Hochzeiten.

Am Sockel des mächtigen Bergfrieds sind noch gut die Kalksteinquader aus vorstaufischer Zeit zu erkennen. In der Dürnitz, dem untersten Stockwerk der Burg, sitzen die Mauern direkt auf dem Fels. Nebenan in der Küche ist der ursprünglich 30 Meter tiefe Brunnen erhalten. Darüber liegt der Staufersaal, der 100 Gästen bequem Platz bietet. Burg Katzenstein steht für die Geschichte des Härtsfelds und für den modernen Tourismus in dieser weltabgeschiedenen Ecke der Schwäbischen Alb. Nicht weniger die

Burg Katzenstein auf dem Härtsfeld.

unvergleichliche, von Balthasar Neumann entworfene Rokokokirche der Benediktinerabtei Neresheim.

Und nun rattert seit ein paar Jahren schon die wiederbelebte Schmalspurbahn »Schättere« übers Härtsfeld. Nach 30 Jahren Stillstand und 100 Jahre nach ihrer Jungfernfahrt rollt die Härtsfeldbahn wieder durchs Egautal – als Museumsbahn. Sie wird nie wieder die Städte Aalen im Kochertal und Dillingen an der Donau verbinden. Die Strecke war ursprünglich 55,5 Kilometer lang, die Fahrtzeit betrug ca. drei Stunden. In den Kopf gesetzt haben sich jedoch die bisher so erfolgreichen Museumseisenbahner, die Strecke wenigstens bis zum künstlich angelegten Härtsfeldsee weiterzuführen. Dort soll ein neuer Bahnhof in Sichtweite der Burg Katzenstein entstehen. Eingekauft haben die Eisenbahner schon mal den original erhaltenen Bahnhof von Dischingen, der irgendwann einmal die Endstation der dann acht Kilometer langen Schmalspurstrecke bilden soll.

Lage: Burg Katzenstein 5 km südöstlich von Neresheim, GPS-Koordinaten Breite 48.723695 Länge 10.391561

Anfahrt: A7, Ausfahrt 116 (Heidenheim), Neresheim, Richtung Dischingen.

Parken: Vor der Burg.

Kinderwagen / Rollstuhl: Nein.

Geöffnet: Burg Katzenstein mit Burgschänke, 1. März bis 1. Mai dienstags bis sonntags 10 bis 20 Uhr, 1. Juni bis 10. September täglich 10 bis 21 Uhr, 12. September bis 31. Oktober dienstags bis sonntags

10 bis 20 Uhr, 1. November bis 31. Dezember samstags und sonntags sowie 1. und 2. Weihnachtsfeiertag 10 bis 17 Uhr, Führungen nach Anmeldung, Telefon (0 73 26) 91 96 56, www.burgkatzenstein. de, Geopark-Infostelle.

Für Kinder: »Burg Katzenstein steht vor allem Familien mit Kindern offen«, sagt die Burgherrschaft, »die sollen hier spielen und toben.« Rittervorführungen auf der Burg. Hunde sollen draußen bleiben. Bahnfahrt mit der Schättere-Museumsbahn, Wasserspiele am Härtsfeldsee mit Mehrgenerationenspielplatz, Sand- und Matschbereich.

Besuchen: Kloster Neresheim, Barockkirche, geöffnet täglich 8 bis 20 Uhr. Schauköhlerei von Marcus Waldinger im Naturschutzgebiet Zwing bei Neresheim, Termine unter Telefon (0 73 26) 96 37 03.

Hinweis: Museumsbahn Schättere, Fahrten Mai bis Oktober ab Centralbahnhof Neresheim, Telefon (01 72) 9 11 71 93, www.hmb-ev.de

Wandern: »Grüner Pfad Härtsfeld« bildet ein Rundwegenetz für Radfahrer und Wanderer.

Einkehr: Burgschänke Burg Katzenstein, Gasthäuser in Dischingen und Neresheim. In Sichtweite der Burg Kiosk am Härtsfeldsee mit kleinen Speisen und Getränken ab Mai bei schönem Wetter.

Kontakt: Tourist-Information, 73450 Neresheim, Hauptstraße 21, Telefon (0 73 26) 81 49, www.haertsfeld.de

Burg Hohenneuffen

An der Wiege Baden-Württembergs
Der Hohenneuffen, einst die mächtigste Burg der Schwäbischen Alb, fällt von weither ins Auge. Erhaben thront sie selbst noch als Ruine auf dem Gipfel eines abgetrennten Bergsporns. Mauern und Ecktürme, Bastionen, Kasematten, Schutzwälle, Rondengänge stehen wie mit dem Fels verwachsen. Starkes Bild einer mittelalterlichen Festung.

Erster Besitzer des Hohenneuffen war Graf Manegolt von Sulmetingen. Am Ende des 12. Jahrhunderts gehörte die Burg den Edelfreien von Neuffen. Der Minnesänger Gottfried von Nifen war auf ihr zu Haus. Zu den Grafen von Württemberg kam die Burg 1301. Eberhard der Erlauchte hatte sie Konrad von Weinsberg abgekauft, Ehemann der letzten Neuffener Erbin.

Im Besitz der Württemberger Grafen und Herzöge blieb die Burg ein halbes Jahrtausend hindurch. Sie bauten sie zu einer regelrechten Festung aus. Den Bauernkrieg 1524/25 überstand sie unbeschadet. Im Dreißigjährigen Krieg wurde sie länger als ein Jahr belagert, schließlich dem kaiserlichen Heer übergeben.

Im Jahr 1793 bewies Herzog Ludwig Eugen Galgenhumor. Während seines Besuchs auf der Burg meldete ihm gleich nach der Ankunft der Festungskommandant, es sei nichts Neues vorgefallen auf dem Berg. Worauf der Herzog dankbar erwiderte:

»Ich bin ja schon froh, wenn nichts Altes eingefallen ist.« Heute fällt auf dem Hohenneuffen nichts mehr ein, weder Altes noch Neues. Was von der um 1100 entstandenen und im Lauf der Jahrhunderte ständig erweiterten und verstärkten Anlage geblieben ist, wurde saniert und konserviert und wirkt nun unverwüstlich.

Im frühen 19. Jahrhundert wurde die Burg aufgegeben. Der württembergische Landtag hatte sich geweigert, ständig mehr Geld in ihren Unterhalt zu stecken. Verfall setzte ein. Dass der Hohenneuffen nicht, wie manche andere Burg, vollends als Steinbruch abgetragen wurde, kommt von seiner herausragenden Lage. Der Abtransport

Hohenneuffen – größte Ruine der Schwäbischen Alb.

der gewaltigen Felsquader des Mauerwerks per Pferdefuhrwerk auf steilen Waldpfaden erwies sich als zu schwierig. Die Zufahrt von Erkenbrechtsweiler her wurde erst im 20. Jahrhundert angelegt.

Am 2. August 1948 trafen sich Regierungsvertreter der drei Südweststaaten Württemberg-Baden, Württemberg-Hohenzollern und Baden auf dem Hohenneuffen. Ihre Beratungen führten letztlich zur Bildung des Bundeslandes Baden-Württemberg im Jahr 1952.

Lage: Acht km südlich von Kirchheim unter Teck, GPS-Koordinaten Breite 48.555686 Länge 9.392429

Anfahrt: A 8, Ausfahrt 57 (Kirchheim Teck-Ost), Owen, Erkenbrechtsweiler, Wegweiser.

Parken: Großer Parkplatz im Wald an der Straße Erkenbrechtsweiler nach Neuffen, 1 km zu Fuß.

Kinderwagen: Ja. Rollstuhl: Nein.

Mächtiges Mauerwerk prägt die Ruine noch heute.

Geöffnet: Burganlage und Kiosk täglich 10 bis 18 Uhr, Restaurant 1. April bis 31. Oktober mittwochs bis samstags 9 bis 22 Uhr, sonn- und feiertags 9 bis 19 Uhr, 1. November bis 31. März mittwochs bis sonntags 9 bis 17 Uhr, zu anderen Zeiten für Gruppen nach Voranmeldung.

Für Kinder: Das ist mal eine richtig feste, große Burgruine, starkes Mauerwerk, geheime Gänge, alles frei zugänglich, erstaunliche Sicht über die Alb und ihr Vorland bis hin nach Stuttgart.

Besuchen: Halbwegs zwischen Hülben und Erkenbrechtsweiler, nah dem Wirtshaus »Burrenhof«, verläuft der zwei Kilometer lange Astropfad, ein Spaziergang durchs maßstabgetreue Modell der kosmischen Heimat des Menschen. Die schier unvorstellbare Weite und Leere des Weltraums werden hier einigermaßen begreifbar.

Hinweis: Die ehemals stark befestigte Keltensiedlung Heidengraben bei Grabenstetten liegt unweit des Hohenneuffen.

Wandern: Ab Wanderparkplatz Bassgeige am Nordrand Erkenbrechtsweiler.

Einkehren: Restaurant auf dem Hohenneuffen, montags und dienstags Ruhetag, oder im Gasthaus Burrenhof am Heidengraben, montags Ruhetag.

Kontakt: Burg Hohenneuffen, Postfach 80, 72637 Neuffen, Telefon (0 70 25) 22 06, www.hohenneuffen.de

Burg Teck

Auf der feurigen Sibyllenspur

Weithin sichtbar überragt Burg Teck mit ihrem schlanken Turm am Ende eines lang gestreckten Bergrückens das Vorland der Schwäbischen Alb. Der wehrhafte Eindruck allerdings täuscht. Die eigentliche Burg ist seit einem halben Jahrtausend Ruine, der Turm nur der Aussicht wegen im frühen 20. Jahrhundert errichtet. Alte Geschichten ranken sich ums Sibyllenloch und die Veronikahöhle am Hang des Teckbergs.

Burg Teck – Ruine seit einem halben Jahrtausend.

G egründet hat die Burg Mitte des 12. Jahrhunderts Herzog Konrad von Zähringen, der aus dem Breisgau kam. Sein Nachfolger nannte sich 1186 schon Herzog von Teck. Im 14. Jahrhundert gerieten die Tecks in wirtschaftliche Not. Burg und sämtlicher Besitz wurden ans habsburgische Königshaus verkauft. Der Herzog verzog nach Mindelheim im Unterallgäu.

Nachfolger auf der Burg wurden, wie an vielen anderen Orten in Schwaben auch, die Grafen von Württemberg. Sie bauten die heruntergekommene Anlage wieder auf. Doch nur für kurze Zeit. Der Schwäbische Bund eroberte sie 1519. Sechs Jahre später wurde sie im Bauernkrieg in Brand gesetzt und blieb seither Ruine. Herzog Karl Alexander von Württemberg wollte sie im 18. Jahrhundert – wie auch den Hohenstaufen – als Festung wieder aufbauen. Doch der Herzog starb vorher. So ist von der Burg nur einiges altes Gemäuer vorhanden, darunter ein ansehnlicher Rest der Zwingmauer. Auch finden sich noch Stümpfe von sechs ehemals starken Türmen.

Der Teckberg war in vorgeschichtlicher Zeit wohl ein heiliger Ort der Kelten. Der

Burg Teck gehört dem Schwäbischen Albverein.

Sage nach lebte in einer Grotte unterhalb die Sibylle, eine weise Frau und Wahrsagerin. Ärger machten ihr die Söhne, die auf benachbarten Burgen als Raubritter hausten. Sie floh deshalb aus dem Land. In einem feurigen Wagen, von Wildkatzen gezogen, jagte sie den Berg hinab, hinterließ dabei am Boden die Sibyllenfahrt. Die ist noch heute in den Feldern unterhalb der Teck zu erkennen. Diese »feurige Fahrspur« ist der Überrest einer ehemaligen Römerstraße.

In der Veronikahöhle im Teckberg hatte im 17. Jahrhundert Verena Beutlin einen bescheidenen Unterschlupf gefunden. Sie war die ledige Mutter zweier unehelich geborener Kinder. Der Vater brachte von Zeit zu Zeit Nahrung zur Grotte. Als die Menschen im nahegelegenen Dorf Owen davon erfuhren, holten sie Verena oder Veronika vom Berg herunter und verbrannten sie als Hexe.

Lage: Sechs Kilometer südlich von Kirchheim unter Teck, GPS-Koordinaten Breite 48.588346 Länge 9.47

Anfahrt: A 8, Ausfahrt 57 (Kirchheim Teck-Ost), Owen, Wegweiser zur Burg.

Parken: Parkplatz Hörnle, im Sommer mit Kiosk für Getränke und kleine Speisen, vom Parkplatz zu Fuß in 20 Minuten zur Burg hinauf.

Kinderwagen / Rollstuhl: Nein.

Geöffnet: Die Burg ist ständig frei zugänglich.

Für Kinder: Am Parkplatz Hörnle Spielgerät und Grillstellen, auf der Höhe Mauerwerk der Ruine finden, den Turm besteigen, im Burghof vespern, das Sibyllenloch suchen, in die Veronikahöhle gucken, startenden, fliegenden und landenden Modellflugzeugen zuschauen, am Hügel Hohenbol unterhalb der Burg Drachen steigen lassen.

Besuchen: Altstadt in Kirchheim unter Teck. Grabdenkmäler der Teck-Herzöge in der Owener Marienkirche.

Hinweis: Burg Teck ist ein Wanderheim des Schwäbischen Albvereins, Übernachtungen in Zwei- bis Siebenbettzimmern, großartige Sicht vom Turm.

Einkehr: Burggaststätte auf der Teck, geöffnet 1. April bis 31. Oktober mittwochs bis samstags 10 bis 22 Uhr, sonn- und feiertags 9 bis 18 Uhr, 1. November bis 31. März mittwochs bis samstags ab 10 Uhr (Schließzeit witterungsabhängig), sonn- und feiertags 10 bis 18 Uhr.

Auskunft: Wanderheim Burg Teck, Teckstraße 100, 73277 Owen, Telefon (0 70 21) 5 52 08, www.burg-teck-alb.de

Burg Hohenrechberg

Besuch beim Klopferle

Auf Burg Hohenrechberg erscheint seit langem schon das Klopferle. Gesehen hat es noch niemand. Immer aber, wenn einer aus der Familie der Grafen von Rechberg und Rothenlöwen zum Sterben kommt, kündigt das Klopferle den nahen Tod an. Erstmals, erzählen sich die Leute, geschah das, als im Jahr 1496 Ulrich II. starb.

Der Hohenrechberg wurde nie erobert.

Die einst bedeutende Burg staufischer Dienstleute ist heute großenteils Ruine. Ihre ältesten Teile reichen ins frühe 12. Jahrhundert zurück. Alle Widrigkeiten aus Kriegen und Unwettern hatte die Burg wohlbehalten überstanden. Manche Streitmacht war vor der Festung aufgezogen, sie zu erobern. Alle waren unverrichteter Dinge wieder abgerückt. Auch Bauernkrieg und Dreißigjähriger Krieg hatten dem Hohenrechberg nichts anhaben können. Bis am Dreikönigstag des Jahres 1865 ein Wintergewitter losbrach. Der Blitz schlug in den Ostbau ein. Feuer breitete sich mit dem Sturm rasend schnell aus. Die Hauptburg ging im Flammenmeer unter.

Dennoch sind heute ansehnliche Teile der Anlage erhalten, zumeist sorgsam restauriert. Über eine hohe steinerne Bogenbrücke gelangt der Besucher zur Vorburg. Links liegt die Burgschenke, rechts ein Raum mit den Münzautomaten fürs Eintrittsgeld. Geradeaus führt der Weg über eine weitere Brücke, die einmal eine Zugbrücke war, zu den stattlichen Resten der Hauptburg. In dem Torbau aus dem 15. Jahrhundert war die Wachstube eingerichtet. In ihren Untergeschossen liegt noch das Burgverlies mit drei Gefängniszellen übereinander.

Nach dem Torbau tritt der Besucher in den dreieckigen Burghof. Ein paar steinerne Stufen führen hinauf in einen weiteren Hof. Um ihn herum lagen einst die wichtigsten Räume der Burg: Wohnungen, die heizbare Kemenate der Frauen, der Ahnensaal, die

Hohenrechberg – Ruine, seit 1865 der Blitz einschlug.

Burgkapelle. Im ehemaligen Rittersaal klärt heute eine kleine Ausstellung über die Geschichte der Rechberger, über ihre Burg und über die Sicherungsarbeiten auf. Auch ein paar Fundstücke aus den Grabungen im Burggelände sind ausgestellt.

Von der Dachterrasse des Rittersaals bietet sich eine gute Aussicht. Nach Süden reicht sie vom Zeugenberg Stuifen ganz links bis hinüber zur Ruine Hohenneuffen ganz rechts außen. Die gesamte Landschaft bis hinüber zum Albtrauf liegt dem Betrachter zu Füßen. Eine Bronzetafel nennt die meisten sichtbaren Punkte und gibt auch die Entfernungen zu einigen nicht sichtbaren an. Auf der Nordseite geht der Blick übers Remstal, hinüber nach Schwäbisch Gmünd, zum Welzheimer Wald und zur Frickenhofer Höhe.

Lage: 10 km nordöstlich von Göppingen, GPS-Koordinaten: Breite 48.750733 Länge 9.796067

Anfahrt: B 10, Süßen, B 466, Donzdorf, Wißgoldingen, Rechberg oder B 29, Schwäbisch Gmünd, Straßdorf, Rechberg.

Parken: Gegenüber Hohenstaufenstraße 48, 73529 Rechberg.

Kinderwagen / Rollstuhl: Nein.

Geöffnet: Die Burgruine ist gegen Einwurf einer Münze am Automaten von März bis November tagsüber ständig zugänglich. Keine Parkmöglichkeit auf der Burg.

Für Kinder: Ins Burgverlies mit den einstigen Gefangenenzellen hinuntersteigen, im Rittersaal die Geschichte der Rechberger nachlesen, Klopferle suchen, von der Dachterrasse her die sichtbaren Berge und Täler bestimmen.

Besuchen: Wallfahrtskirche mit Kreuzweg außerhalb der Ruine auf dem Gipfel des Hohenrechberg.

Hinweis: Vor dem Burgtor endet der Geologische Pfad, der in Schwäbisch Gmünd am Waldsparkplatz Hölltor beginnt. Die Wanderzeit liegt bei zwei bis drei Stunden. www.schwaebisch-gmuend.de/578.php

Einkehr: Die Burgschenke ist ohne Burgbesuch erreichbar, geöffnet Ostern bis Ende Oktober samstags, sonn- und feiertags, Telefon (0 71 71) 4 34 19.

Kontakt: I-Punkt, Marktplatz 37/1, 73525 Schwäbisch Gmünd, Telefon (0 71 71) 6 03 42 50, www.schwaebisch-gmuend.de

Das Schloss

Kammerdiener William erzählt alte Geschichten

Von der Donauseite her betrachtet erscheint Schloss Sigmaringen einigermaßen unwirklich. Als sei es – auf hohem Jurafelsen thronend – aus einem Märchen übrig geblieben. Tatsächlich passiert im Innern manchmal Märchenhaftes. Schon im 12. Jahrhundert wurde der Schlossturm errichtet. Weitere Bauten sind im Lauf der Jahrhunderte hinzugekommen; das Schloss wurde immer wieder erneuert, umgebaut und modernisiert.

Das weitläufige Hohenzollernschloss steht heute Besuchern offen – allerdings nur an der Hand kundiger Führer. Dazu fällt den Schlossherren ständig Neues ein. Sie bieten mehr als ein Dutzend nach zahlreichen Themen sortierte Rundgänge durchs fürstliche Haus an. Nicht einfach so, sondern wohlgeordnet und dosiert für große und kleine Besucher.

»Ein Schloss«, sagen sie in Sigmaringen, »hält viele Geheimnisse bereit«. So ähnlich vermuten das ja wohl auch die zehntausende bürgerlichen Besucher, die alljährlich den Adelssitz stürmen. Ganz falsch liegen sie mit ihrer Vermutung nicht. Denn was sie da auf ihrer Spurensuche zwischen Mittelalter und Neuzeit in Rittersaal und Schlossküche, in Prunkräumen und Badegemächern alles so entdecken, ist in der Tat oft mindestens ungewöhnlich. Und so bereiten es Sigmarin-

gens Schlossführer denn auch auf. Sie haben dabei, sicher nicht ganz uneigennützig in die Zukunft schauend, ein besonders liebevolles Auge auf kleine Gäste geworfen. Kinder ab vier Jahren werden in historische Gewänder gesteckt und lernen im fürstlichen Ballsaal höfische Tänze. Oder sie schauen sich in der mit 3000 Rüstungen, Schwertern, Lanzen, Gewehren, Pistolen, Armbrüsten vollgestopften Waffenkammer um und lernen dort auch mittelalterliche Folterwerkzeuge kennen.

Größere Kinder und Erwachsene bis 88 Jahre lassen die Sigmaringer auch schon mal hinter die Kulissen des Adelssitzes

Schloss Sigmaringen hoch über der Donau.

Einlass zu Schloss Sigmaringen.

schauen. Gewöhnlich verschlossene Türen und Tore werden dann entriegelt. Zeitzeugen von einst und heute kommen zu Wort. Lebensschicksale von Fürstinnen werden ausgebreitet, deren Hauptaufgabe darin bestand, das Fortleben des Geschlechts zu bewerkstelligen. Kammerdiener William erzählt dann auch vom herrschaftlichen Leben im frühen 19. Jahrhundert.

Eine spezielle Sigmaringer Seite im europäischen Geschichtsbuch des 20. Jahrhunderts wird in den Themenführungen aufgeblättert. Gegen Ende des Zweiten Weltkriegs wurde für ein Dreivierteljahr die französische Vichy-Regierung unter Marschall Pétain auf dem Hohenzollernschloss interniert. In diesen Hohenzollernschen Alltag, als unter der französischen Trikolore in Sigmaringen Minister und Botschafter ein- und ausgingen, dringt eine Spezialführung ein. Sie zeigt auch Wohn- und Schlafräume des damaligen französischen Staatspräsidenten.

Lage: 75 km südlich von Stuttgart an der Donau, GPS-Koordinaten Breite 48.087787 Länge 9.216547

Anfahrt: Aus Richtung Reutlingen B 312 / B 313, Ulm B 311, Balingen B 463, Bodensee B 31 / B 313.

Parken: Im Stadtgebiet Sigmaringen.

Kinderwagen / Rollstuhl: Nein.

Geöffnet: April bis Oktober täglich 9 bis 17 Uhr, November, Dezember und März täglich 10 bis 16 Uhr.

Für Kinder: Schlossgemächer aufsuchen, fürstliche Gewänder überstreifen, höfische Tänze probieren.

Besuchen: Der Fürstliche Park in Inzigkofen wenige Kilometer nur donauaufwärts ist eine still verschwiegene Landschaft mit einsamen Pfaden, einer Teufelsbrücke, dem Amalienfelsen und anderen kleinen Überraschungen *(siehe Tipp 60)*.

Hinweis: Am Fürstlichen Park in Inzigkofen unterhält der Schwäbische Albverein ein kleines Bauernmuseum, ein Kräutergarten liegt nebenan.

Einkehr: Gasthäuser, Restaurants in Sigmaringen und Inzigkofen.

Kontakt: Fürstlich Hohenzollernsche Schlossverwaltung, Karl-Anton-Platz 2, 72488 Sigmaringen, Telefon (0 75 71) 72 90, www.schloss-sigmaringen.de

LEBEN AUF DER ALB
Vergangenheit wird gegenwärtig

Ehe die Schwaben die Alb für sich entdeckten und ihr den Namen gaben, saßen Kelten auf den zugigen Höhen. Vom Ipf auf der östlichen Schwäbischen Alb aus trieb ein mit Eisenproduktion reich gewordenes keltisches Fürstengeschlecht Handel bis hin nach Südosteuropa. Auf den Höhen über Bad Urach legten keltische Siedler ein mit riesigen Erdwällen gesichertes Oppidum an. Von der Heuneburg am Südabfall der Alb aus kontrollierten keltische Fürsten den Warenverkehr zwischen Süd- und Nordeuropa.

E twa vom 8. bis zum 1. Jahrhundert vor Christus siedelten Kelten im ganzen damals bewohnten Mitteleuropa. Auch nach Italien drangen sie vor, wo sie zeitweilig das antike Rom besetzten. Sie kamen nach Dalmatien und Siebenbürgen, nach Griechenland und Mazedonien. Sogar Kleinasien erreichten sie, wovon der Landschaftsname Galizien zeugt. Fest gefügte Reiche bildeten die Kelten nicht; sie organisierten ihr Zusammenleben immer nur in kleinen Gruppen. Sie kannten die Schrift nicht. Galatai wurden die Kelten in den Texten der antiken griechischen Schriftsteller genannt, auch Keltoi oder Keltai. Roms Historiker verwendeten Namen wie Celtae, Galli, was schließlich auf Gallier hinauslief. In der Übersetzung liest sich ihr Name als »die Tapferen, die Erhabenen«. Dies nicht zuletzt wohl auch deshalb, weil sie gegen die schwer gepanzerten Legionäre der römischen Besatzungstruppen schon mal halbnackt ins Gefecht rannten. Zu Ende ging es mit ihnen, als Mitte des letzten Jahrhunderts vor Christus die Legionen Roms ganz Gallien und die Länder des Balkan unterwarfen.

Zu den Albgalliern führen heutzutage Ausflüge, aber auch zu den Römern in ihren Kastellen, zum letzten Albköhler, zum Kugelmüller, in den Strohpark.

Die Begeisterung für keltisches und römisches Leben hält bis heute an.

Im Limesmuseum

Die römische Reiterkaserne

Sein größtes Reiterkastell nördlich der Alpen unterhielt das römische Heer vor 1800 Jahren auf dem Gebiet der heutigen Kreisstadt Aalen auf der östlichen Schwäbischen Alb. Innerhalb der in mehrjährigen Kampagnen teilweise freigelegten und restaurierten Anlage steht heute als größtes Römermuseum Deutschlands das Limesmuseum. Nach sechzigjährigem Betrieb wurde es 2016 vorübergehend geschlossen, energetisch grundlegend erneuert, didaktisch völlig neu konzipiert und zwei Jahre darauf wiedereröffnet.

Thema der Dauerausstellung ist die Besetzung Süddeutschlands durch römische Truppen im 2. Jahrhundert nach Christus. Dabei wird das militärische und zivile Leben beiderseits der römischen Reichsgrenze »Limes« in den damaligen Provinzen Rätien und Obergermanien gut verständlich geschildert. Ausgestellt sind vor allem Fundstücke vom Kastellgelände in Aalen selbst wie auch vom neun Kilometer nordöstlich gelegenen einstigen Kastell Rainau-Buch, darunter ein Schatzfund aus dem dortigen Kastelldorf. Restaurierte Waffen wie Schwerter und Lanzen werden gezeigt, dazu schwere Kettenpanzerhemden und benagelte Sandalen. Das zivile Leben wird mit Werkzeug und Geschirr, Gold- und Silberschmuck, Grab- und Weihesteinen vorgestellt. Den Höhepunkt der Ausstellung bildet der Schatzfund von Rainau-Buch.

Anziehungspunkte sind aber auch Dioramen mit Tausenden Zinnfiguren. In zahlreichen Szenen schildern sie, wie die ursprünglichen Bewohner der Alblandschaft und ihre militärischen Besetzer miteinander umgingen. An einer Stelle wird eine militärische Auseinandersetzung gezeigt, an einer anderen friedlicher Grenzverkehr am keineswegs undurchlässigen Limes. Im Freigelände der Museumsanlage sind Grundmauern der früheren Kastellbauten konserviert worden, darunter die 4300 Quadratmeter große Befehlszentrale der in den Jahren 163 bis 260 im Lager stationierten »Ala secunda Flavia milliaria«. Eine Reiterbaracke wurde in den Originalmaßen rekonstruiert, außerdem ein Pfeilgeschütz und ein funktionsfähiger schwerer römischer Baukran errichtet. Dem römischen Kommandanten und seiner Truppe aus 2000 Berittenen unterstanden die benachbarten Kastelle von Schwäbisch Gmünd über Böbingen, Rainau-Buch, Halheim bis hinüber zum Nördlinger Ries.

Während des Jahres finden Sonderveranstaltungen statt. Am letzten Septemberwochenende in Jahren mit geraden Endziffern werden seit Jahrzehnten schon die »Internationalen Römertage« gefeiert. Was an diesen historischen Treffen von Freizeitrömern und -alemannen – unter ihnen auch Schmuckhändler, Marketenderinnen,

Hufschmiede, Tempeltänzerinnen – nach antikem Vorbild im Museumsgelände geschieht, ist alles schon mal hier gewesen, vor rund 1800 Jahren. »Was diese in Tunica und Toga gekleideten oder unter kiloschweren Kettenhemden und Schuppenpanzern ächzenden Freizeitrömer den Zuschauern vorführen, ist historisch korrekt«, sagt der Museumsleiter. Aufgeboten werde nur, was auf historisch sicherem Boden stehe. Klamauk duldet Aalen auf seinem Kastellgelände nicht. So kommt denn, was da an den zwei Festtagen auf dem Museumsgelände vor sich geht, dem alltäglichen Leben in der römischen Provinz sehr nah. Ständig entwickeln sich weitere Programmpunkte.

Aus Ungarn, Österreich, Italien, der Schweiz reisen Handwerker und Gladiatoren samt Familien an. Selbst die 39 Legionäre starke »Ermine Street Guard« aus England war schon da. Die Truppe gilt als Europas älteste und größte römische Militäreinheit. Auch deutsche »Römer« sind in großer Zahl dabei. Der *Numerus Brittones* aus Welzheim präsentiert Lagerleben. Die *Milites Bedenses* kommen aus Bitburg, um das römische Militärwesen vorzustellen. Pliezhausen entsendet vor allem Handwerker, demonstriert aber auch Arbeiten mit dem römischen Baukran und Katapultschießen. Berittene führen regelrechte Gefechte aus. Sogar Alemannen trauen sich ins Römerlager. Ein umfangreiches Kinderprogramm wartet. Eine komplette römische Legion aus 5000 Playmobil-Legionären ist aufmarschiert.

Nachbau eines römischen Baukrans im Limesmuseum.

Internationale Römertage im Limesmuseum.

Lage: Limesmuseum, GPS-Koordinaten Breite 48.847863 Länge 10.082195

Anfahrt: A 7, Ausfahrt 114 (Aalen / Westhausen) oder B 29.

Parken: Am Museum.

Kinderwagen / Rollstuhl: Ja.

Geöffnet: März bis November täglich außer montags 10 bis 17 Uhr, November bis März dienstags bis freitags 10 bis 16 Uhr, samstags, sonn- und feiertags 10.30 bis 16 Uhr, kostenlose Führung jeden ersten Sonntag im Monat um 14.30 Uhr.

Für Kinder: Das Museum bietet Familienprogramme für Eltern und Kinder ab sieben Jahren an. Die Römertage sind auch ein Spaß für Kinder.

Besuchen: Urweltmuseum Aalen *(siehe Tipp 1).*

Hinweis: Das Limes-Informationszentrum Baden-Württemberg informiert Besucher über das Welterbe Limes und zu touristischen Zielen entlang der ehemaligen römischen Reichsgrenze.

Das Erholungsgebiet Rainau-Buch mit archäologischem Bereich aus Kastell, Bade- und Gästehaus liegt knapp 10 km nördlich von Aalen.

Wandern: Im Außengelände des Limesmuseums ist ein Rundweg markiert, der das ehemalige Reiterkastell erschließt.

Am Parkplatz des Erholungsgebiets Rainau-Buch beginnt ein elf Kilometer langer Rundwanderweg entlang des Limes zum Limestor bei Dalkingen. Er führt auch an einem rekonstruierten Wachturm vorüber.

Einkehr: Römische Speisen und Getränke im Museum an den Römertagen, Gasthäuser in Aalen.

Kontakt: Limesmuseum Aalen, St.-Johann-Straße 5, 73430 Aalen, Telefon (0 73 61) 5 28 28 70, www.limesmuseum.de

Im Freilichtmuseum

Durch Küchen, Ställe, Scheunen

Etwa halbwegs zwischen den traditionsreichen Burgruinen Hohenneuffen und Teck liegt im Landkreis Esslingen am Fuß der Schwäbischen Alb in geradezu idyllischer Landschaft das Freilichtmuseum Beuren. Wie über Generationen hineingewachsen in ein Meer aus alten Obstbäumen erscheinen dem Besucher die alten Häuser im »Alb-Dorf« und im »Neckarland-Dorf«. Doch ist das weitläufige Ensemble auf der »grünen Wiese« geplant und aufgebaut und erst im Jahr 1995 eröffnet worden

Dass die Anfänge des Museumsdorfs nicht gerade einfach waren, ist heute weitgehend Geschichte und vergessen. Die Landesregierung, die seit 1978 schon den Aufbau ländlicher Freilichtmuseen vorantrieb, war auf der Suche nach einem Museumsträger für den Mittleren Neckar und die Schwäbische Alb. Zwischen 1980 und 1982 hatte das Land schon mal ein paar historisch kostbare, aber nicht länger nutzbare Bauten in der Gegend abbauen und einlagern lassen. Doch wohin nun mit der historischen Erbschaft? Schließlich bewarb sich 1985 Beuren, das siebente und

Otto Hoffmanns Fotoatelier von 1892 im Freilichtmuseum.

Gehöftgruppe im Freilichtmuseum.

damit letzte geplante Freilichtmuseum im Land auf seiner Gemarkung unterzubringen. Träger des jüngsten Freilichtmuseums in Baden-Württemberg ist der Landkreis Esslingen.

Der erste Spatenstich folgte im Juni 1987, die Eröffnung der vorerst noch kleinen Anlage im Jahr 1995. Heute sehen sich jährlich mehr als 75000 Besucher während der siebenmonatigen Öffnungszeit im Museum um, kaufen schon mal im »Tante-Helene-Lädle« mit der Originalausstattung von 1929 ein oder staunen über das Tageslichtfotoatelier des früheren Kirchheimer Fotografen Otto Hofmann aus dem Jahr 1892, in dem sich 1899 der damals 22 Jahre junge Dichter Hermann Hesse ablichten ließ.

Mit der Zeit ist das Museumsdorf beständig gewachsen, so dass es heute rund zwei Dutzend große und dazu noch viele kleine historische Bauwerke aufweist – sämtlich Originale. Sie wurden entsprechend ihrer Herkunft im »Alb-Dorf« und »Neckarland-Dorf« zusammengeführt. Unter ihnen das eindrucksvolle, vom Reichtum seiner einstigen Besitzer zeugende »Bauernschloss« aus Öschelbronn im heutigen Landkreis Böblingen. Das 1799 errichtete, bis 1975 bewohnte, 1990 abgetragene, im Museumsdorf wiederaufgebaute und 2015 eröffnete Doppelhaus bietet in der einen Hälfte Bauerngeschichte der 1920er-Jahre, in der anderen moderne Räume für Seminare, Vorträge und Tagungen.

Im »Alb-Dorf« sticht das Ensemble eines 500 Jahre alten Bauernhauses mit zugehörigem Ausgedinghaus ins Auge, das von der Zwiefalter Alb kam. Die Hüle als Regenwassersammler fehlt ebenso wenig wie der Schneckengarten, der an einen frühen, damals wichtigen Nebenerwerb der Älbler erinnert. Das Weberhaus stammt aus Laichingen, die Wohnung eines Tagelöhners aus Weidenstetten, beides Orte im heutigen Alb-Donau-Kreis. Das »Neckarland-Dorf« wird geprägt vom Wohn- und Wirtschaftsgebäude aus Tamm mit dem »Landgasthaus Engelberg«, dem Rathaus mit Lehrerwohnung aus Häslach, dem Wohnhaus aus Beuren, in dem zugleich das liebe Vieh untergebracht war. Neben weiteren ländlichen Gebäuden bewahrt das Museum des Landkreises Esslingen vor allem die eher unscheinbaren, auf dem Dorf einst aber unverzichtbaren »Nebensächlichkeiten« wie Schäferkarren und Schafbadeanlage, Viehunterstand, den Bauernkalkofen, das Bienenhaus und den Bienenwagen, das Backhaus, die Obstmühle, den Hühnerstall, die Grenzsteine. Das »Erlebnis- und Genusszentrum« sichert die alten Sorten und herkömmlichen Lebensmittel vor ihrem endgültigen Verlust. Dazu werden im Museumsgelände auf großen und kleinen Parzellen sowie in den Gärten ungezählte Arten von Gemüse, Kräutern, Gewürzen, Getreide, Salaten, Früchten gehalten – alles umstanden von gut 600 alten Obstbäumen auf den Streuobstwiesen.

Lage: Freilichtmuseum Beuren, GPS-Koordinaten Breite 48.576075 Länge 9.413701

Anfahrt: A 8, Ausfahrt 57 (Kirchheim Teck-Ost), B 465, Owen, Beuren, Wegweiser »Freilichtmuseum«.

Parken: Am Museum.

Kinderwagen: Ja. Rollstuhl: Streckenweise ja.

Geöffnet: Ende März bis Anfang November, dienstags bis sonntags 9 bis 18 Uhr, letzter Einlass 17.30 Uhr.

Für Kinder: Großer Naturspielplatz mit Geräten und viel Wasser, Spielzimmer, Schafen und Ziegen zusehen, Tierfütterung erleben, Familienprogramme, Mitmachangebote.

Besuchen: Burg Teck und Ruine Hohenneuffen.

Hinweis: Freien Eintritt haben Kinder unter sechs Jahren, vergünstigte Familientageskarte. Ein Audioguide und die Museums-App stellen die Gebäude vor. Das Jahresprogramm weist eine Fülle an Veranstaltungen im Museumsgelände aus. Das Freilichtmuseum ist Geopark-Infostelle und Infozentrum im UNESCO-Biosphärengebiet Schwäbische Alb.

Wandern: Zahlreiche Wanderwege rund um Beuren unter www.outdooractive.com

Einkehr: Museumsgaststätte »Landhaus Engelberg«, Telefon (0 70 25) 8 43 30 79, www.landhaus-engelberg.de und weitere Gasthäuser in Beuren.

Kontakt: Freilichtmuseum Beuren, Museum des Landkreises Esslingen für ländliche Kultur, In den Herbstwiesen, 72660 Beuren, Telefon (0 70 25) 91 19 00, www.freilichtmuseum-beuren.de

Auf dem Ipf

Griechischer Wein auf der Alb

Der Ipf bei Bopfingen gilt als der nördliche Vorposten der Schwäbischen Alb. Mit seinen steil abfallenden Flanken und dem flachen Gipfel gleicht er zwar einem erloschenen Vulkan, ist aber keiner. Wohl aber ein Zeugenberg, wie sie der Schwäbische Vulkan viele geschaffen hat. Man denke nur an den Hohenstaufen bei Göppingen und den Hohenzoller bei Hechingen. Auf dem Gipfel des Ipf saß vor zweieinhalb Jahrtausenden ein Keltenfürst, wohlhabend geworden mit dem Eisenerzhandel.

D och droben auf dem Ipf in luftigen 668 Metern Höhe war es zugig und kaum wohnlich. Wie auf anderen Gipfeln der Alb auch. Daher hatte der Keltenherrscher sich wohl nur einen Repräsentationsbau auf den Berg setzen lassen. So stark befestigt allerdings mit Wällen und Ringgräben, dass er zugleich als Wehrbau der Verteidigung diente. Gewohnt dagegen hat das fürstliche Geschlecht in der Ebene östlich des Berges. Vor wenigen Jahren erst hat das Landesdenkmalamt Baden-Württemberg dort die Beweise freigelegt.

Den Ausgräbern gelang seinerzeit ein Paukenschlag, wie sie es nennen. Denn sie fanden nicht die spärlichen Überreste einiger frühkeltischer Lehmhütten oder schlichter Gräber. Sie stießen auf eine regelrechte Schatzkammer mit exklusivem Fundmaterial. Darunter Importwaren aus dem Mittelmeerraum. Griechische Schalen aus den Werkstätten Attikas nahe Athen. Ein Trinkservice, Amphoren als Transportgefäße für Öl und Wein, hergestellt in der Gegend des heutigen Slowenien. Dazu viel Keramik von unterschiedlicher Funktion. Im 5. und 6. Jahrhundert vor Christus konnte sich solchen Luxus nur eine wohlhabende Großfamilie leisten. Die frei gelegten keltischen Gehöfte nah dem Dorf Kirchheim werden als Wohnsitz jenes Fürstengeschlechts gedeutet, das seine Repräsentations- und Festungsbauten auf dem Gipfel des Ipf unterhielt.

Am äußersten Rand der Schwäbischen Alb zwischen dem Ipf und dem fünf Kilometer östlich gelegenen Goldberg residierte eine sozial hochgestellte keltische Elite. Für alle sichtbar setzten sich ihre Mitglieder von den Bauern- und Handwerkerfamilien der Umgebung ab. Um diesen Unterschied auch äußerlich anzuzeigen, wurden die Schätze aus fernen Ländern importiert. Ihre Wirkung auf das Ansehen des Herrschergeschlechts werden die Kostbarkeiten kaum verfehlt haben.

Der Aufstieg dieser sozialen Oberschicht auf der Grenze zwischen Nördlinger Ries und östlicher Alb nahm seinen Anfang am Goldberg bei Riesbürg. Mit der Festung auf dem Ipf erlangte sie ihren Höhepunkt. Dass sich in dieser Gegend der Luxus ausbreitete, ist keineswegs verwunderlich. Der Boden ringsum ist reich an Eisenerz. Gewinnung, Verhüttung und Vertrieb des

Der Ipf nahe Bopfingen auf der Ostalb.

begehrten Metalls machten seine Besitzer schon früh wohlhabend.

Lage: Ipf bei Bopfingen, GPS-Koordinaten Breite 48.870278 Länge 10.3575

Anfahrt: A7, Ausfahrt 114 (Aalen/Westhausen), Bopfingen.

Parken: Wanderparkplatz am Osthang des Ipf, Ende der Alten Kirchheimer Straße.

Kinderwagen / Rollstuhl: Nein.

Geöffnet: Ipf und Goldberg sind immer frei zugänglich, Goldbergparkplatz an der K 3305.

Für Kinder: Den Ipf hinaufwandern, Wälle und Gräben der Keltenfestung suchen, herrliche Aussicht rundum, auf den Goldberg, Schautafeln erklären die Vergangenheit, Reste der Stauferburg Flochberg oberhalb Bopfingen gegenüber des Ipf.

Besuchen: Museum im Seelhaus, Spitalplatz 1, 73441 Bopfingen, Telefon (0 73 62)

Am rekonstruierten Keltensitz vorüber zum Gipfel des Ipf.

38 55 oder (0 73 62) 80 10, geöffnet März bis Oktober dienstags bis freitags 14 bis 16 Uhr, samstags, sonn- und feiertags 14 bis 17 Uhr, November bis Februar samstags, sonn- und feiertags 14 bis 17 Uhr.

Hinweis: Natur- und archäologisches Bodendenkmal Goldberg, 5 km südöstlich des Ipf, markanter Zeugenberg aus Süßwasserkalk.

Goldbergmuseum in 73469 Riesbürg, Ostalbstraße 33, Telefon (0 90 81) 2 93 50, geöffnet 1. April bis 31. Oktober sonntags 14 bis 17 Uhr.

Die Staufergründung Kapfenburg mit baden-württembergischer Musikakademie, 10 km westlich von Bopfingen, Schlossführungen April bis September sonn- und feiertags 14.30 Uhr ab Torhaus, Telefon (0 73 63) 9 61 80.

Schloss Baldern, 8 km nördlich von Bopfingen, geöffnet 25. März 4. November dienstags und mittwochs nur nach vorheriger Anmeldung, donnerstags und freitags 13 bis 17 Uhr, Wochenenden, Feiertage, Schulferien 10 bis 18 Uhr, Besichtigung nur mit Führung, Küchenführung jeden Samstag 14 Uhr *(siehe Tipp 42)*.

Wandern: Vom Wanderparkplatz am Osthang des Ipf führt der Weg zum Gipfel. Er beginnt an der untersten keltischen Befestigung, passiert einen zweiten Wall und einen Zwischenwall, ehe er droben das Zentrum mit dem Randwall und dem Festungsgraben erreicht.
Der Goldbergweg erschließt auf 25 km Länge unterschiedliche Denkmäler von der Altsteinzeit bis zur mittelalterlichen Geschichte des Riesdorfs Kirchheim.

Einkehr: Gasthäuser, Restaurants in Bopfingen.

Kontakt: Stadtverwaltung Rathaus, Marktplatz 1, 73441 Bopfingen, Telefon (0 73 62) 80 10, www.bopfingen.de

---

Am Heidengraben

Rätsel um eine Keltensiedlung

Rund ums Dorf Grabenstetten haben vor mehr als zweieinhalb Jahrtausenden keltische Ackerbauern, Händler, Viehzüchter riesige Erdwälle aufgeschaufelt. Die Welt der Kelten ist lange vergangen. Große Teile der Festung aus Wall und Graben sind erhalten. Niemand wusste später mit ihnen etwas anzufangen. Sie erhielten den Namen »Heidengraben«. Wer sonst außer irgendwelchen ungläubigen Wilden hätte solche Wälle auftürmen sollen? Aber zu welchem Zweck?

Kein Mensch kann heute so recht erklären, was die Kelten damals in diese eher unwirtliche Gegend hoch droben auf der Schwäbischen Alb zog. Jedenfalls hätten sich die klimatisch sehr viel angenehmeren Flusstäler von Neckar, Erms oder auch Fils für ein leichteres Leben regelrecht aufgedrängt. Sie lagen den vorzeitlichen Siedlern nachgerade zu Füßen. Festungswerke hätten sich dort auch errichten lassen.

Doch die Tapferen und Erhabenen, wie der Name Kelten in der Übersetzung ergibt, hielten es eher mit der kalten, rauen Alb. In der Höhenlage um 700 Meter oberhalb des heutigen Kurstädtchens Bad Urach gründeten sie ein paar Jahrhunderte vor Christi Geburt eine stark befestigte Siedlung. Sie war die größte seinerzeit auf deutschem Boden. Mit einem ausgeklügelten System mächtiger Wallanlagen und gut gesicherter Toreinfahrten wurde das Dorf geschützt.

Die Erdwälle waren mit Holzpfosten und Kalksteinmauern verstärkt, unterbrochen nur von sieben großen Durchlässen. Das Festungssystem sollte verhindern, dass ungebetene Gäste von der Albhochfläche her oder auch aus den Tälern herauf in die

Rekonstruiertes Tor nahe Erkenbrechtsweiler.

Siedlung eindrangen. Eine Fläche von gut 16 Quadratkilometern war auf diese Weise gegen die feindliche Umgebung abgeschottet. Vermutet wird allerdings auch, dass die Anlage in der herb schönen Landschaft um Grabenstetten gar nicht ständig bewohnt war. Möglicherweise habe es sich nur um ein Marktzentrum gehandelt. Vielleicht wurde Hüttenindustrie zur Metallgewinnung unterhalten.

Nicht einmal Spuren von Wohngebäuden wurden bislang gefunden. Lediglich ein Grabhügelfeld nah dem Burrenhof wurde ausgegraben und äußerlich wieder hergerichtet. Die Römer nannten solche Ansiedlungen »Oppidum« (Stadt). Sie waren es, die das Ende der Kelten in Mitteleuropa einläuteten, als sie wenige Jahrzehnte vor Christus über die Alpen kamen.

Die noch heute im Gelände gut erkennbaren, lang gestreckten Wälle werden von einigen Wanderwegen begleitet. Der längste misst gut 20 Kilometer und führt fast ausschließlich durch freies Gelände ohne Wald. Fünf Stunden Wanderzeit einschließlich einiger kleiner Pausen sind da kaum zu hoch veranschlagt. Allerdings stehen weit und breit keine Gasthäuser, keine Ruhebänke. Rundum nur Natur. Nur die Dörfer Grabenstetten und Erkenbrechtsweiler werden durchwandert.

Die Runde am Heidengraben entlang startet zweckmäßigerweise am Wanderparkplatz nördlich von Erkenbrechtsweiler. Dort zeigt eine Relieftafel das gesamte Gebiet des einstigen Oppidums. Die Wanderwege sind markiert, aber nicht immer lückenlos.

Lage: Auf der Höhe oberhalb von Bad Urach, GPS-Koordinaten Breite 48.870278 Länge 10.3575

Anfahrt: A8, Ausfahrt 57 (Kirchheim Teck-Ost), Owen, Erkenbrechtsweiler.

Parken: Wanderparkplatz Baßgeige nördlich Erkenbrechtsweiler.

Kinderwagen / Rollstuhl: Nein.

Geöffnet: Der Heidengraben liegt in freier Natur und ist jederzeit zugänglich.

Für Kinder: Falkensteiner Höhle mit Rast- und Grillplatz an der L 211 nach Bad Urach, Ruine Hofen mit Grillstelle östlich Grabenstetten, Astropfad am Parkplatz Hochholz nah dem Burrenhof.

Besuchen: Keltenmuseum Heidengraben, Böhringer Straße 7, 72582 Grabenstetten, geöffnet Mai bis September sonntags 14 bis 17 Uhr, Telefon (0 73 82) 9 41 50 40, Förderverein Heidengraben, Achalmstraße 1, 72582 Grabenstetten.

Hinweis: Der Hohenneuffen, größte Burgruine der Schwäbischen Alb, liegt ganz in der Nähe.

Einkehr: Wirtshaus Burrenhof nah dem Tor F des Heidengrabens, montags Ruhetag, Dorfgasthäuser in Grabenstetten und Erkenbrechtsweiler.

Kontakt: Gemeindeverwaltung, Böhringer Straße 10, 72582 Grabenstetten, Telefon (0 73 82) 9 41 50 40, www.grabenstetten.de
Gemeindeverwaltung, Uracher Straße 2, 73268 Erkenbrechtsweiler, Telefon (0 70 26) 95 05 10, www.erkenbrechtsweiler.de

Die Heidenschmiede

Knöpfleswäscher und Neandertaler

Sie sind die Knöpfleswäscher – und doch sehr viel mehr als das. Heidenheims Geschichte führt weit in die Vorzeit zurück. Vor 70 000 Jahren ließ sich der Neandertaler als Vorläufer des modernen Menschen immer mal wieder für einige Zeit in der »Heidenschmiede« im Felsmassiv unterhalb des heutigen Schlosses Hellenstein nieder. Auch die Römer waren in Heidenheim, und die Staufer.

Knöpfleswäscherin in Heidenheims Stadtmitte.

D ie junge Hausfrau hatte dem Liebsten eine Freude machen wollen. So trug sie ihm Heidenheims Nationalgericht – mit viel Soße angemachte Hefeklößchen – hinaus vor die Stadt. Die Gute stolperte, und die Knöpfle kullerten in den Heidenheimer Sand. Die kluge Frau sammelte sie sorgsam wieder ein, wusch alle fein säuberlich ab und brachte sie nun frisch gereinigt dem dankbaren Gatten an den Arbeitsplatz. Seither gelten die Heidenheimer als die Knöpfleswäscher.

Viel übers Städtchen an der Brenz erzählt der »Stadtbegleiter«, ein gut hundertseitiges Taschenbüchlein samt Stadtplan mit dem Titel »Schlossblick«. Ein eigenes Kapitel ist einem Rundgang durch die Innenstadt vorbehalten. In 45 Minuten berührt er auf einer Strecke von zwei Kilometern Altes und Neues Rathaus, natürlich den Knöpfleswäscherin-Brunnen, die Kirchen der Stadt,

den Bürger- und den Schandturm – alles in allem 15 wichtige Orte in der Stadt.

Eine weitere Runde führt in der gleichen Zeit aber nur über anderthalb Kilometer den Schlossberg hinauf zu den Museen im Schloss Hellenstein. Er passiert die »Heidenschmiede«, vor 70 000 Jahren wiederholt Lagerplatz der Neandertaler. Mehr als 5000 von diesen Vorzeitmenschen hergestellte und genutzte Steinwerkzeuge wur-

Burg Hellenstein oberhalb Heidenheims.

den dort eingesammelt. Der Aufstieg zum Schlossberg über den Hermann-Mohn-Weg beginnt bei der Adresse »Im Flügel 12«. Nach 122 Treppenstufen liegt rechter Hand die Heidenschmiede. Bis hinauf zum Schloss sind es insgesamt 263 Stufen. Hier und da am Aufstieg eine Ruhebank.

Um 200 n. Chr. besetzten die Römer die Landschaft an der Brenz, bauten ein Kastell, das verloren ist, und ein Bad, das heute ein kleines Museum beherbergt. Tausend Jahre nach den Römern kamen die schwäbischen Stauferherzöge. Das im achten Jahrhundert erstmals genannte Dorf umgürteten sie mit einer festen Mauer und gaben ihm das Marktrecht. Der letzte von einst zehn Stadttürmen steht als Bürgerturm noch heute am Rand der Altstadt. Auf dem Hellenstein hoch über der Brenz bauten die Staufer eine erste Burg.

Heidenheim ist eine Station an der »Stauferstraße«, wie Göppingen, Geislingen und auch Schwäbisch Gmünd. In der weiteren Umgebung belegen viele Ruinen eine reichhaltige staufische Vergangenheit, wie z. B. die Burg Herwartstein über Königsbronn, die Güssenburg nahe Giengen oder der Helfenstein über Geislingen. Die 900 Jahre alte romanische Galluskirche im Dörfchen Brenz geht wohl auf Kaiser Friedrich I. Barbarossa zurück.

Lage: 33 Kilometer nordöstlich von Ulm, GPS-Koordinaten Breite 48.706283 Länge 10.161957

Anfahrt: A 7, Ausfahrt 116 (Heidenheim).

Parken: Im Stadtgebiet.

Kinderwagen / Rollstuhl: Stadtgebiet und Wildpark Eichert: Ja. Zur Heidenschmiede: Nein.

Für Kinder: Nach dem Stadtbummel Schloss Hellenstein aufsuchen für einen großartigen Ausblick auf die Stadt und die östlich gelegene Waldregion.

Besuchen: Wildpark Eichert mit Steinbock, Damwild, Wildschwein ist ständig frei zugänglich, mittendrin eine Greifvogelstation. Im Sommer Freilichtspiele im Naturtheater nebenan.

Hinweis: »Museum Schloss Hellenstein« und »Museum für Kutschen, Chaisen, Karren«, beide geöffnet 15. März bis 15. November, dienstags bis samstags 10 bis 12 Uhr und 14 bis 17 Uhr.
»Museum im Römerbad«, Theodor-Heuss-Straße 3, geöffnet Mai bis Oktober sonntags 13 bis 17 Uhr.

Wandern: Zahlreiche Wandertouren unter www.heidenheimer-brenzregion.de

Einkehr: Gasthäuser, Restaurants in Heidenheim.

Kontakt: Touristik-Information, Hauptstraße 34, 89522 Heidenheim, Telefon (0 73 21) 3 27 49 10, www.heidenheim.de

Beim Albschäfer

Mit 1000 Schafen über den Trockenrasen
Schon in der dritten Generation unterhalten Holger Banzhaf und seine Familie ihre Schäferei auf der östlichen Schwäbischen Alb. Doch Tochter Laura ist bereits in die Fußstapfen ihres Vaters getreten und lässt sich an der Valckenburgschule in Ulm zur »Tierwirtin Fachgebiet Schafhaltung« ausbilden – zur Schäferin also.

Banzhafs Schäferei am Rand des Dörfchens Heldenfingen hat eine von zwölf Herden im Landkreis Heidenheim. »Aber man muss das richtig bewerten«, sagt der Schäfer, dem die Freude am Dasein in der frischen Luft auf den kahlen Höhen der Alb ins Gesicht geschrieben steht. »Das geht nur mit staatlicher Hilfe.« Einen großen Teil ihrer Einnahmen beziehen die modernen Lohnschäfer aus den staatlichen Fördertöpfen. »Ohne diese finanzielle Unterstützung gäbe es keine Schafe mehr in Baden-Württemberg und sicher auch nicht anderswo in Deutschland«, sagt Banzhaf. Die Schafe aber sind nötig, um mit ihrem Beißen und Fressen die in Jahrtausenden entstandene Kulturlandschaft auf der Alb zu bewahren. Ohne den Verbiss der Schafe – und einiger Ziegen, die jeder Herde beigemischt sind – wäre bald nur Wald auf der Schwäbischen Alb und anderswo.

Rund 1000 Tiere zählt Banzhafs Herde. Mit ihnen wandert er im Jahreslauf im Umkreis von 20 Kilometern um seinen Hof herum. Zwischen Ende Dezember und Ende Januar beziehen sie einen 1994 neu errichteten Stall am Schafhof südlich von Heldenfingen, wo sie es in der kalten Jahreszeit bis gegen Ende April warm haben. Zuvor werden die Tiere geschoren, damit es im

Links: Schafe auf der Schwäbischen Alb. Rechts: Albschäfer Holger Banzhaf mit seiner Herde.

Stall nicht zu eng wird. Denn zehn Zenti-meter Wollpelz je Schaf kosten schon eini-gen Platz im Raum. Unter den 1000 Tieren seiner Herde hält Banzhaf 650 Muttertiere, die jeweils dreimal innerhalb von zwei Jah-ren Junge zur Welt bringen. »Befruchtet werden sie auf ganz natürliche Weise«, sagt der Schäfer. Dazu hält er acht bis zehn Bö-cke fern der Herde. Zur Zeit der Paarung lässt er sie für zwei Wochen zu den übrigen Tieren. Fünf Monate später ist »Ablamm-zeit« – der Nachwuchs wird geboren.

Etwa sieben bis acht Stunden verbringt der Schäfer täglich bei seiner Herde. In dieser langen Zeit lernt er seine Merino-Landschafe hautnah und fast persönlich kennen. Sie fol-gen meist auch seinem Zuruf »koom koom«. Er beobachtet jedes Einzelwesen. Denn es geht auch um die Gesundheit seiner Tiere. Immer wieder mal verklemmt sich ein kleiner Kalkstein von der Alb zwischen den kleinen Hufen. Schlimmer noch, wenn ein Tier sich einen der stahlharten Stacheln des Schwarz-dorns in den Fuß tritt. Dann muss der Schäfer schon mal eine kleine Operation vornehmen.

So kommt Langeweile im Schäferalltag eigentlich nicht auf. Dann sind da ja auch noch die Hunde, die dem Schäfer zur Seite stehen. Sie müssen aus- und weitergebildet werden, müssen wissen, wo die Schafe gehen dürfen, wo nicht. Da hat der Schäfer schon mal Zeit nachzudenken – übers Geschäft, die Weiterentwicklung des Schafhofs. Auch ausgiebig telefonieren kann er heutzutage im freien Gelände. Auf Wetterbeobachtung und -vorhersage verstehe er sich aber nicht besonders. Falls allerdings seine Tiere bei schönstem Sonnenschein, der sie in der Regel träge macht, heftig reagieren und wie wild zu fressen beginnen, dann schlägt in spätestens drei Tagen das Wetter um. »Die Tiere fühlen das schon früh«, sagt Banzhaf.

Lage: Die Herde findet sich irgendwo im Umkreis des Dörfchens Heldenfin-gen, GPS-Koordinaten Breite 48.599 Länge 10.066

Anfahrt: A 7, Ausfahrt 118 (Niederstotzin-gen), oder B 19.

Parken: Nach Absprache.

Kinderwagen: Meist möglich. Rollstuhl: Nein.

Geöffnet: Tagsüber nach Absprache.

Für Kinder: Den Schafen im Gelände zusehen, am Schafhof gibt es Kinderfüh-rungen, auch Spiele; Kindergruppen sollen sich anmelden.

Besuchen: Hungerbrunnen *(siehe Tipp 30)*, Riffmuseum *(siehe Tipp 4)*.

Hinweis: Familie Banzhaf führt als Selbst-vermarkter einen Hofladen, im Angebot sind halbe und ganze Ostalb-Lämmer, auch in kleinen Mengen und als Teilstücke, dazu Lamm- und Schaffelle, Abholen nach Vereinbarung.

Wandern: »UrMeerpfad« über 14 km, Kunstwanderweg »Urzeit Mosaik Skulptu-renpfad Schwäbische Alb (UMoSSA)« über 20 km *(siehe Tipp 4)*.

Einkehr: Gasthäuser in Heldenfingen, Nie-derstotzingen, Altheim.

Kontakt: Holger Banzhaf, Am Schafhof 1, 89547 Gerstetten-Heldenfingen, Telefon (0 73 23) 34 79, www.ostalblamm.de

Auf der Heuneburg

Pyrene kontrolliert den Welthandel

An der Oberen Donau sind in jahrzehnte-langer Wiederaufbauarbeit ansehnliche Teile des einstigen keltischen Fürstensitzes »Heuneburg« rekonstruiert worden. Im nahegelegenen Heuneburgmuseum in Hundersingen, aber auch auf der Heuneburg selbst wird die Vergangenheit der historischen Anlage aufbereitet. Ein acht Kilometer langer Wanderweg erschließt die Umgebung des frühkeltischen Macht-zentrums.

»Pyrene« nannte der griechische Ge-schichtsschreiber Herodot vor zwei-einhalb Jahrtausenden eine Kelten-stadt an der Oberen Donau. Er könnte die Heuneburg gemeint haben. Dass ihr Ruf bis ans andere Ende der damals bekannten antiken Welt gedrungen war, muss nicht verwundern. Der Keltenfürst hatte seinen Herrschersitz klug an den Kreuzungspunkt zweier uralter Handelswege gelegt. Der eine zog von Massilia, dem heutigen Marseille, die Flüsse Rhone und Saône aufwärts, durch die Burgundische Pforte und den Schwarz-wald zur Oberen Donau. Der andere lief von Oberitalien über die Schweizer Alpenpässe heran und führte weiter nach Nordeuropa. Ab der Heuneburg war die Donau schiffbar. Handelsgüter wurden auf ihr Richtung Bal-kan und Schwarzes Meer transportiert.

An diesem wirtschaftspolitischen Dreh-kreuz bildete die Heuneburg ein starkes

Rekonstruierte Keltenbauten auf der Heuneburg.

Bogenschießen auf der Heuneburg.

Machtzentrum in Mitteleuropa. Ihre Handelsbeziehungen erreichten die ganze antike Welt. Der Heuneburgfürst hatte Zugriff auf alle Warenströme. Er sicherte sie, aber er nutzte sie auch. Das wirkte sich aufs tägliche Leben am Fürstensitz aus. Griechischer Wein wurde aus Trinkschalen geschlürft, die im fernen Attika nahe Athen gebrannt worden waren. Bratspieße fürs Spanferkel kamen von den Etruskern südlich der Alpen. Auch die Kleidermode war von den Anwohnern des Mittelmeers beeinflusst.

Allerdings war das gute Leben auf der Heuneburg von verhältnismäßig kurzer Dauer. Anfang des 7. Jahrhunderts vor Christus mag es begonnen haben. Ende des 6. Jahrhunderts wurde der Fürstensitz zerstört, niedergebrannt. Im 5. vorchristlichen Jahrhundert wurde er zwar noch mal aufgebaut, mit Leben erfüllt, im frühen

4. Jahrhundert jedoch endgültig vernichtet und nie wieder bezogen. Der Erdwall verschwand, der die Anlage einst auf zwei Seiten sicherte. Keine Spur blieb von der starken Ziegelmauer. Verloren die fürstlichen Gemächer, keine Werkstatt mehr der Bronzeschmiede, keine Webstube, kein Backofen. Vergangen die Holz- und Lehmhütten der Dorfbewohner um den Fürstensitz. Untergegangene Welt der Kelten.

Inzwischen ist viel zurückgekehrt, nachgebaut mit Europas finanzieller Hilfe, auch des Landesdenkmalamts Baden-Württemberg, des Landkreises Sigmaringen, der Gemeinde Herbertingen. Auf der etwa drei Hektar großen Fläche der Heuneburg wurden im Verlauf der vergangenen 20 Jahre ein gutes Stück der Lehmziegelmauer rekonstruiert, ein Herren- und ein Wohnhaus, ein Werkstattgebäude und ein Speicher wiederaufgebaut.

Während dieser Arbeiten bewunderten selbst Fachleute die organisatorischen Leistungen der antiken Bauherren. Für die seinerzeit 750 Meter lange und drei Meter breite Schutzmauer mussten rund eine halbe Million luftgetrocknete Ziegel in den Maßen 40 cm x 40 cm x 9 cm hergestellt und transportiert werden. Für den Hausbau wurde das Langholz von weither geholt, für die tragenden Konstruktionen immer nur Eiche.

Die Aussicht, die der Keltenfürst vor zweieinhalb Jahrtausenden von der Hochterrasse über der Donau genoss, ist noch heute einzigartig. Unverändert erhalten über 2500 Jahre mit herrlichem Blick übers Land zum 767 Meter hohen Bussen. Der Sitz der keltischen Götterwelt gilt bis heute als der heilige Berg Oberschwabens. Ein paar 100 Schritt abseits der Keltenburg lag das zugehörige Dorf. Die riesigen Grabhügel, unter denen die Fürsten sich bestatten ließen, sind in der weiteren Umgebung erhalten. Mit 80 Metern Durchmesser und 13 Metern Höhe ist der Hohmichele der größte.

Lage: Links der Donau nahe Herbertingen, GPS-Koordinaten Breite 48.095443 Länge 9.411021

Anfahrt: B 311, B 32, Wegweiser zwischen Herbertingen und Mengen.

Parken: Am Heuneburgmuseum und am Freilichtmuseum.

Kinderwagen / Rollstuhl: Freilichtmuseum ja, Heuneburgmuseum nur Erdgeschoss.

Geöffnet: Freilichtmuseum Heuneburg 30. März bis 31. Oktober dienstags bis sonntags und feiertags 10 bis 17 Uhr, Heuneburgmuseum 30. März bis 31. Oktober dienstags bis sonntags und feiertags 10 bis 16 Uhr.

Für Kinder: Im Freilichtmuseum gibt's immer mal wieder Feste, auch Handwerkertage, an denen Holz bearbeitet, Stroh geflochten, Lehm geknetet wird. Am Archäologischen Wanderweg liegen riesige Grabhügel, die bestiegen werden dürfen. Das Heuneburgmuseum in der Hundersinger Zehntscheuer ist auf Kinderbesuche eingerichtet.

Besuchen: Grabhügel in der Umgebung.

Hinweis: Vom Bussen, der in Sichtweite der Heuneburg auf der anderen Donauseite liegt, ist die Aussicht übers oberschwäbische Land einzigartig.

Wandern: Der Archäologische Wanderweg ist acht Kilometer lang und fast eben. Er beginnt am Heuneburgmuseum in Hundersingen, führt zum Freilichtmuseum Heuneburg, zu mehreren Grabhügeln, darunter der Hohmichele, und endet am Museum.

Einkehr: Café Pyrene im Freilichtmuseum, Gasthof Adler in Hundersingen.

Kontakt: Freilichtmuseum Heuneburg, Heuneburg 1–2, 88518 Herbertingen-Hundersingen, Telefon (0 75 86) 8 95 94 05; Heuneburgmuseum, Binzwanger Straße 14, 88518 Herbertingen-Hundersingen, Telefon (0 75 86) 16 79, www.heuneburg.de, www.heuneburg-keltenstadt.de

Im Fürstlichen Park

Fürstin Amalie Zephyrines Naherholung
»Dort, wo die blaue Donau / durch steile Felsen bricht / und ihre Fluten glänzen / im hellen Sonnenlicht / dort liegt ein lauschig Plätzchen / vom Herrgott reich bedacht.« Ein Heimatdichter von der Oberen Donau besingt in hehren Versen den »Fürstlichen Park Inzigkofen«. Doch den hat keineswegs der Herrgott geschaffen – jedenfalls nicht allein.

Amalienfelsen unterhalb des Fürstlichen Parks.

F ürstin Amalie Zephyrine von Hohenzollern-Sigmaringen hat den Park im frühen 19. Jahrhundert im Stil eines englischen Landschaftsgartens anlegen lassen. Sie selbst war aus dem Sigmaringer Schloss ausgezogen, hatte eine Zeitlang in Krauchenwies gelebt und sich schließlich das seit der Säkularisation verwaiste und im Besitz der Hohenzollern stehende Augustinerinnenkloster Inzigkofen zum Sommersitz ausbauen lassen.

Nach ihren Ideen entstand in mehrjähriger Gärtnerarbeit der 26 Hektar große »Fürstliche Park« auf dem Steilufer der Donau. Stille, einsame Spazierwege schlängeln sich durch Wäldchen und an Wiesen entlang, über Stützmauern und Holzbauten. Die »Teufelsbrücke« überquert eine gut 20 Meter tiefe, wilde Schlucht. Der »Amalienfelsen« steigt direkt aus der hier sechs Meter tiefen Donau zur Höhe von 29 Metern auf.

Eine Tafel am Parkeingang verkündete einst: »Jedem ordentlichen Menschen ist das Lustwandeln in den hiesigen Anlagen gestattet.« Der Schriftsatz ist seit kurzem verschwunden. Er zeugte aber vom Wunsch der Fürstin, in ihrem Park nicht immerzu allein umhergehen zu müssen. Sie mochte ihre Inzigkofer, und die wiederum schätzten sie als großzügige Gönnerin, die nach einem bewegten Leben 1841 im Alter von 81 Jahren starb.

Geboren wurde Amalie Zephyrine von Salm-Kyrburg 1760 in Paris. Mit 22 Jahren heiratete sie den Erbprinzen Anton Aloys von Sigmaringen-Hohenzollern. Als sie 1784 erstmals nach Sigmaringen kam, erschrak sie. Gemessen an der Großstadt Paris kamen ihr die dörflichen Verhältnisse an der Donau als »unerträglich einengend« vor. Schon im folgenden Jahr verließ sie Mann und Kind und Sigmaringen und kehrte auf Umwegen nach Paris zurück, wo sie die Revolutionsjahre und den Aufstieg Napoleon Bonapartes aus nächster Nähe miterlebte. Im Alter von 48 Jahren kam sie an die Donau zurück

Lage: 5 km westlich von Sigmaringen an der Donau, am nördlichen Ortsrand Inzigkofens, GPS-Koordinaten Breite 48.074196 Länge 9.179289

Anfahrt: Sigmaringen, Laiz, Inzigkofen.

Parken: An der Heimvolkshochschule.

Kinderwagen / Rollstuhl: Nein.

Geöffnet: Der Fürstliche Park ist immer frei zugänglich.

Für Kinder: Über die Teufelsbrücke steigen, den Park durchstreifen, den Kräutergarten bewundern, im Bauernmuseum altes Gerät anschauen.

Besuchen: Bauernmuseum des Schwäbischen Albvereins in der ehemaligen Klosterscheune, Mai bis Oktober 1. und 3. Sonntag 14 bis 17 Uhr, Eintritt frei, Führungen mit Erich Beck, Telefon (0 75 71) 5 24 15.

Kräutergarten neben dem Museum: Immer frei zugänglich.

Teufelsbrücke im Fürstlichen Park.

Klostermuseum, 1. und 3. Sonntag im Monat 14 bis 17 Uhr, Eintritt frei, Führungen: Telefon (0 75 71) 7 39 80.

Hinweis: Im ehemaligen Augustinerinnenkloster ist die Heimvolkshochschule Inzigkofen eingerichtet.
Am Aussichtsfelsen halbwegs zwischen Inzigkofen und Dietfurt liegt ein Felspflanzenlehrpfad.

Einkehr: Parkstüble am Parkeingang und Gasthäuser in Inzigkofen.

Kontakt: Gemeindeverwaltung Inzigkofen, Ziegelweg 2, 72514 Inzigkofen, Telefon (0 75 71) 7 30 70, www.inzigkofen.de

An der Kugelmühle

Wie die bunten Murmeln entstehen

Im Prinzip ist Marmor nichts anderes als Kalkstein, wie er überwiegend die Schwäbische Alb aufbaut. Allerdings sollte der Stein gefärbt und so fest sein, dass er beim Schleifen eine schöne Politur annimmt. In der Neidlinger Kugelmühle macht Stefan Metzler mit der Kraft des fließenden Wassers aus Kalkstein wunderschöne bunte Murmeln in drei Größen.

In Gebirgsflüssen, die viel steinernes Geröll mit sich führen, finden sich eckige, kantige Steine gewöhnlich nicht. Weil das Gestein vom fließenden Wasser ständig aneinander gerieben, gerollt, geschoben wird, bleiben nur rundliche, glatt geschliffene Kieselsteine. Ähnlich macht es der Kugelmüller. In seiner wasserbetriebenen Mühle werden kantige Steine zu vollkommenen Kugeln gerollt. Das Ergebnis ist so perfekt,

Marmorkugeln aus der Neidlinger Kugelmühle.

wie es die menschliche Hand mit Schleifen und Schmirgeln nie erreichen könnte.

Die Kugelmühle selbst besteht aus einem im Bett des Neidlinger Seebachs liegenden, befestigten Mühlstein mit konzentrisch eingearbeiteten Rillen. In der Mitte des Steins sitzt eine Achse, um die sich der vom Wasser angetriebene obere Läuferstein dreht. Er ist passgenau mit den gleichen Rillen ausgestattet wie der liegende Stein. In die von den Rillen gebildeten ringförmigen Hohlräume legt der Müller die Rohlinge. Der Läuferstein nimmt sie mit, rollt sie ständig im Kreis und um sich selbst herum, bis sie sich am unteren Mühlstein rund geschliffen haben.

Ein Mahlgang braucht knapp 24 Stunden, bis die Kugel rund ist. Der Kugelmüller kann den Vorgang steuern, muss er sogar. Je häufiger sich ein Rohling in seiner Rille dreht, desto perfekter wird die Kugel. Um das zu erreichen, kontrolliert der Müller ständig Menge und Temperatur des fließenden Wassers. Von ihnen hängt die Drehgeschwindigkeit des Läufers ab. Sie bestimmt auch die Anzahl der Rohlinge, die gleichzeitig in eine Rille gelegt werden. Für große Kugeln haben die Mühlsteine nur eine Rille, für Kindermurmeln drei.

Das in der Neidlinger Kugelmühle verarbeitete Kalkgestein kommt überwiegend aus Steinbrüchen der Schwäbischen Alb bei Drackenstein, Erkenbrechtsweiler, Merklingen, Zainingen und Holzmaden. Auch Leinfelden, Heimsheim und Marbach am

Stefan Metzler führt durch seine Manufaktur an der Kugelmühle.

Neckar liefern Rohmaterial. In der Manufaktur der Kugelmühle wird das Gestein zu rollfähigen Rohlingen in drei Größen verarbeitet. Die Manufaktur kann einschließlich der verwendeten Geräte und Maschinen besichtigt werden. Es gibt auch eine kleine Ausstellung zu den genutzten Gesteinen und einen Verkaufstisch mit Kugeln.

Der Name Murmel oder Marmel kommt natürlich vom Wort Marmor. Richtige Murmeln waren früher immer aus Marmor. Später kamen Kugeln aus Lehm hinzu, die von Hand gefertigt wurden. Die Industrialisierung brachte im 19. Jahrhundert Murmeln aus Glas, Porzellan und gepresstem farbigen Kreidestaub in den Handel. Murmeln zu verschenken, soll dem Schenkenden Glück bringen.

Lage: 10 km südöstlich von Kirchheim unter Teck, GPS-Koordinaten: Breite 48.579243 Länge 9.56496

Adresse: Gießenstraße, 73272 Neidlingen.

Anfahrt: A 8, Ausfahrt 58 (Aichelberg) oder Ausfahrt 59 (Mühlhausen).

Parken: Gießen- und Kelterstraße.

Kinderwagen / Rollstuhl: Ja.

Geöffnet: Die Kugelmühle im Seebach an der Gießenstraße unter freiem Himmel ist ganzjährig frei zu besichtigen. Öffnungszeiten der Manufaktur: Internetseite.

Für Kinder: Der Kugelmüller erzählt gern, wie die Murmeln entstehen; im Seebach zusehen, wie der Läuferstein sich dreht. Murmeln kaufen.

Besuchen: Ruine Reußenstein *(siehe Tipp 47)*.

Hinweis: Die Manufaktur, in der Rohlinge gefertigt werden, liegt an der Gießenstraße in Neidlingen. Die Kugelmühle hat kein Dach. Die vier Mahlwerke im Seebach, wenige Schritte unterhalb der Manufaktur, drehen sich unter freiem Himmel.

Einkehr: Gasthäuser in Neidlingen.

Kontakt: www.kugelmuehle-neidlingen.de

Im Freilichtmuseum

Mit der Schweinehirtin durchs Dorf

Gut 85 000 Besucher ziehen jährlich durchs Freilichtmuseum des Landkreises Tuttlingen in Neuhausen ob Eck. Sie tätscheln die Esel, staunen übers buntgescheckte Schwäbisch-Hällische Landschwein, schauen im Rathaus vorbei, werfen einen Blick in die Kirche am Dorfplatz. Neuhausen ist eins von zwei Freilichtmuseen auf der Schwäbischen Alb mit mehr als zwei Dutzend historischen Bauwerken und einem umfangeichen Jahresprogramm.

Der Bummel durchs Dorf, auf Sand- und Schotterwegen, unter Obstbaumreihen, vorüber an Staketenzäunen mag schon zwei oder drei Stunden dauern. Schließlich geht es nicht darum, schnell mal vorbeizuschauen. Der Besucher will natürlich auch hinter die Fassade gucken. Er muss also schon mal in die Häuser eintreten. Denn dort erst erfährt er, wie die Menschen auf dem Dorf noch vor wenigen Jahrzehnten gelebt haben – mit dem lieben Vieh unter einem Dach. So der Farrenstall, in dem laut königlicher Verordnung seit dem frühen 19. Jahrhundert jede Gemeinde ihre »Vatertiere«, also die geschlechtsreifen männlichen Hausrinder, halten musste.

Ein einzigartiges Ensemble bildet der weite Dorfplatz mit dem Brunnen in der Mitte. Am Rand ein großes Neuhauser Bauerngehöft mit gleich zwei »Misten« vor

der Tür. Nebenan das Rat- und Schulhaus aus Bubsheim auf dem Großen Heuberg. Neben ihm ist der uralte Kaufladen von Friedrich Pfeiffer aus Stetten am Kalten Markt wiederaufgebaut. Drinnen noch die gesamte Ausstattung aus der Mitte des 20. Jahrhunderts einschließlich des damaligen Warenangebots. Und im Schaufenster Maggi's Fleischbrühe, Damenunterwäsche und Flammers Seifenpulver. Gegenüber die Dorfkirche aus dem 15. Jahrhundert. Ein wenig abseits im Tal steht der aus dem Schwarzwald importierte Haldenhof als schlüssige Darstellung eines Hofensembles mit Wohn- und Wirtschaftsgebäuden, über ihm am Hang ein Sägewerk. Weitere Gruppen kommen von der Schwäbischen Alb, aus dem Donaubergland, dem Hegau, der Baar, der Zollernalb, dem Landkreis Rottweil. Wohl gemerkt, dies ist kein Museumsdorf, vielmehr eine bewusst geplante Zusammenführung einzelner Häuser, aber auch ganzer Baumgruppen. Im Nebeneinander präsentieren sie ihre je nach Herkunft regionalen Unterschiede.

Vergangenheit ist allgegenwärtig. Da kommt die Schweinehirtin und treibt nicht nur eine Sau, sondern gleich ein knappes Dutzend durchs Dorf. Einmal jährlich ist Fuhrmannstag mit den wuchtigen Kaltblütern aus Baden-Württemberg und der Schweiz, die dann ihre Kräfte im Holzrücken und im Hindernisfahren beweisen. Gelegentlich kommt der ehemalige Dorf-

Eselkraulen im Freilichtmuseum Neuhausen.

schultes aus Bubsheim vorbei, nimmt am Schreibtisch »seines« Rathauses Platz und empfängt die Bürger. Auch geheiratet wird im Rathaus immer noch. Und der gute alte Dorfschulmeister – den Rohrstock hinterm Rücken – führt durch sein ehemaliges Reich.

Neuhausens Freilichtmuseum ist keineswegs museal. Das mag daran liegen, dass sich die Gemeinde vor 30 Jahren um das Museum beworben hatte. Ein Nachbardorf hatte sich zuvor vehement dagegen gesträubt, das vom Landkreis Tuttlingen geplante Museum aufzunehmen. In Neuhausen, so scheint es, hat das Museum seinen idealen Standort gefunden. Die Bauwerke stehen weit gestreut, und es ist sogar noch Platz für weitere historische Einrichtungen zusätzlich zur Dorfschmiede, der

lang hingestreckten Seilerei, dem Backhaus. Aber mit den 25 Bauwerken, die im Zusammenhang ein gut verständliches Abbild eines Albdorfs im 18./19. Jahrhundert ergeben, soll es vorerst sein Bewenden haben.

Lage: Freilichtmuseum Neuhausen ob Eck, GPS-Koordinaten Breite 52.520007 Länge 13.404954

Anfahrt: B 311 nach Neuhausen ob Eck, Wegweiser »Freilichtmuseum«.

Parken: Am Museum.

Kinderwagen / Rollstuhl: Streckenweise ja.

Friedrich Pfeiffers Kaufladen von 1960 im Freilichtmuseum.

Geöffnet: 31. März bis 28. Oktober, dienstags bis sonntags 9 bis 18 Uhr, Einlass bis 17 Uhr, an Feiertagen auch montags geöffnet.

Für Kinder: Großer Spielplatz mit Geräten, Esel aus der Nähe, Schweine von fern betrachten, Ostermontag Osterspaß für Familien, Waffeln selbst backen, Familienführung »Ein Männlein steht im Walde«, Kinderkurse.

Besuchen: Kreisstadt Tuttlingen.

Hinweis: Kinder und Jugendliche bis einschließlich 16 Jahre haben freien Eintritt. Jeden dritten Mittwoch im Monat ist Seniorentag. Das Jahresprogramm weist eine Fülle von Veranstaltungen im Museums-gelände aus. Das Freilichtmuseum unterhält eine Geopark-Infostelle.

Wandern: Wanderregion Donaubergland, Donaubergland Marketing und Tourismus, Am Seltenbach 1, 78532 Tuttlingen, Telefon (0 74 61) 7 80 16 75, www.donaubergland.de

Einkehr: Museumsgaststätte Ochsen, Telefon (0 74 67) 12 41, Gasthäuser in Neuhausen und Tuttlingen.

Kontakt: Freilichtmuseum Neuhausen ob Eck, Museumsweg 1, 78579 Neuhausen ob Eck, Telefon (0 74 67) 13 91 oder (0 74 61) 9 26 32 05, www.freilichtmuseum-neuhausen.de

Albköhlerei Wengert

Besuch beim letzten Albköhler

»Das liegt in der Familie«, pflegte die im Alter von 94 Jahren gestorbene Elisabeth Wengert zu sagen, »seit Generationen schon, und das kriegst du nicht mehr raus.« Selbst im ehrwürdigen Alter von 90 Jahren hatte es sie noch immer auf ihre Kohlplatte beim Dörfchen Rotensohl gezogen. Dort hat sie ein Leben lang Kohle aus Holz gemacht, im Kohlenmeiler, den sie eigenhändig aufschichtete.

Nun stapelt der Urenkel die meterlangen Scheite aus Buchen- und Eichenholz. Den Meiler so zu bauen, dass er schwelt und nicht brennt, aber auch nicht erlischt, ist Kunst und Schwerarbeit zugleich. Gut 20 Festmeter braucht so ein Stapel. Geschichtet wird er in zwei Etagen, kunstvoll und nach uralter Regel, immer im Kreis um einen Mittelpfosten. Der Holzberg wird in einen luftdichten Mantel aus Laub, Gras, Heu, Moos und schließlich Erde verpackt. An der Spitze wird er angezündet. Von oben her arbeitet sich die Glut im Holzstoß nach unten vor. Ein rechter Brand kommt da unter Luftabschluss nicht auf, soll er auch nicht. Das Holz darf nur schwelen, nie brennen, damit ihm der Sauerstoff entzogen wird.

Der Köhler muss auf der Hut sein. Er darf den Meiler nicht sich selbst überlassen, wenigstens am Anfang nicht. Leicht tut sich ein Luftloch auf. Der Schwelbrand wird zum offenen Feuer, das binnen kurzer Zeit den ganzen Stapel frisst. In Abständen von drei, vier Stunden wird daher kontrolliert – auch nachts. Fünf bis sechs Tage schwelt der Meiler vor sich hin. Der austretende Dampf wechselt die Farbe von gelb über weiß nach blau. So erkennt der Köhler, dass die Holzkohle fertig ist.

Mit Störhaken wird der Meiler Schicht um Schicht entkleidet. Kohle kommt zum Vorschein. Tiefschwarz muss sie sein, darf nicht zerbrechen, nicht abfärben, muss beim Anschlagen einen hellen Klang abgeben. Aufwirbelnder Staub macht den Köhler zum schwarzen Mann. »Schadet den Lungen nicht«, sagt er. Das ist kein Schmutz, kein Dreck wie im Bergwerk. Das ist reiner Kohlenstoff. Der Staub, sagt der Köhler, sei sogar der Gesundheit förder-

Der Kohlenmeiler wird entkleidet.

Einen Kohlenmeiler zu bauen ist Kunst und Schwerarbeit zugleich.

lich. Nicht zuletzt helfen Kohletabletten, die auch nichts anderes sind als Holzkohle, gegen Durchfall und Erbrechen.

Hier und da zucken blaue Flämmchen auf. »Wenn du da jetzt nicht aufpasst«, warnte die alte Elisabeth Wengert stets, »ist der Stoß in einer Viertelstunde weggebrannt.« Immerhin ist es im Innern des Meilers immer noch über 1000 Grad heiß. Eingesetzt wird Wengerts Holzkohle auf dem heimischen Grillfest. Vor allem aber verwendet ihn die Industrie zur Stahlveredelung. Sie ist leichter als Holz, heizt ohne Rauch und Geruch, aber mit der doppelten Brennkraft.

Lage: 8 km nordöstlich von Heidenheim an der Brenz, GPS-Koordinaten Breite 48.752699 Länge 10.231466 (Großkuchen)

Anfahrt: A 7, Ausfahrt 116 (Heidenheim), Richtung Neresheim, Abzweig Großkuchen, Wegweiser Köhlerei.

Parken: An der Kohlplatte.

Kinderwagen / Rollstuhl: Ja.

Geöffnet: Die Kohlplatte liegt im Wald Dicker Hau und ist ständig frei zugänglich. Der Besuch lohnt aber nur, wenn der Meiler dampft und der Köhler da ist. Deshalb vorher telefonisch nachfragen.

Für Kinder: Köhlern bei der Arbeit zusehen; erleben, wie es rußt und staubt; zeigen lassen, wie ein Meiler gebaut wird.

Besuchen: Heimat- und Korallenmuseum in Nattheim, dort auch große Modelleisenbahnanlage *(Tipp 6)*.

Hinweis: Schauköhlerei von Marcus Waldinger im Naturschutzgebiet Zwing bei Neresheim *(siehe Tipp 48)*.

Einkehr: Gasthaus »Linde« in Nietheim, mit Biergarten, mittwochs Ruhetag, Telefon (0 73 67) 24 57.

Wirtshaus »Waldhorn« in Rotensohl, montags Ruhetag, Telefon (0 73 67) 24 56.

Kontakt: Familie Wengert, Rosenbergstraße 15, 89520 Großkuchen, Telefon (0 73 67) 77 30, www.köhlerei-wengert.de

Im Strohpark

Nur vergängliche Kunst

Alle Jahre wieder im Herbst – seit 1997 schon – bauen Vereine und Familien, Gewerbetreibende, aber auch Kinder, Jugend- und Bastelgruppen am Schwenninger Strohpark. Rund drei Dutzend kleine, große, auch riesengroße Kunstwerke aus gedroschenem Stroh stellen sie sechs Wochen lang auf die Wiese an der Heuberghalle. Das Strohparkvirus geht wieder um, heißt es dann in Schwenningen.

D ie Aufsicht über das Geschehen führt der aus 42 Mitgliedern gebildete Handels- und Gewerbeverein Schwenningen. Er entstand just in jenem Jahr, in dem der erste Strohpark gebaut wurde. Außer diesen Kunstwerken auf Zeit besorgt der HGV das jährliche Aufstellen des Maibaums und die Adventsfenster.

Die Idee, im Ort eine Freiluftausstellung mit vergänglichen Kunstwerken auf die Wiese zu stellen, kam dem Gastwirt Peter Müller. Der hatte, wie in Schwenningen zu erfahren ist, mal irgendwo so etwas gesehen. Doch als er Freunde und Bekannte mit dem Vorschlag konfrontierte, auch mal Kunst aus Stroh zu machen, gab es der Überlieferung zufolge einen kleinen Aufstand im Dorf. Was soll der Unsinn, habe es geheißen.

Doch diese holprigen Anfänge sind längst Geschichte. Auf den jährlichen Strohpark will in Schwenningen kein Mensch mehr verzichten. Natürlich hat er die 1600 Einwohner starke Gemeinde über die Region hinaus bekannt gemacht. Natürlich kommen Tausende Besucher in den Ort. Doch darauf kommt es erst mal gar nicht an.

Das gemeinsame Bauen am Strohpark verbündet die Menschen am Ort. Das Erlebnis, wieder Neues, Überraschendes aus dem schlichten Material Stroh zusammenzubinden, schweißt sie zusammen. Aber das Basteln steigert natürlich auch den Wettstreit unter den Machern. Denn es geht ja immer wieder auch um neue zündende Ideen. Dazu trägt der Handels- und Gewerbeverein bei, indem er jeweils die drei gelungensten Arbeiten mit Urkunden bedenkt. Zusätzlich wird ein Wanderpokal für das größte Bauwerk im Park vergeben.

Kleine und große Kunstwerke aus Stroh.

Mammut und Feuerwehr aus Stroh in Schwenningen.

Viel Fantasie wird immer auf die Kunstwerke verwandt. Tiere aller Arten sind schon gebunden worden, dazu Modelle bedeutender Bauwerke, Kraftfahrzeuge aller Arten, aber auch landwirtschaftliches Gerät, Figuren der Geschichte bis hin zum »Heiligen Strohsack«, zu Asterix und Obelix und vielen anderen mehr. Es hat nicht den Anschein, dass Schwenningens Strohbindern in naher Zukunft die Fantasie für neue Strohgeflechte ausgehen sollte.

Lage: 18 km westlich von Sigmaringen, GPS-Koordinaten Breite 48.108009 Länge 9.005450

Anfahrt: Von Sigmaringen B 463, L 218, von Albstadt und Meßkirch L 196.

Parken: An der Heuberghalle.

Kinderwagen / Rollstuhl: Ja.

Geöffnet: Anfang September bis Mitte Oktober, tagsüber frei zugänglich, Spende erwünscht.

Für Kinder: Strohbauten von Kindern für Kinder, Strohspielplatz.

Hinweis: Der Strohpark ist täglich ab 14 Uhr bewirtet, an bestimmten Tagen schon ab 12 Uhr (Internetseite), Festzelt und Biergarten bieten 640 Sitzplätze.

Einkehr: Im Strohpark, Gasthäuser in Schwenningen.

Kontakt: Bürgermeisteramt, Alte Pfarrstraße 9, 72477 Schwenningen, Telefon (0 75 79) 9 21 20, www.schwenningen-strohpark.de

Im Kalkofenmuseum

Vom Kalkbrennen und Kalklöschen

Die Schwäbische Alb ist überwiegend aus Kalkstein aufgebaut. Je nach Ort und Lage nimmt er unterschiedliche Formen an. Auch Travertin und Marmor sind nichts anderes als Kalk. Im Baugewerbe wird seit je Weiß- und Schwarzkalk verwendet. Das Abfallprodukt Düngekalk kam in die Landwirtschaft. Damit Kalk genutzt werden kann, muss er zuvor in Kalköfen »gebrannt« werden.

Nur 17 Jahre lang war der Kalkofen Untermarchtal in Betrieb. Dann stand er ein halbes Jahrhundert lang still. Heute ist er ein bedeutendes Denkmal der Industriegeschichte am Fuß der Schwäbischen Alb, betreut von der Untermarchtaler Ortsgruppe des Schwäbischen Heimatbunds. Die Anlage ist voll funktionsfähig. Der Ofen wird jedoch nicht mehr in Betrieb gesetzt. Zu Produktionszeiten wurde er erst mal einen

Löschen von Kalk im Kalkofenmusuem.

Befüllen des Kalkofens von oben.

ganzen Tag lang kräftig eingeheizt, weil zur Weißkalkherstellung 1100 Grad erforderlich sind. Schwarzkalk braucht immer noch 900 Grad. Erst bei solchen Temperaturen wird dem Stein das Kohlendioxid entzogen.

Seinen regulären Betrieb hat der Untermarchtaler Kalkofen 1923 aufgenommen, errichtet vom Bürgermeister Albert Großmann, dem Munderkinger Bauunternehmer Leopold Ege und dem Landwirt Josef Bailer von Dieterskirch. Das Werk beschäftigte in seiner kurzen Blütezeit bis zu vier Arbeiter rund um die Uhr, auch am Wochenende. Eine kräfteraubende, gesundheitsgefährdende, teils lebensbedrohliche Arbeit. Die giftigen Gase Kohlenstoffmonoxid und Kohlenstoffdioxid stiegen beim

Brennen des Kalks auf. Der feine Staub verätzte Atemwege und Augen.

Mit Pickel und Brecheisen, teilweise auch mit Sprengungen, wurde im Steinbruch oberhalb des Ofens besonders reiner Weißjurakalkstein für den Weißkalk gewonnen. Der Zementmergel für den Schwarzkalk kam aus einem etwa 300 Meter entfernten Steinbruch. Mit Vorschlaghämmern wurde das Material zu faustgroßen Brocken zertrümmert. Aus Schubkarren kippten die Kalkbrenner das Gestein von oben in den zwölf Kubikmeter fassenden Ofen, immer im Wechsel Kalkstein und Koks, sieben Tonnen insgesamt. In der Gluthitze blieb das Gestein äußerlich unverändert, verlor aber fast die Hälfte seines Gewichts. Knapp vier Tonnen reinen Brandkalk ergab eine

Ofenfüllung. Die Anlage brannte von März bis Oktober Tag und Nacht. In der übrigen Zeit brauchte damals weder Landwirtschaft noch Bauhandwerk Kalk.

Das »Technische Museum Kalkofen Untermarchtal« wurde am 9. September 1990 eröffnet. Der Besucher findet sämtliche fürs Kalkbrennen benötigten historischen Geräte. Das Trommelsieb ist da, die Förderschnecke und der sieben Meter hohe Schachtofen mit aufgesetztem Schornstein. Sogar ein Einkolbenmotor von 1927 zum Antrieb der Transmission ist vorhanden. Im einstigen Werkraum zeigen Schautafeln, zu welchem Zweck und unter welchen Bedingungen Kalk gebrannt wurde. Sehr anschaulich wird die Kalkherstellung mit einem an Ort und Stelle produzierten Videofilm erläutert.

Lage: 32 km südwestlich von Ulm, GPS-Koordinaten Breite 48.240859 Länge 9.612843

Anfahrt: B 311, direkt an der Ausfahrt Lauterach/Untermarchtal.

Parken: Am Kalkofen.

Kinderwagen / Rollstuhl: Ja.

Geöffnet: April bis Ende September sonn- und feiertags 13 bis 17 Uhr, Gruppenführungen auf Anfrage, Telefon (0 73 93) 91 73 83, www.schwaebischer-heimatbund.de

Für Kinder: Die Verwendung der historischen Gerätschaften im Museum erklären lassen. Im »Generationen-Aktiv-Park Untermarchtal« spielen.

Besuchen: »Generationen-Aktiv-Park« in Untermarchtal, Freiherr-von-Speth-Straße 9, die 3 ha große Grünanlage besteht aus einem Tierpark, einem Sinnes- und Therapiegarten, einem Bewegungsgarten, einem Walderlebnisbereich und einer Kinderaktivinsel. Jung und Alt sollen sich im Park mit Spiel, Spaß und Bewegung begegnen. Telefon (0 73 93) 3 04 46.

Galerie Schrade für zeitgenössische Kunst im barocken Schloss Mochental, mit Besenmuseum, geöffnet dienstags bis samstags 13 bis 17 Uhr, sonn- und feiertags 11 bis 17 Uhr, Telefon (0 73 75) 4 18, www.galerie-schrade.de

Technikmuseum Alte Säge mit intakter historischer Sägeeinrichtung, landwirtschaftlichen und handwerklichen Maschinen und Geräten sowie sechs Oldtimer-Traktoren, an der L 231 vor Mundingen, geöffnet Mai bis Oktober, sonn- und feiertags 11 bis 17 Uhr, Telefon (0 73 91) 20 65.

Hinweis: An der Landstraße nach Mundingen liegt rechts vor dem Waldrand am Sauberg ein geräumiger Rast- und Spielplatz mit Grillstellen und Sitzgruppen. Am schönsten aber ist der Blick übers Land von dort oben, der links die Frauenkirche von Munderkingen erfasst, in der Mitte den Bussen und am rechten Rand den Turm der Burgruine Rechtenstein.

Einkehr: Bauernwirtschaft im Schloss Mochental, Gasthäuser in Munderkingen und Kirchen.

Kontakt: Infozentrum Untermarchtal, Bahnhofstraße 4, 89617 Untermarchtal, Telefon (0 73 93) 91 73 83.

Im Filstal

Auf der Spur der Tälesbahn

Ein rabenschwarzer Tag war das fürs Filstalstädtchen Wiesensteig. Im Schneegestöber des 31. Dezember 1968 rollte mittags um ein Uhr letztmals die »Tälesbahn« aus der Station hinaus und über acht Bahnhöfe Richtung Geislingen. Nach 65 Jahren Eisenbahnbetrieb war das Ende gekommen für die 21,4 Kilometer kurze Bahnstrecke.

Bald waren die Schienenstränge abgebaut. Der Bahndamm aber blieb zu großen Teilen erhalten. Auf ihm herrscht heute wieder lebhafter Verkehr talauf, talab. Nicht mehr auf Gleisen, jetzt auf Asphalt. Der Weg folgt – bis auf ein paar unbedeutende Abweichungen – der Spur der verlorenen Tälesbahn. Radwanderer sind unterwegs und Fußgänger, Kinderwagen werden geschoben und Rollstühle, Inlineskater und Rollerfahrer flitzen vorüber. Gut möglich, dass heute, vor allem an Wochenenden, auf dem alten Bahndamm mehr Menschen unterwegs sind, als die Tälesbahn in ihren letzten Jahren beförderte.

Am Weg stehen Ruhebänke, hier und da Überbleibsel des einstigen Bahnbetriebs. In Deggingen und Reichenbach die alten Bahnhöfe. Auf freier Strecke mancher alte Markierungsstein der am 20. Oktober 1903 mit einem großen Fest eröffneten Bahnlinie. Über elf Brücken rollten die Züge, überwanden zwischen Geislingen und Wiesensteig 174 Meter Höhenunterschied. Gleich hinter Mühlhausen im Täle war's sprichwörtliche Blumenpflücken während der Fahrt durchaus üblich. Franz Naumann, der die Geschichte der Tälesbahn aufgeschrieben hat, erinnert sich: »Am vorderen Wagen sind die Schulbuben abgesprungen, um dann mit Blumen in der Hand den letzten Wagen wieder zu erreichen.«

Die Tälesbahntrasse ist Teil des 67 Kilometer langen Rad- und Wanderwegs »Filstalroute« zwischen Plochingen und Wiesensteig. Die Route, die von Ebersbach und Uhingen, über Faurndau, Göppingen und Eislingen herankommt, hat ihr schönstes Teilstück zwischen Geislingen und Wiesensteig. In Zehntausenden Jahren hat die Fils ihr mehrfach gewundenes Tal in die Alb geschürft. Rechts und links steigen Berghänge hoch auf. Die Hausener Wand stürzt fast senkrecht in die Tiefe. Und auf jedem zweiten Gipfel steht eine Kapelle, zu mancher führt ein Kreuzweg mit seinen 14 Stationen hinauf.

In den Felswänden hängen Kletterer. Über ihnen in den Lüften schweben Segel- und Drachenflieger, umkurvt von Modellflugzeugen. Wandergruppen steigen die Hangwege hinab, queren den Talgrund, ziehen jenseits wieder hinauf. An den Wegen im Tal manch Sehenswertes. Giebelsprüche, Fachwerk, steinerne Wappen an

Im Filstal unterhalb der Wangener Wand.

den Wänden in Wiesensteig. In Bad Ditzenbach links der Fils das Kurviertel, rechts der alte Ortskern. Am Hang oberhalb von Deggingen in schöner Lage die Klosterkirche »Ave Maria«. In Bad Überkingen mitten auf der alten Bahntrasse der Kurpark mit Brunnentempel und Therme. Und im Autal etwas abseits der Fils zwischen Hausen und Bad Überkingen läuten Massen von Märzenbechern alljährlich den Frühling ein.

Lage: Wiesensteig, 15 km südöstlich von Kirchheim unter Teck, GPS-Koordinaten: Breite 48.561783 Länge 9.623624

Anfahrt: A 8, Ausfahrt 59 (Mühlhausen), Wiesensteig.

Parken: In allen Orten längs der Filstalroute.

Kinderwagen / Rollstuhl: Ja.

Geöffnet: Alle Teile sind jederzeit frei zugänglich.

Für Kinder: Wandern, Radeln, Skaten, Picknick mit Plantschen im Filsursprung.

Besuchen: Filsursprung südwestlich von Wiesensteig, Wegweiser ab Gasthof »Filsursprung«, ab Waldparkplatz 1,5 km, auf breitem Schotterweg fast ohne Schatten oberhalb der jungen Fils oder auf Trampelpfad im Wald längs der Fils, Ruine Reußenstein *(siehe Tipp 47).*

Hinweis: »Filstalroute« als pdf-Datei auf den Internetseiten der Anliegergemeinden.

Einkehr: Gasthäuser in allen Talgemeinden.

Kontakt: Erlebnisregion Schwäbischer Albtrauf, Haus des Gastes, Helfensteinstraße 20, 73342 Bad Ditzenbach, Telefon (0 73 34) 96 01 80, www.erlebnisregion-schwäbischer-albtrauf.de

Stadt Wiesensteig, Hauptstraße 25, 73349 Wiesensteig, Telefon (0 73 35) 9 62 00, www.wiesensteig.de

SAGENHAFT
Steinerne Jungfrauen und andere Pechvögel

Sagen sind keine Märchen. Die Sage beansprucht einen gewissen Grad an Wirklichkeit, derer das Märchen nicht bedarf. Sagen knüpfen oft an übernatürliche, nicht erklärbare Erlebnisse an. Sie suchen nach Erklärungen für bestimmte Sachverhalte. Oft werden tatsächliche Ereignisse überliefert, vermengt

Die Schöne Lau am Blautopf in Blaubeuren.

mit nicht glaubhaften Elementen. Märchen sind reine Erfindung ohne jeden Bezug zur wirklichen Welt. Sie suchen den glücklichen Ausgang aus Konflikten.

Die Schwäbische Alb ist reich an alt überlieferten Sagen. Den Albuch auf der östlichen Alb trennen die Flusstäler von Kocher und Brenz vom östlich benachbarten Härtsfeld. Nicht von ungefähr haben die Touristiker die einsame Hochfläche zum – im doppelten Wortsinn – sagenhaften Albuch erklärt. Auf der Westalb zwischen Schömberg und Albstadt durchziehen Sagenwanderwege das Obere Schlichemtal. Und zwischen diesen beiden weiträumigen Landschaften liegen ungezählte Plätze, an denen sich Sagenhaftes getan hat, gelegentlich wohl auch heute noch tut.

Da war der geniale Spion von Aalen. Sein beherzter Auftritt mitten im gegnerischen Heerlager rief unter den Landsknechten reines Entsetzen hervor. Des Kaisers Truppen ließen von der Belagerung Aalens ab und räumten in panischer Flucht das Feld, erzählen die Aalener noch heute.

Die rachsüchtige Herrscherin auf der Eselsburg nahe Herbrechtingen ließ zwei junge Dienstmägde zu Stein erstarren, weil sie Gefallen am Gesang eines Fischerknaben gefunden hatten. Im Brenztal harren sie ihrer Erlösung vom Fluch.

Die Steinernen Jungfrauen im Eselsburger Tal.

Auf dem Albuch stieß der treulose Schäfer seine Ehefrau rücklings ins Wollenloch. Die ruchlose Tat wurde offenbar, als Wochen später die Pantoffeln der Gemordeten in einer Quelle am Fuß des Wollenbergs ans Tageslicht schwammen.

Unweit von Geislingen bei Balingen beschenkte ein Erdmännchen aus Dankbarkeit eine Hebamme mit Kohlen, weil sie bei der Geburt eines neuen Erdmännchens geholfen hatte. Daheim verwandelten sich die Kohlen in blanke Goldstücke. Doch bis dahin hatte die Undankbare die meisten Kohlen schon weggeworfen.

Im Berg unterhalb der Burg Teck ist noch heute das Sibyllenloch zu sehen. In ihm hauste die Wahrsagerin Sibylle. Ihre drei Söhne auf den umliegenden Burgen bereiteten ihr viel Kummer. Auf einem feurigen Wagen verließ sie schließlich enttäuscht ihr Land. Eine schnurgerade Spur hat ihr feuriges Gefährt in Feldern und Wiesen hinterlassen – die Sibyllenfahrt. Sie quert noch immer von der Teck nach Dettingen hinüber das Albvorland.

In den Wäldern um Schörzingen auf der Westalb unweit von Schömberg haust der Kobold Eckermahli, der die Wanderer vom rechten Weg abbringt.

Sagen enthalten fast immer spannende Motive. Sie sind auch reich an Erzählstoff. Trotzdem haben sie es schwerer als Märchen. Ihre Leserschaft ist nicht sonderlich groß. Das hat natürlich Gründe. Sagen sind in der Regel nur kurze Erzählungen. Sie berichten zumeist auch nur von einem einzigen Ereignis. Zudem ist ihre Sprache nüchtern, oft etwas spröde, ja unbeholfen. Völlig anders das Märchen. In Stil und Aufbau ist es meist gut ausformuliert.

Sage und Märchen sind also grundverschieden. Die Sage hat dem Märchen gegenüber allerdings den Vorteil, dass sie das historische Bewusstsein wecken und Verständnis für volkstümliche Überlieferungen hervorrufen kann.

Rulaman im Schillingsloch

Mit Friedrich Weinland in der Tulkahöhle
Ach, wie viele Tränen haben die Schwabenkinder vergossen! Wie haben sie um ihren Helden Rulaman gezittert und gebangt. Mit knapper Not nur entkommt er vor tausend und abertausend Jahren dem Gemetzel der Kalat an den Tulka und Aimat. David Friedrich Weinland hat an Dramatik und Tragik wenig ausgelassen in seiner Erzählung aus der Zeit der Höhlenmenschen.

Rulamans Völkchen wohnte nach Weinlands Schilderung in der Tulkahöhle. Ein wenig abseits der Straße Bad Urach–Münsingen ist sie bis heute erhalten. Schillingsloch genannt oder auch Schillerhöhle. »Der Eingang zur Tulkahöhle«, schreibt Weinland in seinem 1878 erschienenen Eiszeitbestseller, »lag unter einem überhängenden Fels. Ein Felsblock versperrte den Weg nach innen so, dass rechts und links ein schmaler Pfad blieb. Hinter dem Fels stieg man einige Stufen hinunter, der Gang wurde enger und höher. Er wandte sich recht, wieder links, nach hundert Schritten verbreitete er sich zu einer großen Halle.« Weinland kannte sich gut aus in dieser Höhle. Kein Wunder. Liegt sie doch nur wenig unterhalb des Guts Hohenwittlingen, das Weinlands Vater bewirtschaftete, auf dem der Autor selbst lange Zeit gelebt hat.

Der frühere Direktor des Bad Uracher Graf-Eberhard-Gymnasiums Reinhold Birk hat mit einer Gruppe der Lokalen Agenda 21 dem Knaben Rulaman einen kurzen Weg durch eine lange Vergangenheit gewidmet. Über eine Strecke von nur 500 Metern führt er durch 500 000 Jahre Menschheitsgeschichte. Das sind 1000 Jahre auf einem einzigen Meter. Der Pfad beginnt mit einem Überblick über die jüngsten 3000 Jahre. Danach geht's beständig tiefer in die Vergangenheit hinein. Tafeln am Weg schildern, wie nach und nach aus eiszeitlichen Jägern und Sammlern Ackerbauern und Viehzüchter wurden. Die ältesten, vor 40 000 Jahren in den Albtälern von Ach und Lone entstandenen Kunstwerke der Menschheitsgeschichte werden als riesige Nachbildungen gezeigt. Der Neandertaler, der vor 50 000 Jahren die Alb durchstreifte, ehe er dem modernen Menschen weichen musste, kommt ebenfalls zu seinem Recht. Nicht vergessen sind die Urmenschen, deren Überreste bei Heidelberg und Steinheim an der Murr gefunden wurden.

Wo der Rulamanweg endet, führt der Wanderweg dennoch weiter. Er steigt nun sacht bergan, erreicht bald ein Brücklein. Vorher aber zeigt schon ein Wegweiser rechts den Hang hinauf die Richtung zur Tulkahöhle. Jenseits des Stegs führt der Weg in eine steile Klamm und weiterhin aufwärts. Nach Regenfällen stürzt hier wohl ein Bach herunter. Meist jedoch ist die Enge trockenen Fußes passierbar. Am oberen Ende der Schlucht noch mal 400 Meter

Links: Starke Reste der Burg Hohenwittlingen. Rechts: Wandmalereien aus jüngster Zeit nahe der Tulkahöhle.

nach links, bald an einer auffälligen Weggabel rechts und dort hinauf zur Burgruine Hohenwittlingen.

Diese einstige Festung der Württemberger Herzöge umfasst immer noch stattliche Gemäuer. Mächtige Bauten, unter ihnen die mehr als 20 Meter lange und dreieinhalb Meter dicke Schildmauer, zeugen von ihrer einstigen Wehrhaftigkeit. Teile des Gemäuers reichen ins 11. Jahrhundert zurück. Der schwäbische Reformator Johannes Brenz fand hier Mitte des 16. Jahrhunderts vorübergehend eine Zuflucht vor den Häschern des Kaisers. Seit dem Ende des Dreißigjährigen Kriegs blieb die Feste ungenutzt. Der Platz bietet einen großartigen Ausblick ins Seeburger Tal und über die Alb um Bad Urach.

Lage: 3 km südöstlich von Bad Urach, GPS-Koordinaten Breite 48.469568 Länge 9.427502

Anfahrt: Bad Urach, B 465 Richtung Münsingen.

Parken: Wanderparkplatz Rulamanweg am Abzweig der K 6706 nach Wittlingen.

Kinderwagen / Rollstuhl: Nein.

Geöffnet: Rulamanweg, Tulkahöhle und Ruine Hohenwittlingen sind ständig frei zugänglich, bei feuchter Witterung hohe Rutschgefahr auf dem Pfad zur Tulkahöhle.

Für Kinder: Am Rulamanweg die Kunstwerke betrachten, Schillerhöhle mit Weinlands Beschreibung der Tulkahöhle vergleichen, die Klamm hinaufsteigen, auf der Ruine Hohenwittlingen grillen.

Besuchen: Zur Burgruine Hohenwittlingen entweder auf dem Rulamanweg und seiner Fortsetzung oder mit dem Auto hinauf zum Dorf Wittlingen, dort zum Wanderparkplatz Hohenwittlingen, weiter zu Fuß am Hofgut vorbei zur Ruine, zuvor zeigt ein Wegweiser rechts hinab zur Schillerhöhle.

Hinweis: Zum Besuch der Höhle Taschenlampe nicht vergessen.

Einkehr: Gasthäuser in Bad Urach, Wittlingen und Seeburg.

Kontakt: TouristInfo, Bei den Thermen 4, (Haus des Gastes), 72574 Bad Urach, Telefon (0 71 25) 9 43 20, www.badurach-tourismus.de

Im Felsenmeer

Besuch beim Wentalweible

Mitten auf dem Albuch in der östlichen Schwäbischen Alb zieht sich wenig südlich der Kreisstadt Aalen das Wental hin. Mächtige Felsgebilde türmen sich wild verstreut im Trockental. Als habe ein Riese gewütet. Etwas abseits dieses Felsenmeers reckt sich einsam und sehr verloren im Wald das Wentalweible aus den Baumwipfeln. Die Urgestalt aus Dolomitgestein macht staunen über die Vielfalt der Natur.

Die Jahre 1817 und 1818 gelten als Hungerjahre auf der Schwäbischen Alb. Missernten als Folge von Kälte und zu viel Regen bildeten ihre Ursache. Über die Märkte und Dörfer zwischen Aalen und

Das Wentalweible wehklagt in Sturmnächten.

Heidenheim, Heubach und Bartholomä zog eine junge Frau mit ihrem Krämerwagen. Sie nutzte die Not der Leute auf dem Albuch und verkaufte ihnen ihre Ware zu Wucherpreisen. Auch arbeitete sie mit falschen Maßen und Gewichten. Der Betrug flog auf. Ein Fluch verwandelte die Krämerin in einen Felsstotzen.

Seither muss sie in Sturmnächten auf dem Albuch umgehen. Als Wentalweible schreit sie ihre Not mit Wehklagen in die finstere Nacht hinaus. An anderen Tagen, wenn das Wetter gut ist, auch am lichten Tag, hockt das Weible still und versteinert am Weg im Wald. Eine Wanderung zu ihm beginnt und endet am »Landhotel Wental«. Die Strecke misst gut 13 Kilometer, ist leicht zu gehen mit einigen nicht anstrengenden Steigungen.

Am südlichen Rand des Gasthofparkplatzes stehen mehrere Wanderwegtafeln. Die Route zum Wentalweible trägt die Nummer 3. Sie beginnt als Waldlehrpfad. Bald geht's am »Spitzbubenstadel« vorbei und immer sacht bergab und immer tiefer ins Wental hinein. Nach gut zweieinhalb Kilometern hockt das Weible am Weg. Viel Fantasie ist nicht nötig, um in dem hoch aufgerichteten Fels die Umrisse eines hockenden Frauenzimmers zu erkennen.

Die Wanderung folgt weiter der Zahl 3. Hin und wieder fehlt die Markierung. An Weggabeln oder Kreuzungen wird immer die größere, besser ausgebaute Strecke ge-

Wandern und Picknick im Felsenmeer nahe Bartholomä.

wählt. Nur gegen Ende der Runde wird
es einmal etwas schwierig. Nachdem die
»Viehweidstraße«, der »Bärenschwang-
weg« und die »Glaserteichstraße« gewan-
dert sind, mündet die Route außerhalb
des Waldes in ein Wegdreieck. Mittendrin
steht eine Kastanie. Dort nun geht's rechts
weiter auf ein einsam stehendes Gebäude
zu. Gleich nach dieser Häusergruppe dann
links weiter auf dem Weg am Waldrand. Er
führt zurück ins Wental. Nach 900 Metern
ist bald wieder der Lehrpfad erreicht, der
links zum Parkplatz führt.

Lage: Das Felsenmeer liegt auf dem Albuch südlich von Aalen, hart östlich der
L 1165 zwischen Steinheim und Bartholomä gegenüber dem »Landhotel Wental«, GPS-Koordinaten Breite 48.712853
Länge 10.015971

Anfahrt: A 7, Ausfahrt 116 (Giengen),
B 19, Herbrechtingen, Heidenheim, B 466,
Steinheim am Albuch, L 1165.

Parken: Gegenüber dem Landhotel
Wental.

Kinderwagen: Ja. Rollstuhl: Nein.

Geöffnet: Felsenmeer, Wental und das
Weible sind jederzeit frei zugänglich.

Für Kinder: Viel freier Platz fürs Spielen,
Klettern im Felsenmeer, Grillstellen, Spielplatz beim Gasthof.

Besuchen: Meteorkratermuseum in Sontheim *(siehe Tipp 40)*.

Hinweis: Am Beginn des Wentals ist auf
einer Schautafel beschrieben, wie die fel-
sige Landschaft entstanden ist.

Wandern: Wanderweg 3 zum
Wentalweible.

Einkehr: Gasthof im »Landhotel Wental«, Telefon (0 71 73) 97 81 90, Montag
Ruhetag.

Kontakt: Touristikgemeinschaft Sagenhaf-
ter Albuch, Geschäftsstelle im Heubacher
Schloss, Schlossstraße 9, 73540 Heubach,
Telefon (0 71 73) 9138624, www.albuch.de

Am Blautopf

Historie von der schönen Lau

»Der Blautopf ist der große runde Kessel eines wundersamen Quells bei einer jähen Felsenwand gleich hinter dem Kloster. Gen Morgen sendet er ein Flüßchen aus, die Blau, welche der Donau zufällt. Dieser Teich ist einwärts wie ein tiefer Trichter, sein Wasser ist von Farbe ganz blau, sehr herrlich, mit Worten nicht wohl zu beschreiben; wenn man es aber schöpft, sieht es ganz hell in dem Gefäß.« Mit diesen Sätzen beginnt Eduard Mörike seine »Historie von der schönen Lau«.

Der Blautopf war nicht immer dieser kleine Teich, als den ihn Mörike beschreibt. Vor einigen 100 000 Jahren, als die Ur-Donau noch ihren breiten Weg durch die heutigen Täler der Flüsse Schmiech, Ach und Blau vorüber an Schelklingen und Blaubeuren nahm, lag die Talsohle um gut 30 Meter tiefer als heute. An der Stelle des Blautopfs ergoss sich ein kleiner Wasserfall aus Mörikes jäher Felsenwand in die Ur-Donau. Der breite Strom nagte beständig am Kalkgestein der Schwäbischen Alb, transportierte jedoch nur einen Teil des Gerölls davon. Die Talsohle hob sich nach und nach bis zur heutigen Höhe.

Die Blauquelle, die ihr Wasser in einem 150 Quadratkilometer weiten Umkreis aus Höhlen, Spalten und Klüften des porösen Kalkgesteins der Schwäbischen Alb bezieht,

wehrte sich nach Kräften, zugeschüttet zu werden. Es gelang ihr, das von der Donau herangetragene Geröll immer wieder wegzuspülen. Aus dem Wasserfall wurde in den Jahrtausenden ein kleiner See, in dem das Quellwasser aus 28 Metern Tiefe heraufsteigt und als Blau der Donau bei Ulm zufließt – durchschnittlich 2230 Liter in der Sekunde. Ihren Namen Blautopf führt die Quelle nicht von ungefähr. Je nach Sonnenlichteinfall und Standort des Betrachters nimmt das Quellwasser eine lichtgrüne bis intensiv blaue Färbung an.

Dieser Quell hat, folgt der Leser dem Dichter Mörike, eine direkte unterirdische Verbindung zum Schwarzen Meer. Dort war die schöne Lau, eine Fürstentochter halbmenschlichen Geblüts, mit einem alten Donaunix vermählt, erzählt der Dichter. »Ihr Mann verbannte sie, darum, dass sie nur tote Kinder hatte. Das aber kam, weil sie stets traurig war.« Die schöne Lau musste den Königshof nah der Donaumündung verlassen und zum Blautopf ziehen, wo ihre Schwägerin lebte. Die Schwiegermutter hatte der Verbannten zwar Kammerzofen und Dienstmägde mitgegeben, ihr aber zugleich geweissagt, »sie möge eher nicht eines lebenden Kindes genesen, als bis sie fünfmal von Herzen gelacht haben würde«. Märchen müssen zu einem guten Ende finden. Vertrauen wir also auf Mörike, dass die schöne traurige Lau ihr herzliches Lachen zurückgewinnt.

Lage: Nordwestlicher Stadtrand Blaubeurens, GPS-Koordinaten Breite 48.415128 Länge 9.783662

Adresse: Am Ende der Blautopfstraße.

Anfahrt: B 28, Blaubeuren.

Parken: Wegweiser zu den Parkplätzen am Rand der Altstadt in Blautopfnähe.

Kinderwagen / Rollstuhl: Ja.

Geöffnet: Immer frei zugänglich.

Für Kinder: Das Standbild der schönen Lau am Blautopf finden; ermitteln, welche unterschiedlich hohen Wassermengen aus dem Blautopf strömen können.

Besuchen: Historische Hammerschmiede von 1804 am Blautopf, geöffnet Palmsonntag bis 31. Oktober täglich 9 bis 18 Uhr, 1. November bis Palmsonntag samstags, sonn- und feiertags 11 bis 16 Uhr, Dezember geschlossen; Hochaltar von 1492 im gotischen Kloster; Urgeschichtliches Museum.

Hinweis: Die blaue Farbe des Wassers wird von der Lichtstreuung im kalkgesättigten Quellwasser verursacht. Ähnliches zeigt sich im Wasserbehälter der Landeswasserversorgung in Langenau, der ebenfalls kalkhaltiges Wasser enthält.

Einkehr: Gasthäuser, Restaurants in Blaubeuren.

Kontakt: Tourist Information Blaubeuren, Kirchplatz 10, 89143 Blaubeuren, Telefon (0 73 44) 96 69 90, www.blaubeuren.de

---

Links: Der meist tiefblau schimmernde Blautopf. Rechts: Die wassergetriebene Hammerschmiede am Blautopf.

Im Eselsburger Tal

Die Steinernen Jungfrauen möchten erlöst sein

Wenige Kilometer nach ihrem Ursprung im Quelltopf von Königsbronn unweit von Aalen lässt sich die Brenz auf ihrem sonst recht gradlinigen Lauf zur Donau auf einen ausholenden Umweg ein. Im Eselsburger Tal rauscht sie in einer weiten Schlinge erst nach Süden, schlägt unterhalb der ehemaligen Eselsburg einen scharfen Bogen nach links und fließt in nördlicher Richtung zurück. Dies alles in einem stillen, romantisch anmutenden Tal mit Wacholderheiden und Schafherden.

Die seit Jahrhunderten schon aufgegebene und bis auf wenige Reste verfallene Eselsburg gab dem Tal den Namen. Seit 1983 ist es als Naturschutzgebiet ausgewiesen mit einer Fläche von 318 Hektar. In ihm wachsen weit mehr als 600 Blütenpflanzen und zahlreiche Farnarten. Im Tal brüten rund 80 Vogelarten. Wahrzeichen des Eselsburger Tals sind die beiden schlanken Felsnadeln »Steinerne Jungfrauen«. Wie sie entstanden sein sollen, erzählt die Sage.

Vor Zeiten, als die Eselsburg noch stand und mit Leben erfüllt war, hatten zwei der dort angestellten Dienstmägde Gefallen gefunden an einem Fischerknaben drunten im Tal. Der sang immer so wunderbar. Abend für Abend stiegen die Mädchen hinunter zur Brenz, um dem

jungen Sänger zu lauschen. Bis die finstere Burgherrin von den abendlichen Ausflügen ihres Dienstpersonals erfuhr. Sie verfluchte die Mädchen, die augenblicklich erstarrten. Drunten an der Brenz, wo sie sich aufgehalten hatten, wurden sie sofort in Stein verwandelt. Dort stehen die Steinernen Jungfrauen noch heute als markante Felsgebilde und harren ihrer Erlösung.

Ihnen zu Füßen strömt die Brenz ihrer Mündung in die Donau bei Dillingen entgegen. An den felsigen Hängen zu beiden Seiten des Tals Wacholderheiden. Hier und da ein paar kleine Grotten und Höhlen, darunter die Bernhardshöhle und die Spitzbubenhöhle. Die Schafherden der Familie Wiedenmann ziehen seit Generationen und noch immer durchs mal weite, mal enge Eselsburger Tal. Die böse Burgherrin aber wurde ihres Zorns nicht froh. Noch in der Nacht ihres Fluchs wurde sie vom Blitz erschlagen, erzählen die Leute an der Brenz.

Einst klapperten vier Wassermühlen an der Brenzschlinge zwischen Anhausen, Eselsburg und Herbrechtingen. Nur die Bindsteinmühle ist geblieben. Noch immer wird sie von der Kraft des Brenzwassers angetrieben. Heute nicht mehr übers Mühlrad, sondern von einer Turbine im Wasser. Gemahlen wird vom Müller Hopfenziz wie seit eh und je so noch heute vorwiegend Weizen von der Schwäbischen Alb. In die

Steinerne Jungfrauen über der Brenz im Eselsburger Tal.

1799 am Ende des Eselsburger Tals errichtete Sägemühle ist das Herbrechtinger Heimatmuseum eingezogen. Es bewahrt auf zwei Stockwerken und einem Bauerngarten die Erinnerung an die kleine Lebens- und Arbeitswelt der bitterarmen Brenztalweber im 19. Jahrhundert.

Lage: Die Steinernen Jungfrauen stehen 2 km südlich von Herbrechtingen im Eselsburger Tal, GPS-Koordinaten Breite 48.712853 Länge 10.015972

Anfahrt: A 7, Ausfahrt 118 (Niederstotzingen), B 19 Richtung Herbrechtingen, links ab nach Eselsburg.

Parken: Wanderparkplatz an der Abfahrt der Burgstraße von der L 1079.

Kinderwagen / Rollstuhl: Ja.

Für Kinder: Talhänge beiderseits der Brenz ersteigen, die Steinernen Jungfrauen betrachten, Bernhards- und Spitzbubenhöhle finden, Wandern, Radeln, Skaten auf der Talstraße.

Besuchen: Heimatmuseum Herbrechtingen, geöffnet 15. Mai bis 30. Oktober sonn-tags 14 bis 16 Uhr, Telefon (0 73 24) 35 78, www.heimatmuseum-herbrechtingen.de

Kulturzentrum Kloster Herbrechtingen, Eselsburger Straße 10, kostenlose anderthalbstündige Führung jeden ersten Sonntag im Monat um 14.30 Uhr, Spielplatz in der Nähe für Kinder, die Führungen nicht mögen, Telefon (0 73 24) 95 50.

Hinweis: Das Eselsburger Tal ist sonn- und feiertags für Autoverkehr gesperrt, längs der schmalen Fahrbahn sind ein paar Ruhebänke aufgestellt.

Wandern: Am Wanderparkplatz an der L 1079 Kartenplan zu sechs markierten Wanderwegen im und rund ums Eselsburger Tal.

Einkehr: Dorfgasthof »Talschenke« in Eselsburg, geöffnet dienstags bis freitags 11.30 bis 19 Uhr, samstags 11.30 bis 21 Uhr, sonn- und feiertags 10.00 bis 21 Uhr, montags Ruhetag, Gasthäuser auch in Herbrechtingen

Kontakt: Stadt Herbrechtingen, Lange Straße 58, 89542 Herbrechtingen, Telefon (0 73 24) 95 50, www.herbrechtingen.de

GEOPARK-INFOSTELLEN

Aalen

Urweltmuseum Aalen
Reichsstädter Straße 1, 73430 Aalen
Telefon (0 73 61) 5 28 28 70
www.museen-aalen.de

Aalen

Tiefer Stollen
Erzhäusle 1, 73433 Aalen
Telefon (0 73 61) 97 02 49
www.tiefer-stollen.de

Albstadt

Museum im Kräuterkasten
Im Hof 19, 72458 Albstadt-Ebingen
Telefon (0 74 31) 1 60 12 32
www.albstadt.de

Bad Boll

Fangowerk
Reuteweg 6, 73087 Bad Boll
Telefon (0 71 64) 14 46 1
www.bad-boll.de

Bad Urach

Entdeckerwelt Bad Urach
Bismarckstraße 21, 72574 Bad Urach
Telefon (0 71 25) 94 32 30
www.badurach-entdeckerwelt.de

Beuren

Freilichtmuseum Beuren – Museum des
Landkreises Esslingen für ländliche Kultur
In den Herbstwiesen, 72660 Beuren
Telefon (0 70 25) 91 19 00
www.freilichtmuseum-beuren.de

Beuren

Panorama Therme Beuren
Am Thermalbad 5, 72660 Beuren
Telefon (0 70 25) 91 05 00
www.panorama-therme.de

Blaubeuren

Urgeschichtliches Museum
Kirchplatz 10, 89143 Blaubeuren
Telefon (0 73 44) 9 66 99 15
www.urmu.de

Dischingen

Burg Katzenstein
Oberer Weiler 1–3,
89561 Burg Katzenstein
Telefon (0 73 26) 91 96 56
www.burgkatzenstein.de

Dotternhausen

Fossilienmuseum Werkforum
Dormettinger Straße 23,
72359 Dotternhausen
Telefon (0 74 27) 7 92 11
www.holcim.de/sued

Ehingen (Donau)

Museum Ehingen
Am Viehmarkt 1, 89584 Ehingen (Donau)
Telefon (0 73 91) 50 35 31
www.ehingen.de

Gerstetten

Riffmuseum
Am Bahnhof 1, 89547 Gerstetten
Telefon (0 73 23) 84 45
www.gerstetten.de

Giengen an der Brenz

HöhlenHaus
Lonetalstraße 61, 89537 Giengen-Hürben
Telefon (0 73 24) 98 71 46
www.baerenland.de

Göppingen

Städtisches Naturkundliches Museum
Göppingen
Boller Straße 102,
73035 Göppingen-Jebenhausen
Telefon (0 71 61) 47 42
www.goeppingen.de/museen

Kolbingen

Kolbinger Höhle, 78600 Kolbingen
Telefon (0 74 63) 9 70 83
www.kolbingen.de

Laichingen

Tiefenhöhle Laichingen
Rasthaus Tiefenhöhle, 89146 Laichingen
Telefon (0 73 33) 55 86
www.tiefenhöhle.de

Langenau

Zweckverband Landeswasserversorgung
Schützenstraße 4, 70182 Stuttgart
Telefon (07 11) 21 75 0
www.lw-online.de

Münsingen

Schwäbische Alb-Bahn
Bahnhofstraße 8, 75525 Münsingen
Telefon (0 73 81) 5 01 75 56
www.muensingen.com

Münslngen

Biosphärenzentrum Schwäbische Alb
Von-der-Osten-Straße 4, 6 (Altes Lager),
72525 Münsingen
Telefon (0 73 81) 93 29 38 31
www.biosphaerengebiet-alb.de

Neuhausen ob Eck

Freilichtmuseum
Gewann Ödenreute,
78579 Neuhausen ob Eck
Telefon (0 74 61) 9 26 32 06
www.freilichtmuseum-neuhausen.de

Rammingen

Höhle des Löwenmenschen
Lindenau 1, 89192 Rammingen
Telefon (0 73 45) 9 12 50
www.lonetal.net

Schopfloch

Naturschutzzentrum Schopflocher Alb
Vogelloch 1, 73252 Lenningen-Schopfloch
Telefon (0 70 26) 95 01 20
www.naturschutzzentrum-schopfloch.de

Sontheim an der Brenz

Schloss Brenz
Schlossstraße 3,
89567 Sontheim an der Brenz
Telefon (0 73 25) 17 25
www.sontheim-an-der-brenz.de

Sonnenbühl

Bärenhöhle / Nebelhöhle
Rathaus Undingen, Hauptstraße 2
72820 Sonnenbühl,
Telefon (0 71 28) 9 25 18
http://hoehlen.sonnenbuehl.de

Steinheim am Albuch

Meteorkrater-Museum
Hochfeldweg 5, 89555 Steinheim
Telefon (0 73 29) 9 60 65 8
www.steinheim-am-albuch.de

Trochtelfingen

Alb-Gold Kundenzentrum
Im Grindel 1, 72818 Trochtelfingen
Telefon (0 71 24) 9 29 10
www.alb-gold.de

Trossingen

Museum Auberlehaus
Marktplatz 6, 78647 Trossingen
Telefon (0 74 25) 55 50
www.museum-auberlehaus.de

Ulm

Naturkundliches Bildungszentrum Ulm
Kornhausgasse 3, 89073 Ulm
Telefon (07 31) 1 61 47 42
www.naturkunde-museum.ulm.de

UNESCO Global

Geopark Schwäbische Alb
Geschäftsstelle
Marktstraße 17
89601 Schelklingen
Telefon (0 73 94) 2 48 70
www.geopark-alb.de

BILDNACHWEIS

Peter Schilling: S. 19 rechts
Universität Tübingen: S. 27
Oleg Kucher, Museum Ulm: S. 30
W. Binczik, Universität Tübingen: S. 38
H. Jensen, Universität Tübingen: S. 41
Universität Tübingen: S. 45
Zweckverband
Landeswasserversorgung: S. 95, S. 97

Alle anderen Fotografien:
Gerrit-Richard Ranft.

Spannendes für Kinder

Edi Graf

Mit Kindern unterwegs – was macht der Hai am Bodensee?

Tierische Trips in Baden-Württemberg

Tierisches Vergnügen gibt's zwischen Stuttgart und Konstanz mehr, als man denkt – von A wie Almabtrieb bis Z wie Ziegentrekking.

160 Seiten, Broschur.
ISBN 978-3-8425-2016-5

Dieter Buck · Melanie Buck

Auf geht's, Kinder!

Familientouren mit dem VVS

Das Buch bietet abwechslungsreiche Wanderungen und zahlreiche Ideen, damit Kinder noch mehr Spaß an Ausflügen in und um Stuttgart haben.

160 Seiten, Broschur.
ISBN 978-3-8425-2048-6

SILBERBURG